品牌影响力

——构筑、评价与提升

赵 霞 著

中国财经出版传媒集团

经济科学出版社
Economic Science Press

图书在版编目（CIP）数据

品牌影响力：构筑、评价与提升/赵霞著. —北京：
经济科学出版社，2020.11
ISBN 978 - 7 - 5218 - 2114 - 7

Ⅰ.①品…　Ⅱ.①赵…　Ⅲ.①品牌 - 影响 - 研究
Ⅳ.①F273.2

中国版本图书馆 CIP 数据核字（2020）第 229662 号

责任编辑：李晓杰
责任校对：刘　昕
责任印制：范　艳　张佳裕

品牌影响力

——构筑、评价与提升

赵　霞　著

经济科学出版社出版、发行　新华书店经销
社址：北京市海淀区阜成路甲 28 号　邮编：100142
教材分社电话：010 - 88191645　发行部电话：010 - 88191522
网址：www. esp. com. cn
电子邮箱：lxj8623160@ 163. com
天猫网店：经济科学出版社旗舰店
网址：http://jjkxcbs. tmall. com
北京密兴印刷有限公司印装
787 × 1092　16 开　15.5 印张　300000 字
2021 年 10 月第 1 版　2021 年 10 月第 1 次印刷
ISBN 978 - 7 - 5218 - 2114 - 7　定价：66.00 元
（图书出现印装问题，本社负责调换。电话：010 - 88191510）
（版权所有　侵权必究　打击盗版　举报热线：010 - 88191661
QQ：2242791300　营销中心电话：010 - 88191537
电子邮箱：dbts@ esp. com. cn）

序

　　浙江传媒学院赵霞博士的新著《品牌影响力——构筑、评价与提升》在经济科学出版社出版，赵霞博士邀请我写个序，我欣然答应。

　　中国的品牌研究起步于20世纪90年代初，随着市场竞争日益激烈，企业和各种社会组织越来越关注软实力的竞争。此时同样的产品和服务，同样的渠道和促销，未必能产生同样的市场效果和溢价作用。如果说商标是注册在市场监督管理部门的话，那么品牌系统则是嵌入消费者的心理认知当中，它如同空气中的氧气，你不一定看得到，但一定能感受到它的存在。随着产品品牌日益被关注，人们将视线拓展到了企业品牌、学校品牌、媒体品牌和城市品牌等各个方面，而随着中国综合国力的提升，国家品牌的课题也越来越被学术界所重视。可以这么说，从20世纪90年代初至今的20多年，中国对品牌的关注，是一个全领域拓展、全角度深化的过程，以至于今天，任何企业、组织和社会机构，以至国家都越来越关注品牌的建设和品牌的影响力。

　　品牌影响力是保持市场领先地位的必要条件，没有强大的品牌影响力，企业就不会有长期的市场领先地位。赵霞博士把她的专著分成六章，分别阐述了品牌与品牌资产、品牌价值与品牌影响力、品牌影响力构筑、品牌影响力管理、品牌影响力评价及品牌影响力提升，全书还加入了大量的案例，这大大增加了本书的可读性，可谓是学理与案例并重的著作，这对于读者全面、深入地理解品牌影响力，是非常有意义的。

　　赵霞博士是我国较早关注品牌研究的学者之一，她不仅学养深厚，有诸多理论建树和学术贡献，而且学以致用，将知识和研究与现实需要联系起来，为中国的现代化建设，尤其是新常态下企业的发展，提供了学者应有的智慧和贡献。在2012年回国工作之前，赵霞博士留学俄罗斯十余年，师从俄罗斯圣彼得堡国立建筑设计大学副校长彼得洛夫 A·A（Петров Александр Алексеевич）教授，获得俄罗斯联邦圣彼得堡国立建筑设计大学经济学博士学位。在俄罗斯的十余年求学期间，从事区域产业规划、品牌建设工作，专长于产业战略规划、品牌塑造、品牌形象设计与品牌传播等专业领域，主要从事区域产业战略规划、区域品牌战略规划、区域产业品牌战略规划、企业品牌战略规划和产品品牌战略规划研究。在就读博士期间，赵霞博士还担任了第一副校

长维乌洛夫 А·Н（Виуров Александр Николаевич）先生的公共关系助理，先后联系并接待北京建筑大学、黑龙江大学、哈尔滨大学、山东建筑大学等代表团，为拓展圣彼得堡国立建筑设计大学和中国相关高校之间的关系做出了积极的贡献。在 2012 年回国工作后，赵霞博士专注于国内的区域产业发展以及品牌建设问题的研究，在区域产业发展、区域品牌、企业品牌、产品品牌建设领域有着深厚的研究基础。

由于对品牌研究有着共同的兴趣，我们曾有一定的交流和沟通，她敬业、博学、热情、敏锐，并且对研究具有一种锲而不舍的精神，这些都给我留下了非常深刻的印象。尤其在今天，在中国高校的论文导向日益显著的背景下，她能坚持自己的人生信仰和职业理念，坚持学以致用，坚持服务社会，坚持理论联系实际，就显得更为难能可贵。

《品牌影响力——构筑、评价与提升》这本著作，既适合在校的学生使用，也可以作为专业咨询公司、广告公司、策划公司、公关公司、企业高层及政府工作人员的参考读物，更是初学者学习品牌影响力构筑、评价与提升的入门书箱。因此，我相信本书的出版一定能给读者带来很多的启示与教益。

袁胜军

桂林电子科技大学商学院/数字经济学院院长

2021 年 5 月 1 日

目　录

第一章　品牌与品牌资产

第一节　品　　牌

一、品牌概念与内涵

（一）品牌的概念

1. 品牌概念界定

品牌（brand）的来源有很多说法，其中普遍被大众所认同的一种说法是来源于古挪威文字"Brandr"一词，含有"烙印"之义。在当时，西方游牧部落用烧红的烙铁给牲畜打上烙印，这个烙印标记用以区分不同部落之间的财产，上面写着一句话："不许动，它是我的"。由此，可以推断品牌最初的含义：首先，它是区分物品的生产者或所有者；其次，它是通过特定的标志在他人心中留下烙印。《牛津大辞典》中，将品牌解释为"用来证明所有权，作为质量的标志或其他用途"。

1950 年，奥格威（Ogilvy）首次提出了"品牌"这个概念。现代意义上的品牌，已经演变成消费者对产品的全部体验。它不仅包括物质的体验，还包括精神的体验。它向消费者传递一种生活方式和价值取向。人们在消费产品时，该消费行为被赋予一种象征性的意义，并最终改变人们的生活态度以及审美情趣。产品是工厂生产出来的冷冰冰的物品，而品牌是在顾客心中的烙印，是有血有肉的存在。人们追求品牌，更多是在追求一种精神寄托，而并非产品的物理属性。

然而品牌到底是什么？这是一个仁者见仁、智者见智的问题。对于品牌的概念，许多专家学者从不同角度进行了阐述。

迈克尔·波特（Michael Porter）提出：企业所做的一切努力都是为了与众

不同。重要的不是做得更好或争取第一，而是创造差异与唯一。这告诉我们，差异比完美更重要，唯一比第一更重要。品牌创造差异，做到与众不同进而成为顾客唯一的选择。

大卫·奥格威（David Ogilvy）提出：品牌的关键词是"印象"。他认为品牌是一种错综复杂的象征，它是品牌属性、名称、包装、价格、历史、声誉、广告方式的无形总和。所以，品牌是消费者对产品感受的总和，借助物理属性满足消费者对其功能与价值的期望。

大卫·艾克（David A. Aaker）从资产方面给出了品牌的定义：与品牌名称和标志联系在一起的一套资产或负债，它们可以提高也可能降低产品或服务的价值。简而言之，品牌是一种标志符号，辨识产品或服务，并区别于竞争者。这些符号在消费者心中产生不同，影响消费者决策，影响商品或服务的价值。

菲利普·科特勒（Philip Kotler）这样阐述品牌的定义：品牌是一种名称、名词、标记或设计，或它们的组合运用，其目的是借以辨认某个消费者或某群消费者的产品，以区别于竞争对手的产品。从这种观点来看，品牌的关键词是"区别"。品牌是各种产品的集中体现，也是产品差别的核心。品牌能让消费者直接并且轻而易举地判断并识别产品差别。

随着品牌理论的不断发展，品牌的内涵和外延也在不断扩大。虽然不同学者对品牌的定义有所不同，但基本都是基于消费者视角对品牌内在机理进行分析。品牌在近些年已成为营销理论和实践中最有影响力的研究领域，学者们对品牌理论的探究也使得品牌展现出丰富多彩并且引人入胜的内容。借助不同品牌专家、学者对品牌的定义和看法，本书给出了对品牌概念的解读，即品牌是与消费者相联系的一种实体与情感的双重载体，能够给拥有者带来溢价，产生增值，区分消费者，区别于竞争者的名称、属性、象征、记号或设计及其组合。

2. 品牌相关概念辨析

（1）品牌与产品。提及品牌，大多与产品相联系，产品会被竞争者模仿，而品牌却是独一无二的。产品会过时落伍，但成功的品牌会经久不衰。虽然二者概念不同，但从某种层面来讲，产品与品牌相互联系、不可分割。消费者对产品从了解到认同，到习惯性消费，再到与品牌产生情感，甚至最后离不开这个品牌，需要一个漫长的过程。这个过程是产品、品牌与消费者建立关系的过程，同时也是品牌与消费者产生情感的过程。可以说产品是品牌的生存基础，品牌是产品的认知升华，品牌是在产品基础上与消费者对接的情感总和。

①产品是具体的，品牌是抽象的。产品是生产出来的，消费者可以触摸、感觉和看见，无形的服务可以感觉或感受。产品是物理属性的组合，具有某种特定的功能以满足消费者的使用和情感需求。而品牌是抽象的，是消费者对产

品一切感受的总和，蕴含消费者的情绪、认知、态度及行为。

②产品侧重于功能价值，品牌侧重于象征价值。一件产品有没有品牌标签，对于消费者而言意义完全不一样，如果不附加任何产品之外的信息，对于消费者而言，只有外在的物理属性满足消费者的使用需求。但如果产品附有品牌标识，消费者就能产生除拥有产品物理属性之外的情感寄托，使消费者产生满意度与价值感。

③产品侧重价值创造，品牌侧重价值传递。产品是在原材料的基础上，通过生产部门的加工创造制造出来的，因此产品侧重于价值创造的过程。而品牌形成需要营销组合中的每一个环节传递并加工品牌信息，传递与潜在顾客相同的价值与情感观念，以此形成消费者对品牌的认同。品牌侧重于和消费者进行沟通互动，在品牌传播过程中进行价值传递。

④产品有生命周期，品牌也有生命周期。产品的生命周期是指产品从进入市场开始，到退出市场为止的循环过程所经历的时间。科技进步、新产品更迭以及消费者喜好的转变使得产品受到生命周期的限制。菲利普·科特勒（Philip Kotler）认为，品牌的生命周期可以用产品的生命周期概念加以分析，即品牌也会像产品一样，经历一个从导入、成长、成熟到最后衰退并消失的过程。但科特勒也承认，现实生活中，有许多老品牌经久不衰，至今仍有着旺盛的生命力。因而，品牌的生命周期源于产品的生命周期，但又高于产品的生命周期。品牌生命周期指品牌的市场生命周期，它包括导入期、知晓期、知名期、维护与完善期、退出期等五个阶段。

（2）品牌与商标。商标和品牌并不完全等同。商标是产品的文字名称和图案标记相组合的一种设计。商标和品牌定义领域不同。产品进行商标注册之后，并非就成为品牌，二者之间可以转化，但不能等同。

首先，商标是品牌的一部分。商标是品牌的一种标志或记号，是便于消费者识别的部分。因此，商标的主要功能是传播的基本元素。品牌与商标都是用以识别不同生产经营者的不同种类、不同品质产品的商业名称及标志。商标不仅是一种标志或标记，在更多时候也包括名称或称谓部分，在品牌注册成商标的过程中，这两部分常常是一起注册的。在企业的营销活动中，品牌与商标的基本目的是标记商品来源，便于消费者识别商品，从而为企业获得有利竞争地位。

其次，商标与品牌定义领域不同。商标是法律概念，强调对生产经营者合法权益的保护；品牌是市场概念，强调生产经营者与消费者之间关系的建立、维系与发展。商标的法律作用主要表现在通过商标专用权的确立、续展、转让、争议仲裁等法律程序，保护商标权所有者的合法权益，同时促使生产经营者保证商品质量，维护商标信誉。品牌的市场作用在于促进销售，增加品牌收益，有利于强化消费者品牌认知，建立消费者品牌忠诚。

（二）品牌的内涵

品牌是人们依据一些在行业、组织、网络、市场、地区或社会中有一定影响力的事物所共有的特性而抽象形成的一个概念。这些事物，既包括客观存在且可观察到的事物（抽象的如概念、思想等，具体的如产品、个人和组织等），也包括想象所产生的事物（如神话人物等）。上述这些共同特性在心理上的反映被称为品牌的特征。不同的专业领域对同一事物的众多特性其侧重有所不同。在某一个专业领域中，反映品牌事物根本特性的特征被称为品牌的本质特征。由此可见，本质特征是由品牌所属专业领域而异，反映不同专业领域的不同侧重点。有学者指出，品牌研究已吸引许多不同学科专业领域学者的注意，这些学科主要包括心理学、会计学、社会学、经济学、战略学、人类学等。能据以区分品牌与其他概念的特征被称为品牌的区别特征。在用定义描述事物时，必须给出区别特征，但其并非一定是本质特征。总之，品牌所指品牌化事物的范围被称为品牌的外延，而所反映品牌化事物的全部特征被称为品牌的内涵。

1. 品牌内涵发展的不同阶段

在品牌概念诞生之初，人们对它的理解就分别包含了"品牌人物复合化""品牌人格化""品牌物格化"3 种基本假说。例如，1955 年，伯利·B. 加德纳（Burleigh B. Gardner）和西德尼·利维（Sidney J. Levy）在《哈佛商业评论》上发表《产品与品牌》一文，重点阐明了如下原理：品牌的发展是因为其具有一组能满足顾客理性与情感需要的价值，品牌的创建要超越差异性与功能主义，它应该注重开发一种个性价值。因此，品牌管理的一项重要任务就是要建立品牌的个性，要创造性地运用广告资源来为品牌建设（即企业的长期收益）投资。又如，奥格威对品牌的定义："品牌是一种错综复杂的象征，它是品牌属性、名称、包装、价格、历史、声誉、广告风格的无形组合；品牌同时也因消费者对其使用的印象，以及自身的经验有所界定"。再如，美国市场营销协会（AMA）对品牌的定义："品牌是一种名称、术语、标记、符号或设计，或是它们的组合运用"。由于受制造商、分销商、零售商和服务企业之间主导力量此消彼长的商业环境与实践基础的影响，上述三种假说不是齐头并进的，而是经历了一个此消彼长的演进过程。

20 世纪 50 年代，品牌人格化思想表现为零散状态，物格化与人物复合化的认识占据主导地位，其代表性思想和理论有独特销售主张理论、品牌功能与情感（个性）价值统一学说等；在 60 年代，品牌人物复合化分析处于零散状态，品牌人格化与物格化研究迅速起步且并驾齐驱处于主导地位，其代表性思想和理论有品牌标识说、品牌形象论、品牌生命周期论、品牌个性论等；在 70 年代，品牌人格化与人物复合化研究处于零散状态，品牌物格化研究占据主导地位，其代表性思想和理论有品牌定位论和品牌延伸思想等；在 80 年代，品牌人格化与人物复合化研究仍处于零散状态，品牌物格化研究继续占据主导地位，其代表性思想和理论有品牌延伸等；在 90 年代，品牌人物复合化处于零散状态，品牌物格化与人格化研究占据了主导地位，其代表性思想和理论有品牌财产论、品牌价值论、品牌资产论和品牌关系论等。在世纪之交，人们对品牌的内涵认识又重新回到半个世纪前品牌人物复合化的思想"起点"，所不同的是理解更深刻：品牌是人和物相统一的运动体。人格化的理论基础，主要包括心理学的自我概念与自我认同理论、宗教神学的万物有灵论、社会学的社会角色理论以及仿生学理论等。品牌内涵发展阶段的演化过程如图 1 − 1 所示。

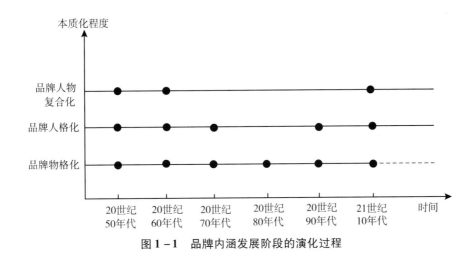

图 1 − 1 品牌内涵发展阶段的演化过程

目前，越来越多的学者开始把品牌物格化与人格化研究范式转移到人物复合化研究范畴当中，至此初步具备了完整审视"品牌"的眼光。即便如此，迄今仍然有许多人固守于"品牌是物"的片面认识中，这一现象在我国尤其普遍，其主要根源于营销界长期推崇美国市场营销协会的品牌定义。

2. 品牌内涵

对于品牌的内涵，国内外有影响力的定义主要有以下几类：符号说、关系说、资产说、印象说、生态说和综合说。

（1）符号说。这类定义着眼于品牌的外在识别功能，它从最直观、最外在的表现出发，将品牌看作一种标榜个性、具有区别功能的特殊符号。美国营销协会对品牌的定义如下：品牌是一个名称、名词、符号、象征、设计或其组合，用以识别一个或一群出售者的产品或服务，使之与其他竞争对手相区别。

（2）关系说。这类定义将消费者和品牌直接结合起来，肯定消费者对品牌的巨大作用，强调品牌与消费者的情感密不可分，并把品牌定义为一种"关系"。奥美公司把品牌定义为：消费者是品牌的最后拥有者，品牌是消费者经验的总和。

（3）资产说。这类定义着重于品牌具有的价值，从经济学、管理学的立场出发，侧重于品牌在市场运营中的作用，认为品牌是一种无形资产，具有获利能力。

（4）印象说。这类定义强调品牌是一种象征，是企业在社会传播情境中以预先建立的行为模式在与消费者接触时产生互相影响，使企业关注的焦点由产品本身转向了品牌给消费者留下的印象和品牌表现出的个性。

（5）生态说。温克勒（Angieskza Winkler，1999）系统探讨了"品牌生态环境"的概念和管理问题，并指出品牌生态环境是一个复杂的、充满活力的、不断变化的有机组织。

（6）综合说。综合说从品牌的信息整合功能上入手，将生产、营销与时空变化结合起来分析品牌。菲利普·科特勒（Philip Kotler）认为一个品牌能表达6层含义：表达产品的特定属性；给购买者带来物质和精神上的利益；体现生产者的价值观；可能附加和象征一定的文化；传达出与众不同的个性；体现购买和使用该产品的消费者的特征。综合说思想较为全面地反映了品牌的本质。

二、品牌产生与发展

（一）品牌的产生

"品牌"原始含义是指在牲畜身上烙下印记，起到识别和证明的作用。农场主人通过对牲畜肉的烙印，以保证对其售出的肉品质量负责，这个烙印就在一定程度上存在满足消费者对质量安全的情感需求。这种特定的标识如果在消费者心中留下烙印，这样的肉品在消费市场上就会受到消费者的认同和欢迎，因此也会卖出较好的价格。可见品牌的产生是为了在消费者心中建立独特的印象，满足消费者某种情感需求。从这个角度来说，品牌就是在消费者心中完成注册后所形成的烙印。

品牌是多方面的，可以从多个维度给消费者创造体验，最终强化消费者认知。通常来讲，品牌具有6层含义：①属性：品牌应表达产品特定的属性；②利益：品牌应给购买者带来物质和精神上的利益；③个性：品牌应传达与众不同的个性；④价值：品牌应体现生产者的价值观；⑤文化：品牌应附加及象征一定的文化；⑥使用者：品牌应体现购买或使用这种产品的消费者的特征。

品牌不是与生俱来的，而是在后天商业化运作过程中逐渐形成的让人具有强烈直观感受的印象，是消费者的精神和情感寄托。

（二）品牌的发展

品牌的发展是一个艰苦卓绝的长期过程，存在一定的规律。一般来说，品牌的发展大致经历以下几个阶段：

第一，品牌创立阶段。品牌是一种无形资产，它必须依赖于有形资产而存在，任何一个企业都是依靠其产品创出品牌。一个新产品诞生之际，就是企业积极创立品牌之时，需要准确地对品牌进行定位。所谓品牌定位，就是对品牌进行设计，从而使其能在目标消费者心中占据一个独特的、有价值的位置。正如艾·里斯（Al Ries）所说："定位是你对未来潜在顾客心灵所下的功夫，也就是把产品定位在未来顾客的心中。"由此可见，定位不是作用于产品，而是作用于目标消费者的心理。品牌定位是市场营销发展的必然产物与客观要求，是品牌建设的基础，是品牌成功的前提，是品牌运作的目标导向，是品牌管理的首要任务，在品牌管理中有着不可估量的价值。

第二，品牌成长阶段。一旦品牌得到了顾客的认识、了解和熟悉，就很容易引发顾客的购买欲望，促成顾客购买，产品销售量将呈快速增长的态势，市场占有率剧烈扩张，销售规模日益扩大，逐渐形成品牌形象并带来强烈的吸引力和号召力。在此阶段，顾客被企业产品吸引，同时企业能将产品卖出一个较高的价格。附加值既有品牌传递的理性价值，也有消费者很难用言语表达的情感价值。这一时期是销售量与市场都迅速增大的时期，时间的长短取决于企业生产能力、品质持续性及顾客的偏爱。要想获得顾客对该品牌的偏爱，在此阶段，重点要提升品牌知名度。顾客是否认识品牌是产品成功与否的关键，购买决策通常在了解品牌的基础上发生。在顾客认识品牌之后，企业接下来只需要补充产品特征等进行品牌联想。在初步认识的基础上，顾客对品牌就有了一定的熟悉感，熟悉与否往往会影响人们的购买决定。知名度可以说是实力的象征，在面对一个知名品牌时，人们会自然推测该企业资金实力雄厚，从而影响消费者的购买决策。营销重点应努力保持并提高产品的品牌质量，扩大生产规模，以便进入新一轮次的新产品开发、品牌延伸阶段。

第三，品牌延伸阶段。由于第一产品品牌发展的成功，品牌的市场号召力达到了较高的境界，品牌所产生的效应逐渐显现出巨大的威力，"爱屋及乌"的心理，致使标以名牌的产品都成为顾客热衷购买的对象。品牌始于产品，又高于产品，是价值的体现。此阶段整个企业在营销战略上处于扩张时期，这不仅表现在品牌延伸上，而且也体现在生产种类和数量的膨胀上，企业的整体实力迅速增强，创建品牌所投入的代价（如时间、精力、费用等）得到了回报，而且其收益率很高，品牌成为企业资产中价值最大的财富，甚至超过了有形资产。这一阶段，营销活动的重点是把品牌形象延伸到企业开发的新产品上去，形成良性循环。从企业内部来看，第一品牌一般具有一定的经营规模和经济实力，有丰富的企业资源、畅通的营销渠道和较高的管理水平，为新产品开发提供了可能，有助于品牌延伸。从外部来看，市场与消费是促使品牌延伸的主要原因。当第一产品进入成熟期或衰退期，此时市场会达到饱和状态，消费需求增长缓慢甚至停止增长，企业与竞争对手形成僵持的状态，产品的生命周期缩短，产品过时陈旧，需要更新换代，这些会促使企业做出品牌延伸的决策。适当的品牌延伸能使品牌的产品更加丰满和多元化，能为消费者提供更多的选择，在一定程度上给消费者带来新鲜感，传递品牌的创新精神，丰富品牌的内涵。即使产品有"寿终正寝"之时，但通过品牌的不断延伸能促成品牌"长生不老"。

第四，品牌稳定增长阶段。随着竞争者加入和假冒伪劣商品的涌现，品牌经过市场的考验后，逐步进入持续稳定增长的时期，各种产品的市场占有率都维持在一个较高且稳定的水平，企业的品牌延伸处于有计划地发展，维持品牌的高信誉度成为这一时期的中心课题。对许多品牌来说，最大的挑战来自不断变化的外部环境，或保证企业的品牌既能紧跟时代脚步，又不至于对现有品牌战略作出太大改动。保证品牌识别不落伍对那些历史悠久的品牌来说尤其困难。这类品牌通常能引起消费者情感上的共鸣，但它们也会日渐变得平凡、不合时宜。企业需要不断努力保持富有时代气息的形象，给消费者以充满新鲜和活力的感觉。企业必须尽力保护名牌的声誉，使品牌长期扎根在顾客心目中，并成为选购物品的最主要参考依据。企业绝不能因一时的疏忽而断送了来之不易的锦绣前程，更不能"躺"在品牌上"睡大觉"，必须居安思危，有强烈的危机感和忧患意识。如果品牌信誉下降，号召力减弱，市场销售量的减少将是"地震"式的坍塌。须知名牌培育是"一砖一瓦"的建设，任务多而周期长，品牌倒塌则时间短、速度快，对此企业一定要有足够的认识。在品牌成长的路上不可能永远风平浪静、一帆风顺，各种各样的品牌危机随时都可能发生，只有不断强化危机意识、提升防范危机能力和建立危机处理机制，做到"未雨绸缪"以保证品牌的顺利发展。当出现品牌危机时，要根据危机信息传播的规律，采取管理策略，尽快阻止或减缓品牌负面信息的传播，引导正确信息的传播，阻止危机蔓延引起的连锁反应。在此基础上，可以通过深度沟通，重建品牌与利益相关者之间的关系，增强品牌竞争力。

三、品牌类型与特征

（一）品牌的分类

1. 根据来源地划分

来源国早期是指产品生产国或制造地，为"某一产品或企业的国籍，通常以某国或某地区制造来表示"。这主要是因为在早期的研究背景中，大多数产品的设计、生产、装配以及品牌都源于同一国家。然而，随着国际化合作竞争的推进，经济全球化的发展和跨国公司的盛行，出现众多设计、生产等不在同一国家的"混合产品"。品牌来源地指拥有该品牌名称、负责产品设计的公司所在地或隐含在知名品牌中的原产地。而品牌原产地是最初培养和生产品牌的那个地区，消费者将某一产品或品牌视为来自哪个国家，而不论产品的生产地在哪，因此可以理解为"品牌的国籍"。例如苹果、戴尔、英特尔等品牌，哪怕它们的产品大多是在别国加工或组装，但是消费者仍把它们看成美国的品牌。同样地，例如华为、小米，这些品牌的产品可能不在中国生产，但消费者通常会将它们视作中国品牌。

品牌来源地划分是一个空间范畴的含义，是代表一个地区或地域的整体形象，是对于产品、企业、区域长时间积累沉淀的结果，是产业集群的重要步骤，是代表一个企业走向成熟的标志。西蒙·安霍特（英）最早提出了"区域公用品牌"，区域公用品牌是特定区域内具有某个特色或优势产业集群经过长期发展、沉淀和成长而形成的具有较高的市场竞争力、良好的声誉和影响力的集体品牌。区域公用品牌既包含区域特征、自然人文和产业特色的集群属性，又具有差异性、价值感和符号化的品牌特性。区域公用品牌的形成并非一朝一夕，是通过长时间的历练和积累，通过众多企业竞争和合作后的结果。如杭州的西湖龙井、洛阳的牡丹等都是知名的区域公用品牌。区域公用品牌是某区域的隐性财富，是具有代表性企业品牌的无形资产。

2. 根据品牌层级来划分

根据品牌层级可将品牌划分为产品品牌和企业品牌。产品品牌主要包含两个方面的含义：首先是产品的标记、名称、术语、设计、符号等方面的组合体；主要代表产品方面一系列的附加值，包括功能、心理两个方面所具有的利益点。其次是产品品牌的塑造，这离不开营销工作，不仅要了解该产品的市场情况，找出产品的概念、品牌的概念，还要有营销费用方面的支持。企业品牌是企业的经营理念、企业文化、企业价值观念及对消费者的态度等，能有效突破地域间的壁垒，进行跨地区的经营活动，并且将各类产品统一了企业形象、企业承诺，使得不同产品之间形成关联，统合了产品品牌资源。

产品品牌与企业品牌最根本的差别在于所处的战略方位不同。企业品牌战略是针对在业务操作和经营管理方面做出的决策，在具体的执行操作上发挥着指导作用，通过建立内外部共用的平台，企业品牌势将会给企业的发展、人才选择、投资决策等提供比较好的环境，从而来促进其目标在战略管理上能够顺利达成。

除此之外，这两者在构建品牌的目的以及所覆盖的内容等方面是不同的。由于目标受众不同，企业品牌的终极目标是把企业的价值观、文化等传达给相关消费者，其所涵盖的内容更加宽广，其受众范围是非常大的。但产品品牌是通过形成吸引力，来达到促进某些产品销售量快速提高的目的，它是以产品作为中心内容，对产品本身及其发展前景负责，肩负着把产品介绍给顾客的愿望。

这两者之间同样存在联系。企业品牌承担着母公司的发展愿望，而产品品牌是为了某种或者是某个系列的产品而服务的，企业品牌从整体的视角来对各个产品品牌的建设和发展情况进行高度领导，将其自身所拥有的各项资源和资产传达给了产品品牌，确保其能够较好地向前发展。产品品牌同时也体现了企业的经营发展愿望，它将企业和顾客紧密地联系在一起，此外又担负着为企业品牌增加无形资产的责任，这样就显示为两者之间良性互动，进而达到无形资产的逐渐增值，促进企业长久健康发展。

3. 根据生产经营的环节划分

根据产品生产和经营所属的环节可将品牌划分为制造商品牌和自有品牌。制造商品牌由制造商推出且用自己的品牌标定的产品并进行销售，是该品牌的所有者。那些享有盛誉的制造商还可以将其著名品牌租借给他人使用，收取一定比例的特许使用费。我们平常非常熟悉的一些品牌，如可口可乐、柯达、IBM 等都是制造商品牌。自有品牌是零售商完全拥有专利权的产品，完全决定产品的销售方式、库存状况和战略决策，以及遍布整个卖场产品种类的品牌。由此可见，零售商在自有品牌销售中有很大的自主权，可根据实际情况定价销售，与店铺的价格营销相配合。如美国的沃尔玛、英国的马狮百货、法国的家乐福，我国的国美和苏宁都是著名的自有品牌。

自有品牌的产品集中于非耐用性消费品。在非耐用性市场上，自有品牌相较于制造商品牌更有竞争优势。消费者对价格与质量关系的预期期望，影响着消费者对自有品牌和制造商品牌的挑选结果。制造商品牌产品的全渠道分销方式，是自有品牌难以弥补的差距。随着经济的快速发展，市场竞争的日趋激烈，供应链内部制造商与零售商的传统伙伴关系也变得多元化、复杂化。如：英国最大的跨国商业零售集团 M&S，销售的所有商品都来自自有品牌——圣米高，起初这个品牌只是用于纺织品，后来逐渐取代了店内其他制造商品牌；日本杂货店无印良品只销售自有品牌的商品。

4. 根据品牌主体特征来划分

根据品牌主体特征可将品牌划分为个人品牌、城市品牌和国家品牌。

个人品牌是指个人拥有的外在形象和内在涵养所传递的独特、鲜明、确定、易被感知的信息集合体。美国管理学者彼得斯有一句被广为引用的话：21世纪的工作生存法则就是建立个人品牌。这充分说明了个人品牌构建的重要意义，个人品牌能够展现足以引起群体消费认知或消费模式改变的力量。

美国斯坦福大学凯文·凯勒教授在《战略品牌管理》一书中对城市品牌概括为："城市品牌类似于产品品牌，可以让人们对某一区域形成初步印象，并将某种形象和联想与这个城市自然而然的连接到一起。城市品牌的精神内涵能够融入并活跃城市的每一种要素之中，与城市竞相迸发、共存共长"。因此，城市品牌可以被视为具体城市特征和概念的概括，是人们区分不同城市所具有吸引力的历史人文、风俗景观等具体特征的虚拟载体，它可以将受众对城市的虚拟印象具体化，产生明确而具体印象与美好的联想。

国家品牌的概念经历了由"原产国形象""国家形象"到"国家品牌"的过程。国家品牌是通过各种传播手段，向受众传递有关国家品牌构成要素的信息，从而使受众对该国的总体特征产生相对稳定的认知和评价。

（二）品牌的特征

品牌是由多种元素综合形成的概念，以其本身内在的丰富性和元素的多样性向受众传达多种信息。品牌的特性主要表现在以下几个方面：

1. 品牌的表象性

品牌不具有独立的实体，不占空间，最原始的目的就是通过一个比较容易记忆的形式让人们记住某一产品或企业。因此，品牌必须要有物质载体，需要通过一系列的物质载体来表现自己，使品牌有形化。品牌的直接载体主要是文字、图案和符号，间接载体主要有产品质量、产品服务、知名度、美誉度和市场占有率等。没有物质载体，品牌就无法表现出来，更不可能达到品牌的整体传播效果。

2. 品牌的专有性和排他性

品牌是用以识别生产者或销售者所提供的产品或服务的。品牌拥有者经过法定程序的认定，享有品牌的专有权，有权要求其他企业或个人不得仿冒、伪造。因此，品牌具有排他性。

3. 品牌的价值性

品牌是一项重要的无形资产。由于品牌拥有者可以凭借品牌的优势不断获取利益，可以利用品牌的市场开拓力、形象扩张力和资本内蓄力进行不断发展，因此，品牌具有价值性。另外，品牌知名度与忠诚度可以降低企业的费用，可以获得较高的价格，能够带来竞争优势。

4. 品牌的系统性

品牌既包括了名称、标志等显性要素，也向消费者传达了包括产品质量、营销服务、市场声誉等内在的信息。品牌与产品本身、品牌拥有者、供应商、消费者、中间商、竞争者、媒体、政府、社会公众等利益相关群体共同构成了一个相互作用、相互影响的生态系统。

5. 品牌的扩张性

品牌具有识别功能，代表一种产品、一个企业。企业可以利用这一优点展示品牌对市场的开拓能力，还可以帮助企业利用品牌资本进行企业和资本扩张。

6. 品牌成长的风险性

品牌创立之后，在其成长的过程中，由于市场需求的不断变化，企业的品牌资本可能壮大，也可能缩小，甚至可能在竞争中处于不利地位从而退出市场。因此，品牌的成长存在一定的风险，对其评估也存在难度。有时企业的产品质量不过关，有时由于服务存在问题，有时由于品牌资本盲目扩张，运作不佳，这些都会给企业品牌维护带来难题。

四、品牌作用与意义

（一）品牌的作用

品牌的作用可分为物质性作用和精神性作用。品牌的物质性作用是指品牌载体的商品或服务能满足消费者的生活需求或生存保障；品牌的精神性作用是指商品或服务能满足社会公众生活的深层次的精神需求的作用。品牌的精神性作用主要指品牌的包装和标识（logo）形象给社会公众的视觉愉悦和品牌品质保证给消费者的内心愉悦，是品牌作用的主要部分。

品牌总是以某种独特的个性满足消费者的情感和精神寄托，区别竞争者。品牌的作用主要体现在以下几个方面：

1. 对企业的作用

品牌最初的作用是区别和证明产品质量。在市场演化进程中，品牌早已不再局限于证明品质和区别的简单含义。在现代品牌中蕴含着企业的文化、个性特征、企业性格、群体划分、企业实力等，成为企业繁盛发展的基本手段。在品牌创建之后，品牌知名度提升，企业可通过品牌优势扩大市场，形成消费者对品牌的忠诚。商业发展的本源是获取市场经济价值。品牌成为市场推动的必然，也成为企业获取利益的筹码，品牌与盈利之间就有了不可切断的联系。企业的经济利益来自低成本与高销售价格之间的价值差额，价值差额越大，企业获取的利益就越高。在一般的行业内，成本与销售价格差值都会有一个合理限度，而品牌为经济利益的最大化维持了成本与销售价格的均衡，企业品牌左右各个环节的价值核算。品牌之所以能够创造最大收益，是因为品牌使得企业处于市场环境的中心，形成了与企业相关的利益向心力。企业可以借助成功的品牌扩大产品组合或延伸产品线，利用现有品牌的知名度或美誉度，推出新品，节约新产品进入市场的费用，降低进入门槛限制。最后，品牌有利于把本公司产品与其他同类品牌区分开，抵御竞争者的攻击，保持竞争优势。企业从小到大，由强到弱，不仅存在与同类进行存亡或消长的竞争，同时也在适应周边生存与发展的环境，同时也影响与改善着环境。品牌是企业灵魂和文化的集聚，不仅在公众认知价值上起着价值观念引导的作用，在企业经营上也起着积极的作用。顶级的企业品牌的影响力可以顺着时间延伸，顺着空间扩展，当具体化产品消失的时候，大众还会记得品牌，所以品牌价值会被推向企业资本顶端的位置。

2. 对消费者的作用

品牌是企业与顾客进行沟通的一种重要方式。它将企业的情感、意识、精神与产品的灵魂、内涵、特点传递给顾客，进行意识形态上的交流。品牌作为一种信号，有助于消费者识别产品的来源，让消费者产生信赖感，能够有效地进行产品选择或购买商品。品牌作为一种承诺或保证，代表卖者交付给买者的产品特征、利益和服务的一贯性的承诺，在这种情况下，有助于消费者规避购买风险，有利于保护消费者权益。产品销售的商家主要为实现经济利益，品牌销售旨在为顾客提供愉快的购物体验，满足消费者心理需求。品牌消费不仅包含产品质量的保证，还要为顾客提供良好的购物环境、个性化的需求和愉悦的购物体验。商品正在逐渐脱离实体产品属性而成为文化或是情感的衍生品，消费者更多表现出的是对品牌文化或情感的共鸣。消费者对品牌文化或情感的认同促成其购买行为，形成品牌偏好，最终满足其精神需求。品牌对消费者精神层面的满足为其培养一批忠诚的顾客。在文化和情感的渗透过程中，市场会根据消费者的特征划分出不同的群体级别。品牌表达的是时代的情感，反映的是大众的文化，陈述的是现实的故事。品牌通过体验式的经济表达方式，将一种文化和情感内涵让消费者去感知，然后去接受，最终达到购买目的。品牌出现在日常生活的每个角落，让消费者的生活充满乐趣和意义。在世界经济一体化的环境下，文化与商业的结合更为广泛和多元化。在每一个成功品牌的背后都隐含着国家的精神特征和文化特征。品牌作为商业和文化结合的产物，使全球消费者共同体验多元文化的融合交流。

3. 对竞争者的作用

产品的顾客化过程中，消费者与品牌形成了某种默契，品牌也由此形成。产品的顾客化过程并不是经营者的一厢情愿，而是消费者从感知、融合到最终统一的结果。产品的竞争之地在于市场，在于终端，而品牌的竞争是心智的比拼和较量。未来的营销是品牌的竞争，对企业而言，拥有市场比拥有工厂重要得多，市场没有永远饱和，只有未被发现，唯一拥有市场的途径就是具有拥有市场优势的品牌。企业可以通过制定品牌战略占领一部分市场，从而获取利润。因为无论竞争对手的品牌系统或产品组合多深多广，都很难满足所有消费者的个性化需求。在竞争日益激烈的市场上，企业可以通过创新不间断推出产品品牌应对竞争企业。企业要想拥有持久生命力，最主要的问题是建立和实施企业的品牌战略，打造品牌竞争力。强势品牌一定是将优势进行放大、把长板进行无限拉长，利用放大的优势形成冲击力的概念，让公众产生根深蒂固的印象。品牌用来创造独一无二，虽然产品的质量功能可能一样，但品牌将两个产品形成了区隔，形成一种磁场效应，激发竞争者的发展动力。

（二）品牌的意义

利维（Levy，1959）发表的经典论文《出售象征》引起了学者们对品牌意义的关注和重视，成为品牌意义研究的起始点。品牌不仅能满足人们对特定功能利益的需求，还能满足其心理的需求，人们通过使用品牌来建构、发展和表达他们的自我。品牌的意义在于建构、发展和表达消费者的自我概念。研究认为，自我包括个人自我和社会自我两个方面，而品牌的象征性特征可以构造产品拥有者的个人信息和社会特征，满足消费者对个人自我和社会自我的需求。

基于此，为品牌赋予特定的象征意义，对于建立品牌与目标消费者关系的营销实践具有重要意义，主要从个体层面的感知视角、整体层面的文化视角和多主体层面的符号互动主义视角来阐述品牌意义。

1. 基于个体层面的感知视角

品牌意义是个体层面感知的表征，是整体层面文化构建的产物，更是不同主体经过社会谈判过程而赋予品牌的一种特有的、不断发展的情感和认知理解。从个体层面的感知视角出发界定品牌意义，品牌意义由过程的参与者确定，特别是随着服务主导（S–D）逻辑的出现，"品牌没有任何意义，是个体创造自己的意义"，似乎已成为老生常谈，但这种绝对的个体感知观点使实业界无所适从。一个折中的观点是，从意义的感知性出发，品牌意义是消费者个体心目中形成的关于品牌联想的完整网络，是指消费者记忆中名字、形象和认知之间的心理联系。品牌意义可以被概念化为一系列基本要素的组合，主要包括品牌的语义和象征性特征。这种品牌意义观点揭示了消费者个体的品牌意义生成路径，即消费者以品牌知识为中介，通过对品牌基本要素的识别、记忆、回忆，在其心中形成神经联想网络，继而引出不同的意义。随着消费者个体不断接触新知识，并根据情境和特质处理相关信息，品牌意义逐渐发展。基于个体层面的感知视角界定品牌意义在一定程度上揭示了品牌意义的内涵和生成路径，凸显了品牌意义的感知性，为品牌理论研究提供了必要的基础。但显而易见，这种观点仅仅从消费者的角度来考虑品牌意义，既忽略了品牌意义的广泛文化情境，也没有考虑利益相关者的广泛网络，因而是一种较为朴素的品牌意义认知。

2. 基于整体层面的文化视角

消费者的认知和情感塑造反映了群体和个体的社会文化和社会历史背景，其产生的意义不是静态的，而是渐进的。随着时间的推移、社会的变化、文化环境的变化而演变，营销学者进而提出从更广泛的整体层面的文化视角出发界定品牌意义。

从整体层面的文化视角出发，品牌意义受文化和语境的双重影响，是文化建构的产物。即品牌方在周围文化中寻找与消费者相关的意义，并通过广告和时尚系统将这些意义转移到他们的产品中。消费者以特定的认知塑造品牌意义，以反映他们自己的社会文化情境。品牌方和消费者通过拥有、交换、梳理和撤回等来理解这些意义。广告是将这些意义转化为商品和服务的主要工具。广告可以将品牌和其他一些被广泛接受的具有特定文化意义的符号（例如，适当的音调、节奏、镜头方向、旁白等）结合在一起，然后这种特定的文化意义（例如，性别、年龄、社会阶层、种族）就成为品牌的一部分。当消费者购买该品牌时，同样的意义就从品牌转移到消费者身上，这就是消费者优先购买该品牌的原因。但消费者并不是被动地接受品牌信息，而是通过认知和特质塑造意义，以反映自己的社会文化状况。

基于整体层面文化视角的品牌意义界定有效地揭示了品牌意义的来源，然而，这种视角几乎无法洞察市场参与者之间的相互作用如何随着时间的推移而发展，并可能产生多种品牌叙述，进而导致品牌意义偏离组织意图，产生意义分歧。因此，一些学者转而关注意义的互动性，进而从多主体互动的过程视角探讨品牌意义。

3. 基于多主体层面的符号互动主义视角

从多主体层面的符号互动主义视角出发，品牌意义被认为多个参与者之间互动交流和社会协商过程的结果，是指由于社会协商过程而归因于品牌的特殊和不断演变的情感和认知理解。这种观点假设品牌意义既不受企业的控制，也不被消费者被动地接受。相反，它是社会协商、多方面以及多个参与者之间互动和交流的结果。不仅如此，这些互动不是线性和可预测的，而是多重而复杂的，并嵌入相互依存的动态过程中，这些过程构成了价值和意义。品牌意义是通过市场参与者之间持续的交流和消费实践塑造的，这使得品牌意义成为一种可延展的资源，即品牌意义从个体层面感知的"交换意义"转变为多个参与者互动的"互动意义"。符号互动主义视角提供了关于品牌意义更全面的观点，为理解在营销、个人和社交环境动态系统中的品牌意义创造过程提供了丰富的基础。

第二节　品牌资产

一、品牌资产概念

（一）品牌资产的含义

品牌资产（brand equity）这一概念在 20 世纪 90 年代初期传入中国，由于学界和业界对这个概念都比较陌生，所以这个概念在传入之初并没有达成统一的翻译。brand equity 在中国首先由我国品牌知名学者符国群教授翻译为"商标资产"。随后又出现了以范秀成和于春玲为代表的"品牌权益"的翻译方式，和以卢泰宏教授为代表的"品牌资产"的翻译方式。随着品牌概念的广泛应用，用"品牌"替换"商标"一词更容易被接受，并且在表达上也更为确切。应该将 Equtiy 翻译为"权益"或是"资产"，两派学者各持己见。于春玲认为"权益"的译法借用了财会用语，可以与将品牌通过其他方式获得的资产区分开来，强调营销者应该花费更多的精力在品牌的创建和营销努力上，而不是单纯关注财务上的一个数字。卢泰宏教授力排众议，坚持 Equity 翻译为"资产"。认为品牌建设实际上是建立与消费者的关系，而"权益"一词从字面上理解更加自我，更强调以品牌的利益为中心。翻译为"品牌资产"一方面可以体现其在财务方面的价值，另一方面也能提醒品牌管理者努力经营品牌和消费者之间的关系，才能使品牌的价值不断增加。随着对品牌资产理论研究的深入，其他研究者普遍接受了卢泰宏教授的翻译，在研究中均使用"品牌资产"一词进行论述。

法奎哈（Farquhar）曾这样定义品牌资产：相比那些没有品牌的产品或服务来说，有品牌的企业会因为其品牌的存在而获得超越产品实际使用价值的额外附加利益和附加价值。营销领域最权威的学者之一大卫·艾克将品牌资产定义为：由与企业的品牌口号、品牌名称、品牌形象、品牌标识等要素相关的一系列资产或负债构成，这些资产或负债会有增减的变动，会给产品或服务提供商带来顾客价值。凯文·凯勒在 1993 年首次提出基于顾客的品牌资产（CBBE）概念模型，其从顾客的研究视角出发，认为品牌资产是品牌知识对品牌营销活动反馈的不同影响。受消费者所获得的不同品牌知识影响，顾客对市场营销活动会有不同的反馈和感受。当品牌能够被准确识别出来时，顾客对于产品或服务的营销活动或营销方式会更可能表现出肯定和赞扬，这时的品牌具有正面的基于顾客的品牌资产，反之则为负面的品牌资产。

学术界主要从财务、顾客和市场三种角度来评价品牌资产。基于财务角度主张通过货币价值来测量品牌资产；基于顾客的视角则是从消费者角度来考量品牌资产的构成要素；基于市场的品牌资产测量更多是从营销管理的角度出发，测量及定义营销活动及消费者在品牌资产中的重要作用。

从财务会计视角来看，品牌资产之所以具有价值，是因为企业的产品在使用品牌后，会较使用之前有更高的销售价格或者销售量，即财务报表上的利润提高了。在测度上，品牌资产是品牌引起的价格上升或销售量增加带来的增值在其持续年度现金流的折现值。这样的测度简单、直观，便于品牌资产的所有者与使用者接受，为企业的投资经营活动提供参考。这一视角下的品牌资产本质上是一种无形资产，一个具有竞争力的品牌可以看成一项具有巨大价值的可交易资产。

从消费者的视角来看，品牌资产也被称为基于顾客的品牌资产，由美国学者凯勒最先提出，他认为品牌资产的价值是通过消费者与品牌之间的关系表现出来的，它决定了品牌资产的高低。若消费者对一个品牌不认同，那么该品牌对于消费者来说就没有任何意义，该品牌的产品价格、品质如何变化对消费者来说都没有任何影响，那么它对于投资者、生产商或零售商也就没有任何意义，因此品牌资产的核心是如何与消费者建立联系、消费者如何理解该品牌的意义和内涵等。

从品牌力视角来看，品牌资产是品牌知名度、美誉度和忠诚度的有机统一，是指品牌资产的理念和宣传等对消费者购买决策的影响程度。品牌力基本上是由品牌商品、品牌文化、品牌传播和品牌延伸四要素在消费者心智中协同作用而形成的。一个品牌要在竞争中脱颖而出，为消费者认可和接受，就要使该品牌所附着的商品具有强大的竞争力，树立有助于强化品牌个性的品牌文化，实施有效的品牌传播，进行正确的品牌延伸。品牌力视角的品牌资产表明一个强势品牌应该具有强劲的品牌力，是顺应品牌不断扩张和成长而提出的，从而把品牌资产与品牌成长战略联系起来。

品牌资产相比于有形可视的产品形态或服务形态而言，是一种无形的资产形式。因此，对品牌资产的衡量也变得更加复杂。很多学者认为即便品牌资产本身是无形的，但其可以通过有形可视化的指标对其进行测量和评估。财务价值衡量的方式便很好地解释了这一思路，通过货币或与货币价值等值的现金等价物来衡量品牌资产，具有数据唯一性和说服力高的特点，因此，使用财务价值评估品牌资产成为学术界和企业界广泛采用的评估方法之一。

综上所述，从国外不同学者对品牌资产的定义及评价中可看出，基于顾客视角的品牌资产更加关注消费者的认知和情感过程。顾客对产品或服务所持的态度以及最终的购买意向和购买行为才是品牌资产真正的价值来源和动力，这种态度和购买行为从本质上反映出品牌资产经济价值的真正驱动力。

（二）品牌资产相关概念辨析

1. 品牌资产与商标

品牌资产与商标是极易混淆的一对概念，通过商标在我国的发展史可以看出，在我国，二者长期以来并无太大的区别，一部分企业甚至认为商标进行注册后就是品牌资产了。然而品牌资产和商标是两个内涵不完全相同的概念，二者既有联系又有区别。

（1）联系。品牌资产和商标都同为商品的一种标志。商标是品牌资产的一个重要组成部分，是品牌资产的标志和名称，便于消费者记忆和识别。

（2）区别。商标是一个法律概念，只有在注册后方可使用并受到法律的保护，而品牌资产无须注册即可使用。一个企业的品牌资产和商标可以一致也可不同，品牌资产比商标具有更宽泛的外延。

商标是品牌资产的一部分，但品牌资产的内涵远远大于商标。品牌不仅仅是一个易于区分的名称和符号，更是一个综合的象征，需要赋予其形象、个性、生命。例如，奔驰象征着拥有者的"成功和地位"。

商标属于注册人，而品牌资产则属于消费者，它们给拥有者带来的价值和作用是不同的。商标的所有权是掌握在注册人手中的，其具有商标的所有权、使用权、收益权和处分权，可将自己注册的商标转让或许可其他单位或个人使用，可以通过法律手段回应他人对自己商标的侵权使用。但品牌资产则作用于广大消费者，若大多数消费者对某一品牌都具有较高的信任度和忠诚度，那么该品牌资产具有巨大的价值；反之若一个品牌失去了消费者的信任，则一文不值。

2. 品牌资产与商誉

商誉主要强调的是企业在一定的条件下，能获取高于正常投资报酬率的收益所形成的价值。可从三个角度理解，一是从企业形象传播的角度分析，商誉是企业在消费者心目中的知名度和美誉度；二是从经营管理的角度分析，商誉是企业人员素质、经营管理素质、思想作风素质等的综合表现，是企业综合能力的反映；三是从资本化角度分析，商誉是企业赖以取得超额收益的资本化价值，是企业重要的无形资产。财政部颁发的《资产评估准则——无形资产》中把商誉归为不可确指的无形资产，由此也被称为"最无形的无形资产"。因而可以看出品牌资产和商誉非常接近。

（1）联系。品牌资产和商誉都是企业长期积累起来的能够为企业带来超额收益的无形资产，且都从消费者的角度来考虑其对企业超额收益的影响。

（2）区别。首先，品牌资产和商誉的功能不完全相同。品牌资产主要是为了区分市场中的同类产品，以保护本企业高质量的产品和服务，并且可以脱离企业其他资产而单独存在，如用于企业间的并购或抵押等；而商誉用来说明企业所有的无形资产扣除各单项可确指无形资产后的剩余部分，它不能离开企业单独存在，不能与企业可确指的资产分开出售。其次，品牌资产和商誉所作用的领域和结果不相同。品牌资产作用于产品或服务的经营活动中，能够提高产品或服务的销售量和销售价格；而商誉作用于产品或服务的生产活动中，提高产品或服务的产量而降低了生产成本和费用。最后，品牌资产和商誉的载体不同。品牌资产的价值是企业通过特定的产品或服务得以实现的；而商誉作为企业的不可确指的无形资产，它的价值却与整个企业都相关，不能独立于企业而单独存在。

（三）品牌资产特征

品牌资产是企业的一项重要资产，它超越了商品、厂房、设备等有形资产的范畴，是一种特殊的无形资产，越来越受到管理人员的重视，但同时与其他无形资产又有着明显的区别，呈现出以下几个方面的特征：

1. 品牌资产的价值性

品牌资产是企业最为重要的一项无形资产。它来源于品牌的消费者资源、渠道资源、品牌延伸和差异性优势等方面的综合效应，可以支撑品牌在未来很长一段时间内持续性地获得利润。只要坚持正确的经营战略，品牌资产就可以长期存在，并且很难确定它存在的年限，只要得到正确使用和管理，品牌资产就会变得更加具有价值。可口可乐前总裁伍德·拉夫曾说："如果可口可乐的工厂一夜之间化为灰烬，我仍然可以在很短的时间内再造一个可口可乐。"他说这句话的底气是基于可口可乐得到了全世界消费者的广泛认可。正是因为如此，在企业并购中，除了要收购机器设备、产品、技术、人才外，还要对品牌资产进行评估。

2. 品牌资产的波动性

品牌资产的建设是一项长期性的任务，在其发展的过程中，由于外界各种因素的干扰，企业的品牌可能面临着各种风险。有时，它的品牌资产价值可能是增加，有时也可能是缩水。如果品牌管理者不能做出正确的决策，那么品牌资产就会减少；如果能采取行之有效的措施，品牌资产不但不会减少反而会增加。这种波动与市场环境变化有关，但最根本的是由于品牌之间激烈的竞争引起的。2008 年北京奥运会成为本土企业宣传自身品牌的一个良机，各家企业不惜重金成为北京奥运会的合作伙伴，借此机会在自身品牌资产价值上收获丰厚的回报，其中最有代表性的当属李宁公司。李宁在奥运会开幕式上点燃圣火的那一瞬间，将李宁公司的品牌形象提升到了新的高度。

3. 品牌资产的表象性

品牌资产是一项无形资产，必须以一定的物质为载体来实现品牌资产的有形化。其直接载体主要有文字、符号和图案等，间接载体主要有产品的质量、产品服务、市场占有率等。品牌资产没有物质载体就无法表现出来，就不能达到高潮品牌资产的整体传播效果。

4. 品牌资产的专有性

品牌资产的专有性也被称为品牌资产的排他性，是指品牌资产的所有者经过法律程序的认定，享有品牌资产的专有权，有权要求其他的企业或个人不能仿冒、伪造。有些企业品牌意识薄弱，没有发挥品牌的专有权，一些品牌被其他人抢先注册。人们应该及时反省，充分利用品牌资产的专有性。

二、品牌资产内涵

品牌资产是企业以往营销举措和消费者对该品牌的消费经验共同作用的结果。品牌资产关系到消费者对品牌所提供产品质量等方面的判断，消费者是品牌建设的核心，因此与消费者相关的元素也是品牌资产的构成重点。不同学者从不同的关注视角出发，构建了不同的品牌资产框架。

（一）大卫·艾克的品牌资产模型

大卫·艾克在综合前人分析的基础上，提出包括品牌知名度、品牌认知度、品牌联想度、品牌忠诚度、其他品牌专属资产在内的五星模型，并认为各个向度间呈相互平行关系。如图 1－2 所示。

图 1-2　大卫·艾克的品牌资产模型

资料来源：David A. Aaker.（1991）. Managing Brand Equity, New York：The Free Press.

1. 品牌知名度

品牌知名度是指某品牌被公众知晓、了解的程度，它表明品牌为多少或多大比例的消费者所知晓，反映的是顾客关系的广度。从不确定、不认识品牌到第一提及知名度品牌，品牌知名度就在这连续区域内变化。

第一阶段是无知名度阶段，在此阶段，消费者在没有接触过目标品牌的情况下，对品牌没有任何印象。或是目标品牌没有任何特色，无法引起消费者的兴趣和关注，十分容易被消费者遗忘。顾客首先想到的品牌往往是知名度最高的品牌，这类品牌在顾客心中具有一定的特殊地位。最先想到的品牌在顾客心中要远远高于其他品牌。

第二阶段是提示知名度阶段，消费者在经过提示或某种暗示之后，可能想起某一品牌，想起自己曾经听说过的品牌名称。比如当顾客被问及某类产品时，如果给出了某类产品的一组品牌，那么顾客就能辨别出自己听说过的品牌。因此，尽管顾客需要在品牌和产品门类之间建立联想，但这种联想并不需要强烈。这一阶段在顾客购物、选择品牌时会起到特别重要的作用。

第三阶段是未提示知名度阶段，在这一阶段，消费者在不需要任何提示的情况下能够想起某种品牌，即能够正确区别先前所见或所听过的品牌。对某类品牌来说，具有未提示知名度的往往不是一个品牌，而是一系列品牌。如提及某类产品时，顾客会立即联想到与之相关的知名品牌。

第四阶段是第一提及知名度品牌，消费者在没有任何提示的情况下，所想到或所说出的某类产品的第一个品牌。如对某些消费者而言，提起手机，就会想起苹果，提起碳酸饮料，就会想起可口可乐。第一提及知名度品牌，是市场领导者，通常称为主导品牌。拥有主导品牌是一种强大的竞争优势。在很多情况下，有了主导品牌，顾客在购买产品时就不会考虑其他品牌。

　　品牌知名度之所以在消费者购买决策过程中扮演非常重要的角色，主要的原因有：第一，当消费者想到产品种类时，消费者会想到高品牌知名度的产品，影响到购买决策。第二，品牌知名度可能影响决策，消费者会在考虑的所选择的品牌范围中，选择去购买熟悉的、有名的品牌产品。第三，品牌知名度会由品牌形象中品牌联结的强度和构成要素来影响消费者的购买决策。所以，品牌知名度在消费者购买过程中确实存在极为重要的影响程度。

　　对于消费者而言，品牌知名度的高低会直接影响到对于该品牌产品的评价好坏。具有高知名度及良好形象的品牌，能提高消费者对该品牌的忠诚度，可以增加消费者对产品的信赖感，增强其购买意愿，并且品牌知名度亦可能经由知觉质量来影响到消费者对产品的评价。消费者对于高知名度的品牌通常会存在较高的知觉质量，如商店及品牌知名度愈高，消费者对于产品的知觉质量愈高。因此品牌知名度高时，将有助于提升消费者对于知觉质量的认知，进而影响到消费者对产品的评价。

　　品牌知名度的重要性，在于消费者会将其列入购买决策中并加以评估。一个不知名的品牌，很少会被消费者列入消费的考虑项目中。人们较喜欢购买熟悉的品牌，因为熟悉的品牌令其感到放心、可靠。而且，使用熟悉品牌的产品，消费者会有较高的满意度。因此，当消费者对产品越不熟悉时，就越倾向信任一个品牌知名度较高的产品以降低知觉风险。

　　2. 品牌认知度

　　品牌认知度是消费者对产品或服务的适应性和其他功能特性是否适合其使用目的的主观理解或整体反应，是消费者对产品客观品质的主观认识。消费者在产品类别中能够准确地确认、识别或回忆品牌，会促使消费者产生选择、主动了解与推荐品牌等行为。品牌认知包括产品的功能、特点、可信赖度、耐用度、服务度和效用评价等元素。品牌知名度和品牌形象是品牌认知的两个重要测量维度。

　　品牌形象是品牌构成要素在人们心里的综合反映。品牌价值、商品属性、品牌标记等给人们留下的印象，以及人们对品牌的主观评价都是品牌形象。品牌形象包括品牌本体和品牌外显两个部分。品牌本体通过多种手段展现品牌形象、品牌商标、品牌色彩和品牌象征物。品牌本体代表的是自我形象和理想的市场形象。通过本体的自我表达以及与消费者的互动，品牌形象完成了顾客化的过程，并衍化成为品牌外显。品牌外显代表的是消费者特有的实际形象。成功企业的品牌形象识别都能让人一目了然，同时能引发诸多正向联想，达到吸引消费者注意，展现企业自身价值的目的。品牌形象是一个品牌独有的、长期的个性、特征或者态度。品牌形象的营建必须与品牌价值相一致，要能表达品牌的真正内涵。好的品牌形象在与顾客建立感情沟通时承担着重要角色，紧紧围绕品牌定位和核心价值，能够让顾客产生偏好。品牌的长期成功依靠营销者在进入市场之前选择品牌意义的能力、用一种形象的方式实施品牌意义的能力和长期以来保持这种形象的能力。品牌形象不只是受企业沟通活动影响的感知现象，还是消费者对于企业采取的全部品牌活动的相关理解。

通过产品的品牌形象，可以使得消费者更容易对产品进行辨识、感知产品的品质、降低购买时的认知风险，并且提升消费者对产品的感知价值，获得品牌为消费者带来的差异化感觉。品牌形象可以作为评价产品品质的线索，良好的品牌形象可以提升消费者对于产品品质的感知。当产品内部的信息线索不足以帮助消费者做出购买决策时，品牌形象往往作为产品评价的外部线索，被消费者用来感知产品的品质。消费者为了降低产品购买的风险，通常会购买知名度更高或有更好品牌形象的产品。如果产品的品牌形象好，不但可以降低消费者购买产品时的感知风险，还可以有效增加消费者对于产品积极的正面评价。产品品牌形象的高低会正面影响其感知品质，会影响消费者的购买决策，知名度高、形象好的品牌能够提升消费者的产品评价。

3. 品牌联想度

品牌联想度通俗来讲，是顾客由品牌所联想到的所有事物，是品牌价值的体现，也是建立品牌忠诚度，制定品牌决策的基础。品牌联想是经过独特销售点传播和品牌定位沟通的结果，提供了购买的理由和品牌延伸的依据。品牌联想可以分为三种类型：品牌属性联想、品牌利益联想、品牌态度联想。

品牌属性联想是指关于产品或服务的描述性特征。属性联想又分为产品相关属性联想以及非相关属性联想两类。产品相关属性指能决定产品性能和本质的产品物理组成或对服务的要求，它根据产品或服务种类的不同而有所差异。产品相关属性主要分为四项，即价格信息、包装或产品外观、使用者特征和使用情境。非产品相关属性能影响采购和消费过程，但不会直接影响产品性能。非产品相关属性来自营销组合与产品营销方式。

品牌利益联想是指为消费者给予产品或服务属性的个人价值，也就是消费者心目中认为此产品或服务能够为他们做些什么。利益联想可进一步分为三类：功能性价值、经验性利益和象征性利益。功能性价值是指产品或服务的内在优势，与产品属性相关。经验性价值是指能引起消费者使用产品或服务兴趣的价值。它同时对应于产品相关属性与非产品相关属性。象征性价值是指产品或服务的外在优势，其通常与产品属性无关，而是有关社会认同的需求或是个人表现以及自尊。

品牌态度是最抽象的，但又是最高层次的品牌联想。品牌态度是消费者对品牌的整体评价，是形成消费者行为的基础。心理学多属性态度模型显示，总体品牌态度依赖于品牌和突出属性，或价值间联想的强度，以及这些属性或价值的受喜爱程度。心理学测试得出结论，当一个人能很快对一个对象评价出一种态度时，这个对象被认为有非常容易形成的态度。直接经验或经验同基于信息等其他间接行为相比，更容易形成品牌态度。易形成的品牌态度很容易在看到品牌的同时被激活，并导致相应的品牌选择。

4. 品牌忠诚度

品牌忠诚度是指在购买决策中多次表现出来的对某个品牌有偏向性的行为反应，也是消费者对某种品牌的心理决策和评估过程。品牌忠诚度划分标准为消费者对品牌忠诚程度。它划分为五个层级：不忠诚消费者、品牌满意消费者、品牌斟酌消费者、品牌喜欢者和品牌承诺者。

不忠诚消费者是对品牌忠诚度最低的等级，该类消费者购买品牌不是出于对品牌的行为忠诚和态度忠诚，可能来自外界因素，例如营销环境和营销方式等。

品牌满意消费者购买同品牌的产品同样不是出自消费者对品牌的行为忠诚与态度忠诚。购买品牌产品原因可能为现有产品可以满足消费者要求。

品牌斟酌消费者介于消费者对品牌忠诚与品牌不忠诚之间，转换成本是此类消费者在品牌消费时主要考虑的问题。

品牌喜欢者和品牌承诺者是消费者对品牌忠诚度较高的等级，品牌喜欢者对品牌有很浓重的情感依附，这类品牌经久不衰，是消费者生活中不可缺少的用品，且不易被取代。品牌承诺者视消费该品牌为荣，是品牌忠诚的最高境界。消费者不仅对品牌产生情感，甚至引以为傲。

5. 其他品牌专属资产

其他品牌专属资产一般包括商标、专利、渠道关系等。这类资产通常能够在顾客和其他竞争对手之间设立一道屏障，阻止顾客的流失，保护品牌现有的顾客群和市场份额。这类品牌资产对企业具有巨大价值，在使品牌避开竞争中发挥不可替代的作用。

大卫·艾克的品牌资产五星模型为品牌资产测量奠定了基础，并且提出怎样把品牌使消费者在头脑中形成的品牌形象与消费者的重复购买行为作为建立品牌资产的目标和结果，来引导企业进行品牌建设。艾克对品牌资产模型的研究具有多方面的积极意义，但是只简单罗列出品牌资产模型包含的维度，而不去探讨各维度间可能存在的逻辑，这体现了艾克模型的缺陷所在，也给后续讨论提供了努力方向。

（二）凯文·凯勒的品牌资产模型

1993 年，美国学者凯文·莱恩·凯勒以认知心理学的联想网络记忆模型为依据，对消费者头脑中的品牌知识结构进行了描述，并总结出基于消费者的品牌资产概念模型。2001 年，凯勒进一步提出为当今学界和业界所熟知的基于消费者的品牌资产金字塔模型，即我们常说的 CBBE 金字塔模型。模型给出了建立品牌资产必须经历的四个阶段：第一阶段为建立恰当的品牌识别，也就是建立既具有广度又具有深度的品牌认知；第二阶段是创造品牌内涵，使品牌具有强烈、良好、独特的品牌联想；第三阶段是获得积极的品牌反应；第四阶段是建立消费者与品牌的关系。这四个阶段被具体为 6 个维度，分别是第一阶段中的品牌特征维度，第二阶段分为表现和形象两个维度，第三阶段分为评价和感觉两个维度，第四阶段是消费者对品牌的共鸣。如图 1－3 所示。

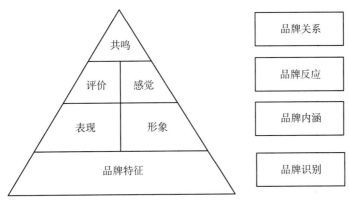

图 1－3　基于顾客的品牌资产模型

资料来源：Keller K.（2001）. Building Customer-based Brand Equity. Marketing Management，10（2）：15－19.

在 CBBE 金字塔模型中，第一阶段是顾客对品牌的识别，要求在顾客头脑中形成精确的产品类别或者产品是满足顾客何种需要的概念。品牌显著性其实是顾客对一个品牌在包括产品和非产品（情感）上的整体印象。这个整体印象决定了品牌在复杂的情景或环境中，被唤醒的容易程度和频率。涉及顾客对品牌的回忆和识别能力，不仅仅是顾客知道一个品牌名称、logo、商标等形成的一定的联想。在这个阶段，顾客应该了解该品牌的优势产品或服务类别，并且知道品牌是为了满足顾客的某种需要。区分品牌显著性的关键维度是品牌深度和品牌宽度，品牌深度指的是品牌被消费者认出的容易程度；品牌宽度指的是当消费者想起购买该品牌时的购买范围和消费状况。一个具有高度显著性的品牌能够使消费者充分购买并在可选择范围内总是想起该品牌。

第二阶段是创造品牌内涵，包括品牌表现和品牌形象。品牌表现指产品固有的属性或服务的特征。如产品在顾客脑海中质量等级的高低，顾客会通过专利等来佐证对产品等级的判断。产品在经过消费检验后呈现出来的质量的稳定性、耐用性、售后服务的效率性等，以及产品的设计风格、价格政策，顾客会从品牌价格及价格波动频率对品牌进行从高端到低端的分类。产品表现是通过具体的产品属性表现出来的，产品是顾客感知品牌的桥梁。相对于品牌表现，品牌形象更强调品牌给消费者的一种抽象概念。从抽象的角度，指的是与品牌形象相关的消费者联想。这些联想可以直接通过消费者自身的体验而形成，并和通过广告信息或口碑传播的信息相联系。品牌形象主要指品牌在情感层面给顾客的感觉，包括品牌的个性和价值、品牌故事和传统等。

第三阶段是建立在第一阶段和第二阶段基础上的顾客反应，包括顾客对品牌的评判和感觉。对品牌的评判主要表现在顾客通过品牌体验对品牌质量、信誉、购买决策等方面的考虑，这个过程会形成品牌口碑和品牌态度。品牌感觉倾向于对品牌在情感层面上的认知，品牌塑造的形象、展现的个性、为顾客提供的想象等，因此，第二阶段的品牌形象和第三阶段的品牌感觉可以统称为品牌形象。品牌评判和品牌形象以及产生的品牌口碑共同影响顾客的品牌态度，即对品牌的喜爱程度和购买偏好。顾客体验之后形成品牌反应，品牌反应包括品牌评判、品牌形象和品牌口碑。

品牌资产模型最顶端是顾客与品牌的关系，最佳效果是顾客与品牌产生共鸣，表现在顾客的重复购买、主动搜寻产品信息、形成品牌忠诚度。这个阶段对于品牌营销人员来说是一个很大的挑战，这一阶段会给人一种达到顶峰就一劳永逸的错觉，因此企业不能因为达到了良好的品牌共鸣就沾沾自喜，止步不前。品牌在激烈的市场竞争环境中要不断做大做强，需要不断进行反思和完善，不断强化顾客头脑中的品牌知识，力求吸引更多潜在顾客，形成一个循环往复的过程。

CBBE 模型是结合了多年来品牌关系研究的新成果而提出的，从其自身结构和建立思路可以看出，它包含了一些其他优秀品牌模型的关键元素和重要思想。CBBE 模型不再仅仅将构成元素进行简单的罗列，而是重点阐述了其间的相互关系，为整个模型建立了完整的逻辑结构，使其整体具有严密性和逻辑性。这个模型相比较之前的品牌资产模型有了很大的进步，它提出了之前的品牌资产模型所没有的形成品牌资产的逻辑顺序，打破了以往品牌资产模型那种平行的模式，是品牌资产模型领域的一个进步。模型不只是客观地阐述了品牌资产的结构与组成元素，还为建立品牌、打造品牌资产提供了原则性的指导，并比较详细具体地进行了相应的流程关系设计，使模型具有了实际的操作意义。CBBE 品牌资产模型结构较为庞大和复杂，涉及的变量比较多。在其 6 个维度之下，又分别具体创建了多个要素，使得模型结构比较完整。

（三）品牌资产引擎模型

品牌资产引擎模型是一种典型的品牌资产定义评估模型。该模型认为：品牌资产归根到底是由品牌形象所驱动的。虽然品牌资产的实现要依靠消费者购买行为，但消费者购买行为根本上还是由消费者对品牌的看法，即品牌的形象所决定的，因为尽管购买行为的指标可以反映品牌资产的存在，但它们却并不能揭示在消费者心目中真正驱动品牌资产的关键因素。因此，这是一种基于消费者认知的品牌资产模型。在该模型中亲和力、功能表现和价格构成了品牌价值的三大要素。亲和力是品牌受到的来自消费者的信任和尊敬，它包括权威性、品牌认同和价值承认三个方面的内容。功能表现是品牌资产的另一个重要组成部分，包括产品的特性以及该产品在功能利益上的表现。根据品牌的情感特征和功能属性可以成功地说明消费者对品牌"资产"的感知度，亲和力和功能表现构成了品牌资产。但是，消费者对品牌的总体评价还必须考虑到价格因素，特别是相对于竞争品牌的价格水平。

　　品牌资产引擎模型以品牌形象为研究点，以消费者购买行为为一端，品牌资产为另一端，并以品牌形象作为购买行为实现的决定因素与品牌资产形成的媒介来研究品牌资产，提出了亲和力、功能表现和价格构成品牌价值的三大要素，由于品牌形象由品牌联想构成，所以这三大要素也可看作消费者的品牌联想的主要驱动因子。从而可以进一步发展新的模型，并且对品牌联想的主要驱动因子进行完整的分析与研究，对品牌资产引擎模型进行发展研究。如图 1－4 所示。

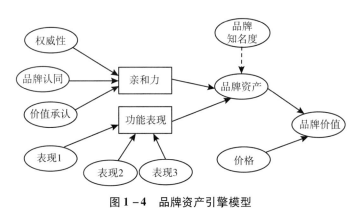

图 1－4　品牌资产引擎模型

资料来源：Rory P. Morgan（1999）. A Customer-oriented Framework of Brand Equity and Loyalty. International Journal of Market Research，42（1）：32－43.

（四）Blackston 模型

1992 年，布莱克斯通（Blackston）在《管理品牌关系建立品牌资产》一文中，根据人际关系交往的原理规范品牌关系，将其定义为"消费者对品牌的态度和品牌对消费者的态度之间的互动"。在这个定义中，消费者和品牌两个主体处于同等位置，两者互动反映。1995 年，布莱克斯通在对品牌资产的定义研究中提出了品牌关系模型，从消费者和品牌（企业）关系视角研究了品牌资产的构成要素。该模型把品牌资产分成为定量的品牌资产（即品牌价值）和定性的品牌资产（即品牌意义）。定量的品牌资产使人们从企业资产的角度来管理品牌，如充分利用现有品牌的价值。定性的品牌资产使人们从品牌营销的角度来创造品牌，如品牌形象的塑造等。此外，该模型界定品牌关系的定义为"客观品牌与主观品牌的互动"，指出品牌关系是品牌的客观面（品牌形象）与主观面（品牌态度）这两个维度的相互作用。布莱克斯通的模型非常抽象地描述了品牌和消费者之间的互动关系。如图 1－5 所示。

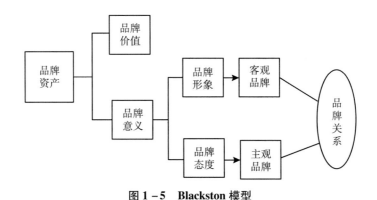

图 1－5   Blackston 模型

　　Balckston 模型将品牌关系分为两部分，一部分从品牌（企业）角度得出客观品牌，其由品牌形象构成；另一部分从消费者角度得出主观品牌，由品牌态度构成。Blackston 模型不再单一地从品牌（企业）（Aaker 模型）或者消费者角度（Keller 模型）来研究品牌资产，它从消费者和品牌整合的角度分析品牌资产，提出了品牌资产的互动的观点，互动概念的提出为后续研究品牌资产提供了进一步的指导。

（五）Krishnan 模型

　　克瑞斯南（Krishnan）在凯勒的 CBBE 模型基础上，通过记忆网络模型界定了在基于顾客的品牌资产下的各种品牌联想特性。该模型指出，记忆是由相互连接的网络进行知识的组织组成的，组成网络模型的是节点，这些节点用来储存所有信息。由于大量研究记忆网络是一个复杂结构，而克瑞斯南主要集中在品牌资产方面，因此他研究的焦点也在针对品牌名称反映和激发的一系列联想上。从品牌联想的数量、联想的偏好度、联想的独特性和联想的来源四个方面研究品牌联想。克瑞斯南对这四个方面进行实证研究，通过测评高品牌资产和低品牌资产的区别，结果显示消费者联想的差别和品牌外部资产指标是一致的，从而能洞悉每个品牌的强势和弱势部分。Krishnan 模型与 Biel 模型的提出思路基本相同，但研究点不同。前者从 Keller 模型中提取记忆网络模型，从 Aaker 模型提出品牌联想作为自变量，通过品牌联想的数量、联想的偏好度、联想的独特性和联想的来源四方面研究品牌资产并对不同品牌资产进行比较，在视角上具有创新性。后者则从 Keller 模型的品牌资产构成维度之一——品牌形象——作为研究点，得出品牌资产三维度二重性测量模型，创新性地研究了品牌资产的维度构成。此外，品牌形象是指消费者对品牌的感觉，反映消费者记忆中有关品牌的联想。通过克瑞斯南以品牌联想为研究点研究品牌资产，实证了品牌形象是品牌资产的重要维度。所以，Krishnan 模型和 Biel 模型是 Aaker 模型和 Keller 模型的继承与发展，Krishnan 模型又是 Biel 模型的继承与发展，四者相辅相成，为品牌资产的维度研究提供科学的理论指导。

三、品牌资产作用

资产是企业拥有的优于竞争对手的资本，是企业获得持续性竞争优势的基础。企业把工作重心从短期财务管理转移到资产的开发与维护，是进行战略定位的一种方法。资产可以带来源源不断的利润，但是它需要有积极的管理，而且必须进行有效的维护。品牌资产对于企业来说有着举足轻重的作用。因为拥有工厂要比拥有市场容易得多，那么拥有市场的最重要的途径就是拥有一个具有市场优势的强势的品牌。品牌的作用主要体现在消费者和企业两个方面。

（一）提高消费者对品牌的忠诚度

对消费者而言，品牌资产具有重要的作用。通过对品牌名称和标志的认知，有助于消费者加工、整理、存储有关产品及品牌的信息。同时品牌资产还可以增强消费者的购买信心，缩短消费者在购买商品过程中的决策时间。一些强势品牌之所以能够领导市场，是因为消费者对这些品牌价值和内涵早就有了清晰的认知。消费者对品牌的忠诚度往往是通过重复购买的次数来衡量的。消费者对于其忠诚的品牌通常会做出习惯性的购买决策。

（二）可以使企业获得竞争优势

首先，品牌资产在消费者心中留下深刻印象，使得消费者逐渐产生品牌忠诚，最终保证了产品利润的真正源泉。其次，品牌资产是对应品牌的质量体现，企业拥有强势品牌资产有利于其在未来获得稳定的收益以及溢价收入。同时，品牌扩张最有利的条件就是品牌资产，塑造企业核心价值是建立在拥有品牌资产的基础之上，对竞争者来说品牌资产是其进入目标市场的一种壁垒，所以品牌资产是企业取得竞争优势的重要途径之一。品牌资产将无法区别的产品变得不同，品牌资产因此可以成为获取利润的有效手段，从而使企业获得稳定收益。最后，好的品牌能降低企业在危机中的易损性。如果消费者忠于某一品牌，他们将不大可能在提价时转向其他品牌，而是选择在降价时增加购买的数量。

案例 1-1：欧莱雅——全方位的品牌及产品结构①

巴黎欧莱雅是欧莱雅集团里知名度很高、历史悠久的大众化妆品品牌之一，主要生产染发护发、彩妆及护肤产品，其出众的品质一直倍受全球爱美女性的青睐。欧莱雅在 20 世纪的发展史，可说是日化工业发展史的一部分代表。巴黎欧莱雅拥有一流的药学试验室和皮肤学中心，还有遍布全球的研究测试中心，骄人的产品研发背景使其不断推出适应全球消费者不同需要的优质产品。

1907 年，发明了世界上第一支合成染发剂的法国化学家欧仁·舒莱尔创办了欧莱雅公司。经过一个世纪的努力，欧莱雅已不再是一个小型家庭企业了，而是世界化妆品行业的领头羊，其经营活动遍及 150 多个国家和地区，在全球拥有 283 家分公司、42 家工厂、100 多个代理商，以及 5 万多名员工，成为世界第一大化妆品公司，它还是最受赞赏的法国公司，及财富全球 500 强企业之一。

作为世界上成功的化妆品公司，其成功的秘诀很大程度上要归功于其品牌布局。如何给各个品牌进行清晰的品牌定位，以满足不同的细分市场，从而使这些品牌支架不至于相互混淆，一直是欧莱雅精心研究的课题。"全方位的品牌及产品结构"是欧莱雅独特的优势，即按价格在市场从塔尖到塔底都有产品和品牌。这些品牌定位各异，针对不同特点、不同层次的消费群体，以"品味"来进行品牌定位从而形成鲜明的品牌区隔。

欧莱雅认为，公司的价值创造是建立在消费者价值的基础之上，正是从这个角度出发，欧莱雅不但通过和外部顾客保持良好的沟通，而且通过内部顾客的管理同时为其品牌资产积累做"加法"。

顾客沟通提升外部顾客满意度。在消费需求日益差异化的今天，企业必须尽可能地在如何保证品牌的个性和产品利益点能够照顾到其目标消费者的特殊

① 资料来源：李春峰. 欧莱雅集团在中国的品牌营销研究 [D]. 哈尔滨：黑龙江大学，2015：35-38.

需要上做文章，并建立和提升这一特殊群体对品牌的满意度和忠诚度。欧莱雅的美发产品在最初进入中国的时候，顾客很难接受染发的观念，欧莱雅为了帮助中国消费者了解染发产品，邀请巩俐作为广告模特。作为拥有国际知名度的中国影星的巩俐拥有标准的东方人的头发，她身上具有东方人的典雅、高贵和美丽，欧莱雅邀请其作为品牌代言人，目的是告知消费者：染发同样适合中国人，以此来与中国消费者进行更好的沟通，从而创造和引导需求。

除了与顾客进行沟通外，欧莱雅还随时随地通过对消费者需求的跟踪来进行自身的产品研发，从而牢牢把握消费流行的方向标。欧莱雅认为要对消费者需求非常敏感，包括对消费者兴趣的敏感，对消费者鉴赏能力的敏感，对消费者的消费倾向和爱好的敏感等。进入亚洲市场后，欧莱雅很快发现，虽然西方人以小麦色肤色为美，但亚洲人特别是中国人欣赏的是白皙靓丽。于是针对这样的审美心理，欧莱雅各大品牌纷纷研发了美白产品，专门供应亚洲市场。

内部顾客满意是达成顾客满意的第一步，因为员工在经营中的参与程度和积极性，很大程度上影响着外部顾客满意度，所以欧莱雅认为，提高员工的满意度不能仅仅依靠金钱，完善的培训、开放式交流环境以及灵活的组织机制也是必不可少的。

欧莱雅集团发展至今，获得了非常高的品牌知名度，并拥有稳定的客户群，销量逐年上涨。另外，欧莱雅在感知质量、品牌联想及其他品牌专属资产方面均建立了自己的方法并取得良好效果。欧莱雅的品牌资产管理无疑是成功的，这对于一些需要建立自己的品牌资产或者品牌薄弱的企业是具有非常重要的启示意义的。

第二章　品牌价值与品牌影响力

第一节　品牌价值

品牌价值是品牌管理要素中最为核心的部分，也是品牌区别于同类竞争品牌的重要标志。迈克尔·波特在其品牌竞争优势中曾提到：品牌的资产主要体现在品牌的核心价值上，或者说品牌核心价值就是品牌精髓所在。

一、品牌价值概念与内涵

（一）品牌价值概念

对于品牌各个方向的研究，都会将"品牌价值"这个概念作为研究的一个重要因素，在某种程度上说，品牌价值是品牌构成逻辑的一条连接线。一般理论认为，品牌价值是品牌管理要素中最为核心的部分，也是品牌区别于竞争对手的重要存在意义。迈克尔·波特在其品牌竞争优势理论中曾提到："品牌的资产主要体现在品牌的核心价值上，或者说品牌核心价值也是品牌精髓所在。"从管理角度来说，品牌价值是品牌所赋予的商品、服务或品牌所有者的价值；从营销和关系层面来看，是通过消费者购买行为来实现这种价值增值的；而从品牌表现的方向来看，品牌价值又是指一系列与品牌名称、标识物相联系的资产的作用与价值，它能够增加品牌物的价值或给生产其产品的企业带来附加值。

对于品牌价值的定义，其内容一般体现在三个方面：

第一，品牌价值是指品牌在某一个时点的、用类似有形资产评估方法计算出金额等于市场价格。如果它是适当的，或者是可以确认的，则可出现于资产负债表。根据美国公认会计原则的阐述，"品牌作为无形资产具有无限的生命力，美国公司必须在资产负债表上将所购并的公司的商誉资本化。品牌价值不需要在损益表上摊销，但要经过年度亏损检验，如果价值下降，则其结存价值必须降低"。

第二，品牌价值是指品牌在需求者心目中的综合形象，包括其属性、品质、档次（品位）、文化、个性等，代表着该品牌以及品牌意义附着下的商品、服务可以为需求者带来的价值。

第三，品牌价值是指品牌作为一种资产概念本身所拥有的能为所有者带来的有利于所有者的市场效果、市场影响力以及溢价能力。从这个角度说，品牌价值可以被看作商业组织所面对的"第二消费者"。

品牌除了包含企业主导产品标志和名称外，还在于它提供了功能性和情感性的价值。功能性价值包括性能、质量、便利性、使用的容易程度，而情感价值一般却包括诚实、进取、欢乐和谨慎等倾向。一个成功的品牌，要拥有这两项附加价值以符合客户的生活或生产方式，满足他们的需要。

品牌最初意义上只是一种产品或服务的物理标记，借助于名字、符号、设计及其组合来区别于其他产品或服务，这时它只是一种产品或服务的产地证明和质量保证。现代意义上的品牌已经远远突破原有的这种简单特性。作为品牌的所有者，企业可以借助品牌的帮助来保持自身产品的个性化特色，从而有效地向客户提供满足其需求的产品和服务。有了这样的功能，品牌就可以在客户的决策行为（产品及商店选择决策）当中起到决定性的影响。成功的品牌可以唤起客户对产品的积极联想和看法，这种积极效应的长期积累可以简化客户的决策过程，并进而成为日常性的购买或消费行为。此外客户往往把某一知名品牌和品牌的提供商联系在一起，一个良好的品牌形象就会在客户头脑中转变成整个企业的良好形象。因此，也可以说品牌是客户和产品及其企业之间关系的一种表达。由此可见，企业拥有一个好的品牌，就可以拥有一份极有意义的价值，从长远的角度来看，企业就拥有了一种资本或资产——品牌资本或品牌资产。

（二）品牌价值的内涵

品牌价值是品牌管理的核心内容，根据不同的价值理论，品牌价值被赋予了不同的内涵。根据劳动价值理论，品牌价值是品牌客户、渠道成员和母公司等方面采取的一系列联合行动，能使该品牌产品获得比其未取得品牌名称时更大的销量和更多的利益，还能使该品牌在竞争中获得一个更强劲、更稳定、更特殊的优势，这一定义强调了品牌价值的构成因素和形成原因；而根据新古典主义价值理论，品牌价值是人们是否继续购买某一品牌的意愿，可由顾客忠诚度以及细分市场等指标进行测度，这一定义则侧重于通过顾客的效用感受来评价品牌价值。由此可以看出，品牌作为一种无形资产之所以有价值，不仅在于品牌形成与发展过程中蕴涵的沉淀成本，而且在于它是否能为相关主体带来价值，即是否能为其创造主体带来更高的溢价以及未来稳定的收益，是否能满足使用主体一系列情感和功能效用。所以，品牌价值是企业和消费者相互联系和作用形成的一个系统概念。它体现在企业通过对品牌的专有和垄断获得的物质、文化等综合价值以及消费者通过对品牌的购买和使用获得的功能和情感价值。

品牌价值主要指顾客基于自身的认识和理解，对品牌所做出的差异性选择，而为企业产品或者服务带来的现金流或其他附加值。品牌价值与市场认可度的匹配程度呈正相关关系，即匹配度越高、品牌价值越高，匹配度越低、品牌价值就越低。在现代市场环境下，由于品牌整合了企业的各种内在和外在资源，品牌价值就成为企业价值中最重要的组成部分。品牌的核心价值一般从四个层次去考虑，即产品的使用价值、情感诉求、核心优势、文化价值。

1. 以使用价值定位品牌价值

以产品使用价值作为核心价值的品牌不在少数，它们往往具有很强的感召力与包容性，深深地吸引住消费者，并让其付出高价。如苹果公司的"苹果"系列产品，开创了智能机时代、大屏触控机时代，开启了电子产品的新变革。

2. 以情感诉求定位品牌价值

以情感诉求定位品牌价值是行业里最常见的，因为这样可以拉近企业与消费者之间的距离感，用亲情、友情、爱情的方式表达出来，让消费者对品牌产生一种信任与情感寄托。"钻石恒久远，一颗永留传"是大家最熟悉不过的品牌广告语了。

3. 以核心优势定位品牌价值

确立品牌的核心优势，寻求突破点。无论从产品定位、包装设计、传播运营等方面，每个企业能够生存下来都有其各自的优势和特色，如何找到自身优势并定位是企业需要考虑的问题。例如，小米手机的成功得益于"高能低价"策略的实施，让消费者能够从心理层面上认同小米手机的高性价比效应。

4. 以文化价值定位品牌价值

品牌的文化价值有时也承载着某种民族习俗和地域文化，比如具有深厚历史底蕴的艺术品，以及带有异域风情的建筑设计等，每个人对于文化的喜爱和解读截然不同。相对于情感诉求，文化价值将会带来更高的品牌附加值。

二、品牌价值评估

（一）价值评估模型

1. 大卫·艾克的品牌资产十要素模型

品牌资产十要素（brand equity ten）模型由美国学者大卫·艾克开发。大卫·艾克是美国先知品牌战略咨询公司（Prophet Brand Strategy）副总裁、美国加州大学伯克利分校哈斯商学院营销学名誉教授。1996 年，因其对营销科学发展的杰出贡献，被授予保罗·康弗斯奖（Paul D. Converse Awards）。2004 年，获得麻省理工学院 SloanBuck Weaver 营销奖，荣誉来自他对品牌特别是品牌资产、品牌价值的研究成果。1990～1998 年，他连续出版了被称为"品牌三部曲"的三本书：《管理品牌资产》（1990）、《建立强势品牌》（1996）和《品牌领导》（1998），不仅率先研究了品牌资产、品牌价值问题，同时，对强势品牌建立、品牌领导的形成等提出了独特见解，成为品牌研究的经典著作。

1996 年，大卫·艾克提出了品牌资产和品牌价值的定义，认为品牌资产是与品牌名称、品牌标志相联系的一系列资产或负债，它可以增加或减少产品或服务给企业或消费者提供的价值。他提出，品牌资产是由品牌忠诚度、品牌知名度、品质感知、品牌联想和其他品牌专有资产五个方面构成，其中，前四个方面是品牌资产的主要构成要素。他分析了品牌资产是如何创造消费者价值和企业价值的，并指出，消费者价值是创造企业价值的基础。同时，他也强调，品牌价值应当由基于长期发展的品牌强度指标及短期性的财务指标结合构成，而非单一的财务数据或单一的消费者数据。因为，财务数据可呈现品牌获取利润的赢利能力，消费者数据可呈现品牌的市场占有能力。

1991 年，大卫·艾克在综合前人研究的基础上，发展出品牌资产五要素模型。1996 年，他在《建立强势品牌》一书中将品牌资产五要素模型进一步扩展，形成了品牌资产十要素模型。

品牌资产评价法是对传统会计学方法的挑战。它试图克服使用财务指标的不足。因为品牌属于长期性投资，但销售量、成本分析、边际报酬、利润以及资产回报率等指标多半是短期性数据，而且都是"自给自足"的。以短期性指标评价品牌绩效，往往会给品牌投资决策造成某种伤害。

按照大卫·艾克的宣言，品牌资产由五项组成：品牌忠诚度、品牌知名度、品质认知、品牌联想和专有资产。借助市场研究方法可以检测上述这些因素。针对品牌经营者所设定的目标和策略，品牌的资产应和其他竞争品牌拥有的资产不同，如百事可乐，标榜新生代的选择，而可口可乐则着重与所有人生活息息相关的互动。于是，就设定的方向（即希望消费者对你的品牌应有的认知）可以直接向目标族群作市场调查，检测你的品牌是否在特定项目中比竞争者突出，和以往相比，是否因最近的营销活动而更成功（资产的累积）等。

在各大公司品牌资产评估方法的基础上，大卫·艾克作了新的综合，提出了"品牌资产评估十要"的指标系统。该评估系统兼顾了两套评估标准：基于长期发展的品牌强度指标，以及短期性的财务指标。10 个指标被分为 5 个组别，前 4 组代表消费者对品牌的认知，该认知系统根据品牌资产的 4 个面向，即忠诚度、品质认知、联想度与知名度。第 5 组则是两种市场状况，代表团来自市场而非消费者的信息。

综上，大卫·艾克提出，品牌资产评估应由五项指标构成。即品牌忠诚度、品牌知名度、品质认知、品牌联想和其他专有资产。进一步，他综合之前各种品牌资产评估方法，提出"品牌资产评估十要素"。

"品牌资产评估十要素"包括忠诚度评估（①价差效应，②满意度/忠诚度）；品质认知/领导性评估（③品质认知，④领导性/受欢迎程度）；联想性/区隔性评估（⑤价值认知，⑥品牌个性，⑦企业联想）；知名度评价（⑧品牌知名度）；市场状况评估（⑨市场占有率，⑩市场价格、通路覆盖率）各项。

这 10 项二级指标聚集于 5 个组别，形成 5 个一级指标。前 4 组代表消费者对品牌的认知，分别对应品牌资产构成的忠诚度、认知度、知名度、品牌联想 4 个要素，第五个维度由市场占有率、市场价格、通路覆盖率等构成品牌的市场状况。

从上述 5 个一级指标和 10 个二级指标的构成可见，除了通路覆盖率，大多指标都与品牌传播相关联。

该模型综合了前人各种单纯基于财务、基于消费者数据的评估方法，形成了更全面、更详细的评估思路，且评估思路以消费者为中心，体现了品牌传播在品牌知名、品牌认知、品牌联想、品牌忠诚及其市场控制力等方面的作用力，强调了品牌价值的认知性、主观性和客观性的综合，同时具有相对明确的市场业绩的要素，是一种综合性的品牌资产评估方法，适用性广。但模型也有其不足之处：首先，各指标之间的范畴标准不一，如知名度与忠诚度这两个指标的重要程度不在同一层面，但模型将其放在一个层面上进行评估，将品牌忠诚和主观质量、市场反应也置于同一层面，会影响到结果的科学性。其次，没有重视行业差异。每个行业的品牌因其行业特性会导致其品牌价值不同的要素构成，但该指标系统中没有就行业特性进行相关处理。因此，该模型虽然在理论上为品牌资产、品牌价值研究及其测评提供了综合性评估方法，同时也强调了指标的可测量性，对品牌资产与品牌价值评估产生了重大的影响力，但是，由于该指标体系缺乏评估实施的有效措施，如对各指标权重等方面的更科学的界定，致使实现品牌资产价值评估的实操难度加大。当然，正如前述，大卫·艾克研究和建构品牌资产十要素（brand equity ten）模型的初衷，并非进行品牌资产的财务评估，而是充分反映品牌价值的来源，为企业改善经营提供必要的依据。

2. 凯文·莱恩·凯勒的 CBBE 模型

美国学者凯文·莱恩·凯勒于 1993 年提出 CBBE 模型（Customer-Based Brand Equity），即基于消费者的品牌价值模型，为自主品牌建设提供了关键途径。

在 CBBE 模型中，各个要素的设计力求全面、相互关联和具有可行性，但是，CBBE 模型隐含了一个前提，即品牌力存在于消费者对于品牌的知识、感觉和体验上，也就是说品牌力是一个品牌随着时间的推移存在于消费者心目中的所有体验的总和。因此，企业进行各项工作的目的就是设法保证消费者对于品牌具有与其产品和服务特质相适应的体验、对于企业营销行为持正面和积极的态度以及对于品牌形象具有正面的评价。

按照凯勒的观点，该模型的创建旨在回答如下两个问题：一是哪些要素构成一个强势品牌；二是企业如何构建一个强势品牌。

根据 CBBE 模型，构建一个强势品牌需要进行四个步骤的工作：建立正确的品牌标识；创造合适的品牌内涵；引导正确的品牌反应；缔造适当的消费者—品牌关系。同时，上述四个步骤又依赖于构建品牌的六个维度：显著性、绩效、形象、评判、感觉、共鸣。其中，显著性对应品牌标识，绩效和形象对应品牌内涵，评判和感觉对应品牌反应，共鸣对应品牌关系。

在 CBBE 模型中，构建强势品牌的四个工作步骤又细分成一系列的相关要素：

第一，建立正确的品牌标识需要创建基于消费者的品牌显著性。品牌显著性又与如下问题紧密关联，比如该品牌在各种场合下能够被消费者提及的频率和难易程度，该品牌在多大程度上能够被消费者轻易认出，哪些关联因素是必要的，该品牌的知晓度有多少说服力等。

区分品牌显著性的关键维度是品牌深度和品牌宽度，品牌深度指的是品牌被消费者认出的容易程度；品牌宽度则指当消费者想起该品牌时的购买范围和消费状况。一个高度显著的品牌能够使消费者充分购买并在可选择范围内总是想起该品牌。

第二，在创造合适的品牌内涵方面，关键是创建较高的品牌绩效和良好的品牌形象并建立基于消费者的品牌特征。品牌内涵的辨识，从功能性的角度，主要指与绩效相关的消费者联想；从抽象角度，指的是与品牌形象相关的消费者联想。这些联想可以直接通过消费者自己的体验而形成并与通过广告信息或者口碑传播获得的信息相联系。

品牌绩效是产品或服务用以满足消费者功能性需求的外在表现。包括品牌内在的产品或者服务特征，以及与产品和服务相关的各项要素。具体而言，品牌绩效的维度包含产品的基础特征和附加特征产品可靠性、耐用性和可维修性；服务的效率、效果和服务人员的态度；产品风格与造型、价格。

品牌内涵的另一个维度是形象，品牌形象与产品或服务的外在资产相联系，包括该品牌满足消费者的心理需求或者社会需求等抽象需求。CBBE 模型中所指的品牌形象又由四个要素构成，即消费者特征；购买渠道与使用条件；个性与价值；品牌历史、传统和发展历程。

第三，关于如何引导正确的品牌反应，需要在两个方面进行努力：品牌评判和品牌感觉。品牌评判，指的是企业应集中关注消费者关于品牌的看法。消费者对于品牌的评判主要包括质量、可信度、购买考虑、优越性四个方面。品牌感觉，指消费者对于品牌的感性行为，主要包括热情、娱乐、激动、安全、社会认可、自尊等要素。

第四，在缔造适当的消费者—品牌关系方面，关键在于创建消费者关于品牌的共鸣。而品牌共鸣又可分解为四个维度：①行为忠诚度，指的是重复购买的频率与数量；②态度属性，指消费者认为该品牌非常特殊、具有唯一性，热衷于喜爱该品牌而不会转换成其他同类品牌的产品；③归属感，指消费者之间通过该品牌而产生联系、形成一定的亚文化群体；④主动介入，指的是消费者除了购买该品牌以外，还积极主动地关心与该品牌相关的信息，访问品牌网站并积极参与相关活动。

在模型的应用方面，应用 CBBE 模型建设强势自主品牌，可以通过如下步骤进行：

第一，构建清晰的自主品牌标识，提高品牌显著性。

在这个步骤中，自主品牌企业可以根据其民族特性进行有效宣传，提高其品牌知晓度；设计体现自身特征、有别于外国品牌的标识体系，并将之贯穿于企业的一切营销活动中。

第二，创造独特的自主品牌内涵。

开发强势的受消费者喜爱的品牌。自主品牌企业可以充分挖掘其产品特征，并将之联系于自主开发、拥有自主知识产权等一切让消费者引以为豪的品牌内涵。同时，将自主品牌展示于消费者时，激发潜在消费者购买和喜爱自主品牌产品。

第三，引导正面的自主品牌反应，促进消费者正面评判和品牌感知。

在这个过程中，自主品牌应针对品质、可信度等关键评判要素和热情、社会认同、自尊等关键的感觉要素，让消费者对于自主品牌以发展的眼光进行评价，全面展示自主品牌在与外国品牌竞争中不断提升壮大的事实，并辅以国际化经营等重大事件进行宣传。营造正面评价的氛围。促进消费者对于自主品牌的正面感知。

第四，建立消费者的自主品牌共鸣关系。

培育较高的品牌忠诚度。自主品牌在其构成要素中有一个独特的优势，即自主品牌能够较好地激发消费者的民族情感，因此企业在建立基于消费者的自主品牌关系时，应着重于将自主品牌的发展壮大与民族进步、自强联系起来，加强企业与消费者之间的沟通，培育自主品牌忠诚度。

通过上述工作，自主品牌企业将最终赢得消费者共鸣，培养壮大自主品牌的消费群体，提高顾客忠诚度，提升自身的品牌形象，构建成强势品牌。

3. 英特品牌的品牌价值评估模型

英国的英特品牌集团公司（Interbrand Group）是世界上最早研究品牌评价的机构。它以严谨的技术建立的评估模型在国际上具有很大的权威性。美国的《金融世界》杂志从 1992 年起对世界著名品牌进行每年一次的跟踪评估，其采用的方法就是建立在英特品牌公司的模型基础上。《金融世界》的评估结果被各大媒体转载公布，在世界上具有很大的影响力。下面介绍英特品质评估模型以及《金融世界》的操作方法。

英特品牌模型同时考虑主客观两方面的事实依据。客观的数据包括市场占有率、产品销售量以及利润状况；主观判断是确定品牌强度。两者的结合成了英特品牌模型的计算机公式：

$$V = P \times S$$

其中，V 为品牌价值；P 为品牌带来的净利润；S 为品牌强度倍数。

《金融世界》从公司报告、分析专家、贸易协会、公司主管人员那里得到有关品牌销售和营业利润的基本数据。例如，1995 年，吉列这个剃须刀品牌的销售额为 26 亿美元，营业利润为 9.61 亿美元，而我们所关注的是"吉列"这个品牌名称所带来的特定利润。[①]

为此，首先，决定这个特定行业的资本产出率。产业专家估计，在个人护理业其资本产生率为 38%，即每投入 38 美元的资本，可产出 100 美元的销售额。这时我们可算出吉列所需的资本额为 26 × 38% = 9.88（亿美元）。

其次，假设一个没有品牌的普通产品其资本生产可以得到的净利润为 5%（扣除通货膨胀因素）。用 5% 乘以 9.88 亿美元，即 9.88 × 5% = 0.49（亿美元）。

从 9.61 亿美元的盈利中减去 0.49 亿美元，我们就得到可归于吉列这个名字下的税前利润，即 9.61 - 0.49 = 9.12（亿美元）。

算出品牌税前利润后，下一步就是确定品牌的净收益。为了防止品牌价值受整个经济或整个行业短缺波动的影响过大，《金融世界》采用最近两年税前利润的加权平均值。最近一年的权重是上一年的 2 倍。

最后，把品牌母公司所在国的最高税率应用这一盈利的两年加权平均值，减去税收，得到吉列品牌的净收益为 5.75 亿美元。这个数字就是纯粹与吉列品牌相联系的净利润。

第二个方面是估算出品牌强度倍数。按照英特品牌公司建立的模型，它由

---

① 秦庚. 吉列并购案例分析［D］. 北京：清华大学，2004.

七个方面的因素决定。每个因素的权重有所不同。见表 2 – 1 所示。

表 2 – 1 品牌强度评价因素含义及其权重

评价因素	含义	权重（%）
领导力	品牌的市场地位	25
稳定力	品牌维护消费者特权的能力	15
市场力	品牌所处市场的成长和稳定情况	10
国际力	品牌穿越地理文化边界的能力	25
趋势力	品牌对行业发展方向的影响力	10
支持力	品牌所获的持续投资和重点支持程度	10
保护力	品牌的合法性和受保护的程度	5

英特品牌公司的评估方法是一种国际上最有影响的品牌资产价值评估方法，该方法的特点和优点主要表现在以下几个方面：

第一，以未来收益估算为基础、从最终结果而不是"过程"来评估品牌资产的价值；

第二，结合使用定量分析和定性分析手段，即未来收益的预测以定量分析手段为主，而将未来收益在品牌资产与非品牌资产之间进行分割，以及品牌强度倍数的估计确定，则以定性分析手段为主。

下面以一个具体例子，对英特品牌价值评估的思路和步骤作简要说明。

计算公式：品牌价值 E = 品牌的利润贡献 I × 品牌强度系数 G（注：其中"品牌强度系数 G"是由专家根据品牌的领导地位、稳定性、市场份额、国际性、发展趋势、品牌的支持与保护等因素，对品牌强度进行的一种评估。强度越大，系数越高。品牌强度系数在 12 ~ 20 取值）。

［例］"万宝路"品牌评估

第一步：调查"万宝路"品牌产品全年在全球的销售收入为 154 亿美元。

第二步：计算"万宝路"品牌产品税前的营业利润。

公式：销售收入 × 营业利润率 = 品牌产品营业利润

其中利润率的确定，为了评估的客观性，是根据咨询人员、竞争对手和烟草行业专家的估计，认为"万宝路"的营业利润率应为 22%。

第三步：从营业利润中扣除企业的正常投资回报，以计算"调整后的品牌营业利润"，其经济意义在于品牌所能够带来的超额利润。

估算与该销售收入规模相对应的企业正常投入资本：

根据专家分析，1 元的销售收入需要使用 0.6 元的资本。即每产生 1 元收益，需要使用0.6元的厂房、设备和营运资金等。

即正常投入资本：92.4亿美元

估算投入资本的正常回报：

在不考虑使用该品牌的前提下，资本投入的正常回报率5%。

即资本正常回报：4.62亿美元

扣除正常回报，计算品牌带来的超额收益：

即品牌的超额收益：

$34 - 4.62 = 29.38$（亿美元）

第四步：计算税后品牌净收益即品牌的利润贡献I。公司所得税为43%，品牌净收益：

$29 \times (1 - 43\%) = 17$（亿美元）

至此，"万宝路"的品牌利润贡献I已经求出，为17亿美元。

第五步：专家根据品牌影响因素打分确定品牌强度系数。

"万宝路"是世界知名品牌之一，因此品牌强度系数G定为19。

第六步：税后品牌价值计算 $E = I \times G = 17 \times 19 = 323$（亿美元）

但是也应该看到：在品牌评估过程中，不论国内还是国外的评估方法还依然存在很多不尽如人意的地方。首先，这种评估方法虽然是广为人知的方法，但它也只是对品牌评估进行的一种有益尝试。其次，"品牌强度系数"并没有扎实的理论基础，主要是基于评估师或有关专家的主观判断。

4. 品牌资产引擎模型

品牌资产归根到底是由品牌形象所驱动的。虽然品牌资产的实现要依靠消费者购买行为，但消费者购买行为根本上还是由消费者对品牌的看法，即品牌的形象所决定的，因为尽管购买行为的指标可以反映品牌资产的存在，但它们却并不能揭示在消费者心目中真正驱动品牌资产的关键因素。

品牌形象因素分为两类，一类是"硬性"属性，即对品牌有形的或功能性属性的认知；另一类属性是"软性"属性，反映品牌的情感利益。它既可以用于连续性研究，也可以用于专项研究。

品牌资产引擎（equity engine）建立了一套标准化的问卷，并通过专门的统计软件程序，可以得到所调查的每一个品牌其品牌资产的标准化得分，以及品牌在亲和力（affinity）和功能表现（performance）上的标准化得分，并进一步分解为各子项的得分，从而可以了解每项因素对品牌资产总得分的贡献，以及哪些因素对品牌资产的贡献最大，哪些因素是真正驱动品牌资产的因素。亲和力主要是指包括历史延续、信赖感、创新性、需要理解、情感连结、美好回忆、高档、接受性、权威认同等产品所包含的情感元素，功能表现是指产品除情感元素之外的其他因素，包括味道、质量、原料、外观等诸如此类的因素。

品牌资产引擎是一个定量模型，它从"量"的角度来测度品牌的实力。如图 2 - 1 所示，在品牌资产引擎模型中亲和力、功能表现和价格构成了品牌价值的三大要素。

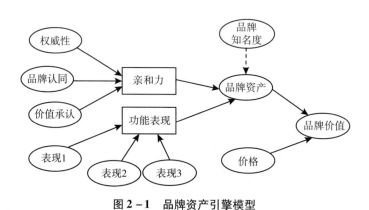

图 2 - 1 品牌资产引擎模型

资料来源：Rory P. Morgan. A Consumer-oriented Framework of Brand Equity and Loyalty［J］. the International Journal of Market Research，Vol 42，Issue 1，Winter 1999/2000.

（1）亲和力。亲和力是品牌受到的来自消费者的信任和尊敬，它包括权威性、品牌认同和价值承认三个方面的内容。权威性反映了品牌的长期领导地位和声誉，包括品牌的历史延续性、品牌产生的信任度和品牌创新性。品牌认同指个人与品牌的情感连结和美好回忆，品牌的成功与否，关键是市场对品牌的认同程度。价值承认指消费者在购买或使用该品牌以后觉得很值的那种感觉，价值承认会导致品牌的强亲和力。

（2）功能表现。功能表现是品牌资产的另一个重要组成部分，包括产品的特性以及该产品在功能利益上的表现。例如，对于矿泉水品牌而言，相关的功能表现可能含有丰富的矿物质、口感舒适；对于食品而言，易于烹调、胆固醇含量低；而对于汽车产品而言，为强劲动力、良好的操控性，等等。

（3）价格。根据品牌的情感特征和功能属性可以成功地说明消费者对品牌"资产"的感知度，亲和力和功能表现构成了品牌资产。但是，消费者对品牌的总体评价还必须考虑到价格因素，特别是相对于竞争品牌的价格水平。

消费者对品牌价值的情感因素体现在品牌的亲和力上。对于不同种类的产品，亲和力和功能表现对消费者购买行为的影响程度是有所不同的。例如清洁用品或烟酒这类的产品更多地要受产品本身性能因素的影响，这是因为消费者能明显感觉出这些产品之间的差异；而像巧克力或瓶装水之类的产品可能更多地受情感因素的影响，因为很难对这些产品做出明显的性能差异上的判断。品牌的亲和力体现在品牌和消费者之间的关系、消费者对品牌的熟悉程度上，也就是说该品牌能否在情感上让消费者感到舒服，给消费者带来愉快的回忆。消费者与品牌的关系如图 2 - 2 中的熟悉度瀑布图所示，对品牌与消费者的"亲密程度"的客观衡量可以告诉我们哪些方面需要采取行动，也就是要提高品牌知名度，并且强化从"熟悉品牌"到"亲和力"的转换。

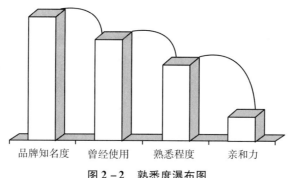

品牌知名度　　曾经使用　　熟悉程度　　亲和力

图 2 - 2　熟悉度瀑布图

资料来源：李向辉，周刺天. 品牌资产引擎视角下的品牌价值模型及其应用研究［J］. 商业研究，2007（11）：120 - 124.

品牌亲和力、功能表现和价格作为品牌价值的根源，揭示了品牌价值形成的动态过程以及各个构成要素之间的相互作用机制，品牌资产引擎是研究品牌资产的重要工具之一。品牌对消费者而言的终极价值是品牌资产和价格的共同作用，品牌知名度对品牌资产有重要意义，它是创建强势品牌，进而在成熟品牌中保持品牌资产的第一步。品牌资产引擎可以帮助商业企业定量地测量品牌资产，了解品牌的显性和隐性驱动因素和最大化品牌资产，通过结构性诊断来了解品牌的竞争威胁和机会，了解品牌在消费者心目中的形象以及品牌个性，界定品牌同消费者之间的关系，评估品牌相对于竞争对手的优势和劣势，从而识别出品牌中可以值得继承的因素，最终希望解决以下几个方面的问题：消费者对本品牌的熟悉程度怎样？和竞争对手相比本品牌强弱势地位怎样？驱动消费者决策的因素是什么？在满足消费者需求方面本品牌做得如何？在重要问题上本品牌处于怎样的地位？本品牌的弱点是什么？加强品牌优势的最佳机会是什么？本品牌的重点对不对？本品牌应该采取什么行动等。

5. 世界品牌价值实验室的品牌价值评估模型

世界品牌价值实验室（world brand value lab）是世界经济学人集团公司的全资附属机构，致力于品牌评估、品牌传播和品牌管理，其专家和顾问来自哥伦比亚大学、剑桥大学、清华大学、牛津大学、香港科技大学等世界顶级学府。

　　世界品牌价值实验室是全球领先的专业化、独立性的品牌价值研究机构，致力于品牌价值评估、品牌管理和品牌传播，世界品牌价值实验室准确掌握品牌精髓，深知品牌对企业竞争力的重大意义，深谙品牌竞争需要稳健而持久的经营努力、极佳的市场表现和精准制导的整合传播管理，为客户提供极具价值的品牌咨询并有效管理他们的品牌，因而深受客户信赖，其多项研究成果已成为国际知名企业无形资产评估的重要依据。世界品牌价值实验室凭借在全球品牌研究领域的领先地位，创立并发展出一套独特的品牌价值评估体系，获得了世界众多著名企业的应用和支持。

　　世界品牌价值实验室的专家智库来自标准普尔、J. P. 摩根、高盛、耶鲁大学、麻省理工学院、剑桥大学等权威评级机构和国际知名学府，世界品牌价值实验室研究的领域涉及品牌价值评估、品牌案例分析、品牌管理培训、品牌营销传播等。

　　世界品牌价值实验室讲求研究方法科学、独立、公正。世界品牌价值实验室研发的C&B TOOLS（企业价值和品牌价值评估体系），是迄今为止全球最具公信力和影响力的大型企业价值和品牌价值评价方法。该评估方法的特点是以当前盈利能力和未来收益预期为基础评估依据，与国际通行的"经济适用法"相吻合。世界品牌价值实验室名誉主席巴菲特先生在诠释品牌价值研究的重要意义时，指出："全球性的强势品牌能够体现拥有者的民族精神，甚至代表一个时代的精神。更为重要的是，在每个伟大的品牌背后都有一个卓越的商业理念，强大的品牌承载着远远超越产品自身性能的价值。品牌一旦拥有值得消费者为之忠诚的价值，这价值越是激动人心，忠诚就越强越深，它既激动人心，又持久永续，进而为拥有者带来更丰厚的商业回报。"

　　世界品牌价值实验室研究网络分布在纽约、东京、上海、香港、首尔、悉尼、深圳和北京等城市，并在世界35个国家和地区设立了分支研究机构。世界品牌价值实验室倡导共享知识和智慧，将全球在品牌研究领域和企业管理界的1500余名专业人士联结起来，为企业提供全方位的专业品牌管理咨询服务，全球1200家大企业通过分享［C&B TOOLS］（企业价值和品牌价值评估体系）的研究成果，最大限度地提升了品牌价值。每年独家发布的《全球品牌500强》排行榜的评判标准是品牌的世界影响力。

　　同时，世界品牌价值实验室运用企业价值和品牌价值评估体系计算出品牌对收益的贡献程度，通过数理分析方法客观地预测企业今后一段时间内的盈利趋势以及品牌贡献在未来收入中的比例。最后通过对市场、行业竞争环境的风险分析，计算出品牌的当前价值。

　　世界品牌价值实验室凭借世界经济学人集团的综合优势，拥有专业的经济、金融分析人才及数理分析人才，具有强大的数据采集、加工和比较分析能力。对于品牌资产对公司收入的贡献，从财务角度给予客观、务实的判断；有效地划分与品牌投资、管理、延伸相关的成本与费用。

6. 日本 CB 品牌价值评估模型

该模型由日本经济新闻社支持日本一桥大学的伊藤邦雄教授开发而成。伊藤教授专事会计学、商学，在日本会计学界具有重要影响力。2000 年 11 月，在日本经济新闻社支持下，伊藤教授发表了 CB 品牌价值评估模型报告。该模型所指的 CB 是企业品牌，即 Corporation Brand。从 2001 年开始至今，利用该模型实施的有关日本企业品牌价值的评估及其发布持续进行。

伊藤邦雄教授认为，品牌须分企业品牌与商品品牌，而企业品牌取决于一个企业在人们心目中的形象。因此，企业品牌形象的构成要素为企业理念、价值观、消费者价值、股东价值、员工价值等，一个企业品牌要以企业理念为象征，达到消费者价值、员工价值、股东价值的最大化。

（1）模型构成。

基于上述理论观点，CB 品牌价值评估模型由三个基本要素构成：CB 得分、CB 活用力、CB 活用机会。所谓的 CB 在这里指的是决定人们对某企业的形象判断的无形个性，是企业的差别化因素，具有给予人们以压倒性的存在感和信任感的功能。企业品牌价值是企业以自己的品牌力为源泉，将来得到和预想的资金转换率和现在价值比。其中，CB 得分是表示企业所具有的潜在的品牌力的数值，从三个角度（消费者、从业人员、股东）测定企业的魅力度。该魅力度指标可超越行业差异，其得分按照顺序分别为消费者得分、从业人员得分、股东得分，各个得分按照历来各品牌理论所重视的溢价、认知、忠诚三项为指标。其中，消费者得分采用溢价、销售额营业利益率计算得出溢价得分，认知得分采用企业形象好感度得分。CB 活用力是将品牌力转换为资金流动量的能力。CB 活用机会是考虑不同行业的事业机会的重要力量。

该模型在全球对企业品牌及其品牌价值问题的关注越来越多的前提下，针对品牌价值的量化问题进行研究得出。2000 年 11 月发表后，又在数据等方面进行了扩充、发展、完善。从图 2 - 3 可见，CB 品牌价值评估模型也是一种将财务数据和消费者评价的形象数据进行统计解析、综合评价和测算的模型。企业品牌价值由 CB 得分、CB 倍数构成。值得注意的是，CB 得分中的消费者得分包括普通和商务消费者，从业人员得分包括普通、商务、新毕业生，股东得分包括普通、商务、分析家。可见，该企业品牌价值评估模型十分重视终端消费者、经营者、分析家影响力、新毕业生的选择等因素。

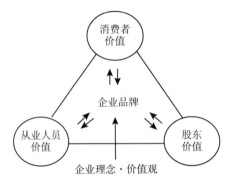

图 2－3　企业品牌价值的三大构成

资料来源：理论与方法：品牌价值评估与农产品品牌价值评估［J］. 农产品市场周刊，2009（47）：12－22.

（2）计算步骤。

①CB 得分。

CB 得分由消费者、从业人员、股东三方面的评价构成，如图 2－4 所示。

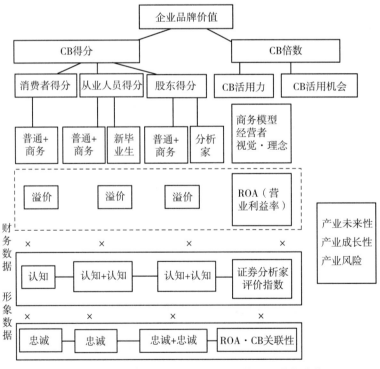

图 2－4　伊藤邦雄的企业品牌价值评估模型及其构成体系

资料来源：理论与方法：品牌价值评估与农产品品牌价值评估［J］. 农产品市场周刊，2009（47）：12－22.

评价导致溢价，而溢价反映了一个品牌当前交易的质（优良度）；评价反映了品牌认知，而品牌认知反映一个品牌成为将来交易对象的可能性的量，评价反映了品牌忠诚，而品牌忠诚反映交易后对品牌的感觉点，及其对品牌的持续的忠诚度，企业品牌机制的 CB 值计算评估内容如表 2-2 所示，企业品牌价值的 CB 值具体表达如表 2-3 所示。

表 2-2　　　　　　　　企业品牌价值的 CB 值计算评估内容

指标	消费者	从业人员	股东
品牌溢价（质）	能够得到消费者吗？	能够得到能力高的员工	能长期获得稳定的股东
品牌认知（量）	能够得到更多的消费者吗？	能更多地得到新的人才	更多地获得新的股东
品牌忠诚度（期间、变动）	不断地得到消费者的忠诚	不断地得到更多的能力高的员工的期间	不断地得到股东

表 2-3　　　　　　　　企业品牌价值的 CB 值具体表达

指标	顾客	员工	股东
品牌溢价（质）	销售额营业利益率	营业利益/人件费	股价纯资产赔率
品牌认知（交易欲望）	好感度（品牌形象、广告的稳定性）	就业意向、新毕业的学生的就业希望（新人才对企业的认知，决定企业的未来）	股票购入意向、证券分析家的认知
品牌忠诚度	财务数据、抽取通过听证会调查得出的某种程度关联性形象数据（普通人加商务人员）	财务数据、抽取通过听证会调查得到的忠诚度关联性形象数据（普通人加商务人员、新毕业学生的就职希望）	财务数据、抽取通过听证会得到的忠诚度关联性形象数据（一般人和商务人士、证券分析家）

②CB 活用力。

该数据由以下三个要素计算得出：

第一，能够带来无形资产的利益贡献度的指标 ROA（事业资产营业利益率）；

第二，ROA 和 CB 得分的关联性（按业界平均数，测算在 ROA 中源于 CB 得分部分的比率）；

第三，证券分析家评价指数（根据分析家评价指数，参照计算出第二要素中 CB 固有因素）。

用 ROA 表示无形资产的利益贡献度指标，是因为利益由企业价值创造，而企业价值分无形资产和有形资产，ROA 以有形来划分利益，它成为表现无形资产的指标。

③CB 活用机会。

CB 活用机会的计算为：各个不同行业的 CB 得分、CB 活用力对于提高无形价值（从股价的时价总额得到贷借对照表上的纯资产）的贡献度。该指标每个行业相同。

CB 得分表示企业品牌力或者竞争优势，称为"竞争优势"；CB 活用力或 CB 活用机会是企业品牌力、竞争优势、创造企业的资金流动量、表示事业机会的 CB 倍数。这三个得分综合为 CB 价值。

以贷借对照表（BS）上的纯资产和股份时价总额的差额计算出无形资产作为数据库，计算出 CB 价值的计算方法。

（3）品牌忠诚指标。

品牌忠诚度指标从五个方面来进行衡量，消费者忠诚指标的有效性从销售额和营业利益两处衡量，其次是高低消费者忠诚指标的有效性，最后是从业人员忠诚指标的有效性与股东忠诚指标的有效性，见表 2-4 至表 2-8。

表 2-4　　　　　　　消费者忠诚指标的有效性（销售额）

指标	成长性	变动性	未来发展性
高忠诚	1.035	0.089	0.824
低忠诚	0.971	0.107	0.782

表 2-5　　　　　　　消费者忠诚指标的有效性（营业利润）

指标	成长性	变动性	未来发展性
高忠诚	1.382	0.309	0.383
低忠诚	0.732	0.247	0.006

表 2-6　　　　　高、低消费者忠诚指标的有效性（营业利润）

指标	成长性		变动性		下方硬直性	
	销售额	营业利润	销售额	营业利润	销售额	营业利润
T 值	3.172	1.645	2.233	0.068	2.419	2.228
P 值	0.0008	0.051	0.013	0.473	0.0082	0.014

表 2 - 7   从业人员忠诚指标的有效性（期末从业人员数）

指标	成长性	变动性	未来发展性
高忠诚	1.145	0.134	0.810
低忠诚	1.047	0.130	0.782
T 值	2.782	0.258	1.306
P 值	0.0029	0.398	0.097

表 2 - 8   股东忠诚指标的有效性（股份时价总额）

指标	成长性	变动性	下方硬直性
高忠诚	1.145	0.134	0.810
低忠诚	1.047	0.130	0.782
T 值	2.782	0.258	1.306
P 值	0.0029	0.398	0.097

从上述 5 个表可见，消费者忠诚度高，则销售额、营业利润同步成长且变动性小，消费者忠诚度高则销售额、利润、未来发展性高。

7. 日本株式会社博报堂的品牌价值评估法

日本株式会社博报堂（HAKUHODO）是日本排名第二的广告与传播集团，也是日本历史最久的广告公司，于 1895 年 10 月创立，开始以代理教学杂志广告为主。在世界上排名第九位。它在全世界设立了 53 处事务处，覆盖 15 个国家的 36 个城市。

博报堂重视"消费者导向"，坚持营销资讯收集和研究的信念，以"生活者"为基础进行市场沟通战略提案，以"全方位的设计伙伴"为出发点，从日常的市场活动到经营领域都提供全面性的行销、广告和媒体订购服务。专门成立"生活综合研究所"，并重塑"消费者"（日文中向来指"冲动的购买者"）的定义，认为消费者应是理性的，所以更精确的名称应为"生活者"（Sei-katsu-sha）。"生活者"因此成为"消费者"的代名词。

凭借对"生活者"的理解，博报堂开发了有关品牌运营的新型手段——"Power - Branding ~ Power Brand Partner ~"，即"博报堂从合作伙伴的角度为顾客提供具有国际化水准的服务和课题解决方案"，它的主要内容就是博报堂的品牌周期管理（BCM）模式。

品牌周期管理（BCM）模式是一个"一条龙"的管理模式，是博报堂与客户一起参与从品牌核心价值塑造、外形包装到找准"品牌接触点"，并将品牌与活动联系起来的整个品牌营销的全过程。其主要内容为：

（1）"威力品牌"的创造与实现。

"威力品牌"就是被消费者长期喜爱、使用的同时，又能给客户带来长期的效益和利润，并能够把生活者的利益和企业的利益高度结合的强大品牌。简言之：威力品牌＝被生活长期使用×能给企业带来长期利润。创造和实现这个目标是品牌、周期、管理（BCM）的最大任务。

（2）从多角度考虑的策划。

首先是"商业视点"的策划。对企业而言，品牌是资产，是利润的源泉。博报堂以已建立的"伙伴关系"为前提，共识品牌的营销、事业和投资等商业视点，旨在共同创造出能给企业带来最大利益的品牌效益。其次是"生活者视点"的策划。品牌是存在消费者脑海中的东西。博报堂在深入挖掘品牌内涵之前建立起了"生活者视点"，从生活者的角度彻底地、客观地重新审视、评估品牌，并承诺于企业为其创造深受社会、生活者长期喜爱的品牌。

（3）优效化、整体化、具体化——"BCM"的三个显著机能。

优效化的功能。在很多的品牌接触点中，能够发现提高品牌价值的最优效果的接触点，从而达到能实行最有成效的资金分配的机能。

整体化的功能。并不是局限在个别的接触点上，而是从整体的角度构筑战略，从而达到能创造品牌价值最大化的机能。

具体化的功能。把抽象的理论在具体的可以看见的传媒活动中展开，从而达到力求最大效应的品牌价值的机能。

"BCM"的品牌构筑有4个阶层：品牌价值、品牌形式、品牌接触点和品牌执行，在具体展开后的俯视图就是"BCM"的发展图，所有的策划活动都会包含在其中。

（4）"BCM"的资源系统。

"BCM"共享国内外资源系统，包括国内外制作联盟、国际调查公司、国际广告代理咨询公司、国际高等学府、亚洲知识分子网络、亚洲生活小组、当地设备的区域活用和CF监视体系等，通过博报堂工作人员配合协调的"对话型解决方案"（包括博报堂的制作部、研究开发部、海外联络点、综合生活研究所、顾客市场部和STP）实现全球品牌策划的要领和战略。

"BCM"的成功运行必须依靠"生活者信息CNRS"和"Global HABIT"数据分析技术的可靠支持。这两大支持技术围绕着"生活者"展开，以预测消费者心理的初期趋向和变化为主要内容，通过对"生活者"的了解，从而通过"BCM"建立消费者和企业的新型联系。

CNRS是"博报堂中国全国读者调查"的缩写简称，它主要考察中国消费者的媒体接触情况和对商品和品牌的使用情况，在中国36个城市展开调查，以15岁以上的男女为对象，涉及500种报纸、250种杂志和约70个种类的

4000 个品牌接触和使用情况，主要调查生活方式和耐用消费品的认知等，由 CTR 和 TAYLOR NELSON 出资并提供技术支持。

　　8. 中国的品牌价值评估理论及其模型开发

　　我国有关品牌价值评估及其理论模型和应用分析的研究文章不少，但大多是分析性的定性研究，且少有进入理论模型开发和现实应用的尝试。学者刘尔奎于 1997 年撰文认为，品牌价值的构成要素包括市场占有率、超额利润、品牌保护及品牌寿命、品牌趋势、品牌市场特性及国际化能力。此外，他还对当时的评估方法如成本法、现行市价法、收益现值法、清算价格法等进行了分析评价，认为品牌评估的重点在价值而非成本，并设定了通过测定品牌的现在获利能力（P）、市场力量系数 S（包括市场占有率，品牌的保护、支持，市场特性，品牌趋势，国际化力量，寿命等），两者相乘获得品牌价值的计算模型。2000 年，范秀成专门研究了品牌权益，提出要充分揭示品牌价值的构成，测评品牌财务权益可从品牌溢价能力、产品类别层次上的品牌价值（某产品类别中品牌创造的未来收益的现净值）、单个品牌的总价值（某品牌的总的贡献等于其在各产品类别中创造的价值之和）、所有品牌的总价值四个方面构成，而品牌财务权益可细分为财务权益、顾客权益、延伸权益三部分。但他也提出，对品牌权益的测评，必须要从多个方面、多项指标进行。其后推出了品牌价值的忠诚度因子法，范秀成认为，品牌价值是品牌在消费者中的反映，通过消费者对品牌的忠诚购买体现品牌价值，并提出忠诚因子法，使用"忠诚因子"表示全部目标消费者中，在未来决定重复购买或开始购买本品牌产品的消费者比例，反映整个市场的品牌忠诚度和品牌吸引力。学者陆娟于 2001 年、2003 年分别撰文，归纳总结了当时国际上的重置成本法、直接评估法、市场顾客影响力评估法、英特品牌评估法、北京名牌资产评估事务所评估法等，阐述了每种方法的特点、优点及局限性，并指出：品牌事实上是一种不可辨认的无形资产，品牌价值的主要部分与商誉价值浑然一体，品牌价值评估存在"先天"的困难，无论采用什么具体的评估方法，品牌价值评估都只能是相对合理而无法做到绝对准确，而品牌忠诚度测试具有一定的启示。学者卢泰宏等于 2002 年发文，同样比较、归纳了国际上品牌资产评估的代表性理论模型，包括财务评估方法（成本法、替代成本法、股票市值法）、财务要素加市场要素方法（包括英特品牌和财务世界的两种方法）、财务要素加消费者要素方法（包括溢价法、消费者偏好法）、品牌—价格抵补模型（brand-price trade off）、联合分析法（conjoint analysis）、基于消费者关系的评估法（包括品牌财产评估电通模型、品牌资产趋势模型、品牌资产 + 要素模型、品牌资产引擎模型），认为采用"品牌财产""品牌资产""品牌价值"三种评估理论和方法的比较常见，品牌价值为核心的评估模型与方法不但可吸收前两个概念的核心，更可体现出品牌与消费者之间关系的最深层因素，值得更多的重视与探索。

2004 年，周晓东、张胜前对当时的五种品牌价值评估方法机理进行了简单介绍，并认为，使用溢价法将品牌与其他无形资产剥离比较合理。李友俊、崔明欣于 2005 年撰文指出，品牌反映的是企业与消费者及竞争对手的关系，品牌价值的本质是反映这种关系的品牌实力，可将品牌实力分为品牌的关系维度和市场维度，分别衡量品牌的内在实力和外在表现。他们建立了一套品牌实力评估指标体系，并利用灰色系统方法对品牌实力进行衡量，最后利用行业标杆比较法予以量化评估。2008 年，学者星亮对日本现有的四个品牌价值评估模型，包括日本经济产业省、日本电通、日本博报堂、伊藤—日经等模型进行了评价。

上述研究将品牌资产、品牌价值评估研究引进到国内，并对当时存在的各种品牌资产与品牌价值评估的理论模型和应用方法进行了介绍，且强调品牌价值及其评估的重要性。但是，上述研究存在共同的问题：其一，大多学者并未将品牌资产、品牌权益、品牌价值等进行较为清晰的分界；其二，因为论文篇幅及对资料掌握的充分度的影响，对各种品牌资产及品牌价值评估的理论模型及应用状况介绍都相对简单且没有经过长期的历时性追踪研究；其三，论文多止于对各种模型的介绍和比较，只有刘尔奎、张峰等少数学者建构了品牌资产及品牌价值评估理论模型，但都没有进行实际的模型验证、软件化开发及应用、评估及结果发布。

2004 年，当时的《北京大学商业评论》主编何志毅及其团队在研究了各种基于财务数据、消费者认知、品牌投入等品牌价值评估方法之后，曾在《北京大学商业评论》发文推出"消费品品牌价值评估"模型。何志毅等认为，应当从市场角度去评估一个品牌的价值，而品牌多为消费品品牌，因此，要研究评估消费品品牌的价值。而品牌价值应当由品牌溢价率、该品牌的中国市场收入、品牌价值、品牌价值可持续因子、折现因子等构成。因此，消费品品牌价值评估的数理模型为：消费品品牌价值 = 品牌溢价率×该品牌中国市场销售收入×品牌价值可持续因子×折现因子。应用该模型，何志毅等在2004 ~ 2006 年发布了"中国 100 最具价值消费品牌"结果，但之后便没有坚持。

1995 年，北京名牌资产评估公司根据其对国际上典型的品牌价值评估模型研究，依据英特品牌的评估模型，开发了"中国最有价值品牌"评价公式，其数理公式表述为：

$$P = M + S + D$$

其中，P 为品牌的综合价值；M 为品牌的市场占有能力；S 为品牌的超值创利能力；D 为品牌的发展潜力。即，通过对品牌的市场占有能力、盈利能力、发展潜力的综合考量，最终以品牌价值表述一个品牌的行业地位以及发展轨迹。强调一个品牌的销售收入最能够代表消费者对一个品牌的认可度。因此，M 的数据为企业销售收入值，体现其在同行业中的相对可比性，同时也代表一个品牌的市场规模。S 的数据获取借鉴了商标评估中的收益法。如果利润率低于行业平均利润水平，该部分的价值为零。D 的数据获得借鉴英特品牌的品牌价值评估模型中的品牌强度倍数，根据品牌的法律保护状况、品牌的技术创新与保护、品牌历史、品牌超越地理文化边界的能力、品牌维护力度等方面的指标确定品牌发展潜力。即 P（品牌价值）= M（销售收入）+ S（利润率赋值）+ D（品牌强度倍数）。

（二）价值评估方法

1. 从财务核算视角的品牌价值评估方法

基于财务视角的方法主要有成本法、收益法、市场价格法、股票市值法和溢价法。

（1）成本法。成本法将品牌价值看成获得或创建品牌所需的费用（包括所有的研究开发费、试销费用、广告促销费等）。从具体操作上，又分为两种处理方法：一是历史成本法，即沿用会计计量中的传统做法，把品牌价值看成取得品牌所付出的现金或现金等价物；二是重置成本法（现实重置成本），指如果现实获得相同品牌或相当品牌要花费的资金。从成本的角度估算品牌价值并不恰当，成本法考虑的是投入，但是，品牌作用的发挥有赖于品牌使用者的能力，品牌价值取决于品牌的市场表现。品牌开创成本与其未来收益的不对称性以及大量的品牌投资并不必然带来品牌影响力同步增大的事实，使成本法在品牌测评方面具有不可克服的内在局限。

（2）收益法。收益法认为品牌价值在于其提供了源源不断的未来收益的能力，测评品牌价值时应从其直接收益或净现值出发。因此收益法着重考虑品牌带来的未来收益，通过在企业有形资产和无形资产收益的总和中，剔除掉有形资产、能够降低成本的其他非品牌因素（如专利）和产业因素（如管制）等，就可以从企业的总体价值中识别出品牌的价值。在实际使用中，收益法的局限之处在于：首先，单纯由品牌带来的价值的估算有一定的难度；其次，采用何种适用折现率也是值得讨论的地方。

（3）市场价格法。即假定进行品牌交易，品牌的出售价格作为品牌价值。作为商品，品牌可以用市场接受的价格进行交换，而这个价格是品牌的价值体现。

（4）股票市值法。该方法适用于上市公司的品牌价值测评，以公司股价为基础，将有形资产与无形资产相分离，再从无形资产中分离出品牌资产、非品牌无形资产（如专利等）以及行业外可以导致获取垄断利润的因素（如法律等）三个部分，确定其各自的影响因素，建立股市价值变动与各影响因素的数量关系模型，就得到了品牌价值占总资产的百分比。利用股票市值法计算品牌价值，需要具备完善和成熟的资本市场，因此这种方法在不发达的国家和地区的使用受到限制。

（5）溢价法。溢价法的使用有一个前提，那就是市场交易中，存在同类产品品牌的比较，并且比较所需要的信息得到充分的提供。在这样的前提下，如果要衡量一个产品品牌的价值，则可通过同其他产品品牌的比较后得到的溢价，得出该品牌的价值。溢价法的基本假定似乎是企业创立品牌主要是为了获得溢价，而实际情况并非如此，很多企业创立品牌是为了使未来的需求更加稳定和具有保障，并提高资产的运用效率；另一局限是需要某一品牌的参照产品用以确定使用该品牌后，消费者愿意为品牌支付多少溢价，这在实际操作中是很难做到的。

2. 从市场角度的评估方法

随着人们对品牌市场力的重视，品牌评估方法开始考虑品牌给企业带来的市场利益，即品牌的市场表现。英国的英特品牌公司（Interbrand Group）创制了一种国际上较通行的品牌价值评估方法——英特品牌评估方法。依据 Interbrand 方法，品牌资产价值等于品牌收益乘以品牌强度。品牌收益反映品牌近几年的获利能力（Interbrand 方法中品牌收益的衡量方法非常复杂）。品牌强度决定品牌未来的现金流入的能力，最大值为 20。Interbrand 方法主要从市场领先度、稳定性、市场特征（行业增长能力、进入障碍等）、国际化能力、发展趋势（与消费者的相关性）、品牌支持、法律保障七个方面确定品牌的强度。通过 Interbrand 设计的详细问卷收集品牌在各因子表现的得分情况，再加权综合得到品牌强度。

3. 从消费者视角的品牌价值评估方法

从消费者角度评估品牌价值，主要着眼于品牌强度，即品牌在消费者心目中处于何种地位。即，品牌价值 = 忠诚因子 × 周期购买量 × 时限内的周期数 × 理论目标顾客基数 ×（单位产品价格 − 单位无品牌产品价格）。以下对公式中的各个变量进行简要说明：

（1）周期。周期指目标顾客两次购买之间所需要的时间，一般可以根据产品的性质事先设定。

（2）周期购买量。周期购买量指目标顾客在一个周期内所购买的单位产品的平均数量。

（3）时限。时限指事先规定好的时间段，时间长短原则上可以按照过去营销努力产生的、顾客头脑中已有的品牌知识持续发挥作用的时间为依据。

（4）理论目标顾客基数。理论目标顾客基数表示在品牌影响的范围内所有可能和已经在购买该品牌产品的顾客数量，可以看成品牌产品的目标市场规模。

（5）单位产品价格。单位产品价格指单位产品的销售价格。

（6）单位无品牌产品价格。单位无品牌产品价格指具有类似实体功能的无品牌产品的销售价格，通常可以看成是单位无品牌产品售价的最大值，以OEM价格为基准或通过顾客测试来确定。

（7）忠诚因子。忠诚因子的确定是忠诚因子评估法的关键点与核心。表示全部目标顾客中在未来决定重复购买或开始购买本品牌产品的顾客的比例，它反映了整个市场对品牌的忠诚度和品牌的吸引力。

三、品牌价值间接评估法

由于品牌价值直接评估模型涉及因素较多，要想获得较准确的评估结果，往往要花费大量的评估费用和调查费用。有时出于简便和降低成本考虑，可以选择间接品牌评估方法来进行品牌价值评估。每个行业都存在能够进行十分复杂的品牌价值评估活动的市场领导者企业，企业可以通过选取同行业这样的企业作为自己的参照对象，借助于品牌强度系数比，将对照企业品牌价值进行折算，获得本企业品牌的价值。计算方法如下：

$$PB = PA \times IB/IA$$

其中，PA、PB分别表示A、B品牌的品牌价值；IA、IB分别表示A、B品牌的品牌强度；IB/IA表示B相对于A的品牌强度系数比。

品牌强度即通过Interbrand方法（Interbrand方法通过在品牌专指商品的利润中扣除与没有获得商标注册保护的同类商品利润水平对应利润额，再扣去税款，剩余的就是品牌对商品利润额的贡献，即品牌净利润）中的7个品牌因子所获得的指标值，该指标值的高低综合反映了企业品牌在市场竞争中的地位和对消费者的影响力。这7个品牌因子反映的经济意义及其分值如下：

领导力：在行业技术和市场上的影响能力。处于领导者地位的品牌往往具有技术先进、规模效益大、市场占有率高和抵御竞争的能力强大的特点。本指标最高分为25分。

生存力：品牌生存的能力。生存力高的品牌往往具有悠久的历史，在消费者心目中已建立起了一定的品牌忠诚度。该指标最高分为15分。

市场力：不同行业、不同类别产品市场之间的差异性、特殊性。在品牌敏感度强的市场上处于稳定或上升的品牌得分较高。本指标最高分为10分。

地域扩散力：品牌跨越地理和文化边界的能力。国际性高的品牌往往出口创汇能力强，也不易受地区性市场变动的影响，而且全球营销战略使企业在制造和营销成本方面较低，具有较佳的经济效益。本指标最高分为 25 分。

趋势力：指品牌的实用价值和潮流趋势的代表性。在消费者心目中一直保持时代感和实用价值的品牌，分值较高。本指标最高分为 10 分。

支持力：品牌发展的支持度。能长期获得投资和重点支持的品牌具有较高的品牌支持度。本指标最高分为 10 分。

保护力：品牌保护的力度和广度。有注册或有法律保护的品牌价值较高。本指标最高分为 5 分。

品牌强度系数比是指不同的企业品牌强度之间的比值，通过品牌强度系数比和对照品牌的价值，可以十分简单地获得本企业的品牌价值。虽然这种方法所获得的数值不是十分精确，但基本上可以满足评估本企业品牌价值水平的需要，并且成本较低，操作便利。

四、品牌价值评估的作用

品牌价值评估具有重要价值，给企业带来多项好处：

第一，激励投资者信心。评估品牌可以让金融市场对公司的价值有较正确的看法，这可提高投资者的交易效率。

第二，有利于合资事业和品牌延伸的发展。将品牌从公司其他的资产中分离出来，当作可以交易的财务个体的做法有日渐增强的趋势。很明显，这为合资与品牌繁衍奠定了稳定的基础。很多品牌，其价值尚未作评估，便在与外商合资时草率地把自己的品牌（如：洁花、孔雀、扬子、美加净等）以低廉的价格转让给外方，因此就吃了大亏。

第三，提高管理决策效率。虽然有企业形象资产对股东有利，然而无法具体评估各项品牌经营实绩。对公司各个品牌价值作出评估后，有利于公司的营销和管理人员对品牌投资做出明智的决策，合理分配资源，减少投资的浪费。

第四，激励公司员工。品牌价值不但可以向公司外的人传达公司品牌的健康状态和发展，品牌是公司长期发展的目标，更重要的是还可以向公司内所有阶层的员工传达公司的信念，以此激励员工的信心。

第五，提高公司的声誉。品牌经过评估，可以告诉人们自己的品牌值多少钱，以此可以显示自己这个品牌在市场上的显赫地位。

企业的产品参与市场竞争往往由三个层次构成，首先是价格，其次是质量，最后是品牌竞争。当今社会早已是品牌竞争的时代，品牌意味着高质量、高品位，是消费者的首选。好的品牌可以为企业带来较高的销售额，可以花费很少的成本让自己的产品或服务更有竞争力。拥有市场比拥有企业更重要，而拥有市场的唯一途径是拥有占据市场主导地位的品牌。由此可见，品牌及品牌战略已经成为企业构筑市场竞争力的关键。

对于不少消费者来说，在挑选产品或服务的时候，往往会选择有品牌的，有品牌的产品或服务不仅可以给消费者带来安全感，更有助于促使消费者成为长期或稳定的用户群，有助于忠实用户的凝聚。

品牌作为一种长期积淀的价值，往往会给消费者展现出企业或产品的文化、传统、氛围或者精神和理念，是公司不可或缺的无形资产。

 案例 2 - 1：苹果公司品牌价值塑造①

苹果公司的品牌价值是随着公司的经营和发展逐渐积累起来的，自 1976 年苹果公司成立至今 40 多年，苹果公司经历过辉煌，也曾陷入瓶颈，如今进入平稳的发展阶段。苹果公司的品牌价值塑造在其成长过程中起到非常重要的作用。

创立初期的苹果公司属于"无品牌"阶段，如何让消费者认识自己是这一阶段要解决的问题。因此品牌质量和品牌名称的建立，是最简单和直接的塑造品牌价值的入手点。苹果公司生产的产品好不好用，性能是否言符其实，在苹果公司创立初期最为重要。一旦消费者认可该公司的产品质量，信赖这家公司的产品，企业才有继续发展的可能。1977 年 4 月，苹果公司在首届西岸电脑展览会（West Coast Computer Fair）上推出 Apple 2，其作为人类历史上首款拥有单声道输出功能的个人电脑，以其超强的质量性能大获成功，苹果公司的品牌质量价值基本建立起来了。1980 年 12 月 12 日，苹果公司公开招股上市的 460 万股被抢购一空，苹果公司在之后的五年一跃进入世界 500 强。在初创阶段的品牌质量价值的成功塑造，使得苹果公司得到了消费者的初步认可。

1980 年，苹果公司借助上市后筹得的资金，苹果公司开始对新款个人电脑进行研发。1983 年 1 月，Apple Lisa 面世，这款电脑从技术层面来说有很多创新，但是价格相当昂贵，加之缺少软件开发商的支持，使得苹果公司快要丢失不久前建立起的用户好感和认可。1984 年 1 月，Macintosh 问世，这款电脑成为计算机发展史上的里程碑式杰作，全新的操作系统使得 Macintosh 一经推出便受到热捧。苹果公司依靠其产品的高性能和高使用价值，成就了其电脑行业不可撼动的地位。除了其本身的性能之外，伴随产品一同问世的广告也起到

---

① 资料来源：韩欣. 苹果 iPhone 市场营销策略的研究［D］. 上海：华东理工大学，2014：18 - 20.

了非常重要的作用，这则广告也成为广告史上的经典之作，那就是在 1984 年超级碗比赛中播放的视频广告《1984》。这则广告由广告大师李·克劳（Lee Clow）设计，根据奥格威的小说《1984》改编而成。《1984》这本小说讲述的是在集权统治下，每个人的思想和行为都被控制，所有人动作整齐划一，毫无生机和个性。而广告中手拿大锤的女孩将大锤扔向电视屏幕，表达苹果公司敢于突破已有的认知，是敢于突破常理的开拓者。在产品本身性能和广告宣传的共同作用下，Macintosh 的销量远超预期。自此，苹果公司也被打上了"反叛"的标签，"反叛精神"在其日后的发展中也有所体现。随着 IPod、IPhone 的相继推出，苹果公司的产品受到越来越多年轻人的青睐，而且其倡导的"反叛精神"也与这些年轻人的想法不谋而合，从而建立了品牌坚实的忠诚度。此外苹果公司的"反叛精神"的诞生和进一步传播，与其创始人乔布斯密不可分。作为苹果公司的领导者，乔布斯的"反叛精神"融入产品中，也逐渐成为苹果公司的品牌价值。

苹果公司从注重产品性能到培育用户感情，充分发挥了品牌价值的重要作用。苹果公司目前已经成为世界上最具价值的品牌之一。

第二节　品牌影响力

一、品牌影响力概念与内涵

品牌影响力是品牌开拓市场、占领市场，并获得利润的能力。同时也是一个国家经济发展的缩影，折射着经济实力的增长和各个产业的发展趋势。品牌影响力已成为左右顾客选择商品的重要因素。

企业的品牌力、创新力是品牌影响力的源泉；品牌力是品牌影响力的基础。品牌影响力是核心影响力和外延影响力的综合反映，是影响力在更高层次上的提升和最集中体现。当前，消费者的品牌消费习惯正在形成，发行和广告资源形成向强势品牌媒体集中的趋势。实施品牌战略，打造品牌影响力成为影响力营造的关键点。

市场经济是竞争力经济，产品竞争力最终体现为品牌竞争力。这种竞争力不是产品的某一单项指标，而是一个品牌所代表的产品的质量、性能和信誉的综合表现。品牌战略的成功与否，从根本上决定着一个产品、企业及组织的前途。而当今品牌建设越来越重要。创新越来越难，市场同质化的现象越来越严重了。当品牌与创新结合起来的时候，企业的能量才能发挥到最大，创新和品牌是企业必不可少的。品牌经济不仅是一种知识密集型的经济，同时它还是一种可持续发展的经济。

当今品牌对生活及人们的影响越来越大，人们对各个品牌已经有了自己内心的定位，并且按照这个定位去购买自己所需的商品。也正因为此，树立品牌意识对各个厂家来说，才显得无比的重要。

一个好的企业品牌对企业来说，无疑就意味着良好的销量以及巨额的利润。各个商家都在致力于创建属于自己的良好品牌。而一个良好的品牌也是靠良好的质量、良好的口碑、良好的信誉以及优厚的售后服务换来的。因此消费者也愿意去购买品牌商品。

品牌已经渗入人们生活的方方面面，不管是在网络上，还是在电台中、电视里甚至使用手机时，到处都可发现各种广告，这些广告影响到我们生活的方方面面。这些品牌广告在一定程度上给了我们很大的帮助，当我们在选购商品时，我们首先可以通过广告对商品有初步的了解，甚至我们可以通过一些其他的途径产生对一些口碑比较好的品牌的信任，有时这样更有助于我们选购到满意的商品。而人们也的确更倾向于去选购那些品牌较好、知名度较高的商品。

但现在人们购买一些品牌产品也不仅仅是因为它们的质量或口碑，还有一部分人购买品牌的商品只是冲着它们的品牌。当品牌影响力已经形成，它所代表的就会成为一种象征，而不仅仅是一件产品，人们对这种产品的购买行为也是一种象征。由此可见，品牌影响力对人们的影响极其深刻。

当代，品牌的影响力越来越广泛，品牌意识已经日益引起人们关注，而企业自身对品牌的建设意识也不断加强，这必将更有利于企业的良性发展以及竞争。企业的这种发展也更会促使其更有动力和能力为消费者提供更为优质的商品。可以说，品牌的发展将会更加促进人们生活质量的提高。

二、品牌影响力影响因素

一个经济实体从有了自己的客户或市场开始，就有了自己的品牌。这里所说的"做品牌"，以及政府主管部门倡导的品牌建设，其实质应该是做品牌的影响力，而不是品牌本身，只是这两层意思被业内同化了。然而，纵观那些百年老店和中外著名品牌，虽不可能完整追溯其历史，但有一点是明确的：它们的发展史，并非存在做品牌和不做品牌的阶段；它们的经营模式，并非存在做品牌和不做品牌的差异。它们只是做到了点滴积累，持之以恒，而并非特意而为之，更不是一蹴而就。

企业的规模、市值、市场占比、增速等可量化指标当然也是品牌影响力形成的关键因素，这些可量化指标与品牌影响力彼此可互为促进、相辅相成。但并非只有可观的量化指标才能做出品牌影响力，中小企业和初创企业在其规模不大和经营业绩不显著时，同样可以把品牌影响力做出来。

机遇和环境是品牌影响力形成的客观因素，但不是决定性因素。抱怨现在的品牌不如当年（指那些著名品牌形成的年代）是可以理解的，但当若干年后再回首，会发现一些新的著名品牌正是从现在开始起步的。实力和规模是品牌影响力形成的重要因素，但不是充分和必要因素。小企业的自愧不如是可以理解的，但哪家大企业或著名品牌不是从小做起？那些胡同深处的百年老店不是同样可以妇孺皆知、中外闻名吗？简言之，外在的因素有助于品牌影响力的形成，但决定品牌影响力形成的关键还在于品牌的核心内涵，在于经营品牌的人以及衍生出的一系列因素。

企业的经营理念，实际上就是老板的价值观，是企业品牌能否形成影响力的关键。虽不易量化，但也有尺度衡量。是放眼长远还是急功近利？是诚信为先还是唯利是图？是尊重知识及其劳动还是贪婪盘剥、巧取豪夺？核心团队是实践企业经营理念的主力，老板的价值观决定了核心团队的构成和作用，决定了是否能聚拢人才和智慧。核心团队不在于人多人少，够用就好，不在于人强马壮，尽职就好。不养人、难养人、养不起人，老板一人打天下，事无巨细一人统揽的企业，是不容易做出品牌影响力的。

发展战略和目标是品牌企业不可缺少的功课。没有战略意识和部署的企业只能满足于小富而安；没有战略目标的企业，只能混迹于主流之外，经不起风吹草动，受不了一时的失败。哪里好赚钱，就涌向哪里，或许能一时赚到钱，或许最后赔光，更重要的是，如果丢掉了企业本应有的专注和专业，自然也会丢失品牌的核心。核心技术是品牌影响力形成的助推剂，包括产品技术、工艺技术，创新能力甚至包括营销模式等。一项核心技术或新的营销模式就带起了一个企业、带动了一个行业的成功案例很多，但随波逐流、拾人牙慧、简单重复的平庸破落案例也实在不少。只有做到人无我有、人有我精才有可能获得市场的关注，才有可能获得持续的品牌影响力。

三、评价品牌影响力的指标

（一）品牌知名度

品牌知名度是指品牌为消费者所知晓的程度，也称品牌知晓度。品牌知名度反映的是品牌的影响范围或影响力度。

品牌知名度可分为 3 个层次。

品牌知名度的最低层次是品牌识别。这是根据提供帮助的记忆测试确定的，如通过电话调查，给出特定产品种类的一系列品牌名称，要求被调查者说出他们以前听说过哪些品牌。品牌识别在购买者选购品牌时是至关重要的。品牌识别可以让消费者找到熟悉的感觉。人们喜欢熟悉的东西，尤其是对于香皂、口香糖、纸巾、糖、擦面纸等日用品，有时不必评估产品的特点，熟悉这一产品就足以让人们作出购买决策。研究表明，无论是抽象的还是具体的事物，消费者喜欢它的程度与接触它的次数呈正相关关系。

第二层次是品牌回想。通过让被调查者说出某类产品的品牌来确定品牌回想，这是"未提供帮助的回想"，与确定品牌识别不同的是，不向被调查者提供品牌名称，所以要确定回想的难度更大。品牌回想往往与较强的品牌定位相关联。品牌回想往往能左右潜在购买者的采购决策。

第一知名度是品牌知名度的最高层次。确切地说，这意味着该品牌在人们心目中的地位高于其他品牌。企业如果拥有这样的主导品牌，就有了强有力的竞争优势。

（二）品牌认知度

品牌认知度是品牌资产的重要组成，它是衡量消费者对品牌内涵及价值的认识和理解度的标准。品牌认知是公司竞争力的一种体现，有时会成为一种核心竞争力，特别是在大众消费品市场，各家竞争对手提供的产品和服务的品质差别不大，这时消费者会倾向于根据品牌的熟悉程度来决定购买行为。

品牌认知度的基本元素有差异性、相关性、尊重度和认识度。

（1）差异性：代表品牌的不同之处，这个指标的强弱直接关系到经营利润率。差异性越大，表明品牌在市场上同质化程度越低，品牌更有议价能力。差异性不仅表现在产品特色上，也体现在品牌的形象方面。

（2）相关性：代表品牌对消费者的适合程度，关系到市场渗透率。品牌的相关性强，意味着目标人群接受品牌形象和品牌承诺。这意味着企业在相应的渠道建设上有更大的便利。

（3）尊重度：代表消费者如何看待品牌，关系到对品牌的感受。当消费者接触品牌进行尝试性消费后，会印证他们的想象从而形成评价，并进一步影响重复消费和品牌传播。

（4）认知度：代表消费者对品牌的了解程度，关系到消费者体验的深度，是消费者在长期接受品牌传播并使用该品牌的产品和服务后，逐渐形成对品牌的认识。

在品牌认知的四个支柱之间，相互间的关系非常关键。

当差异性高于相关性时，表明品牌具有正确的发展方向和空间，差异性明显。议价能力良好，同时相关性存在，目标人群逐步认同品牌，而未来在保持差异性的同时，相关性可以得到增强。

当相关性高于差异性时，表明品牌的独特性逐渐消失，可能被其他类似品牌替代，而相关性越大，意味着该品牌越适合大众的需求，价格将会成为影响销量的主要因素，降价促销成为保持市场的唯一重要行为，品牌竞争力逐步下降。这正是许多品牌常犯的错误，缺乏对目标人群更深入细致的工作，盲目地让品牌迎合大众的口味，最终因为追求短期销量而丧失了品牌差异，被市场巨大的惯性同化。

当尊重度高于认知度时，表明消费者的评价很高，并期待进一步了解该品牌，认知度会逐步上升。整体而言，品牌处于这种状态是良性的。

当认知度高于尊重度时，表明消费者十分了解该品牌，但觉得品牌没什么特别之处，可能出现类似以"因了解而分手"的状态。在过多地告知消费者各类品牌信息甚至杜撰品牌故事的同时，放松了品牌基础工作，如质量、服务等。

（三）品牌美誉度

品牌美誉度是品牌力的组成部分，它是市场中人们对某一品牌的好感和信任程度，它是现代企业形象塑造的重要组成。

通过事件营销、软文以及各种营销载体建立的企业及产品知名度，往往不是单纯的品牌美誉度概念，于是一些企业管理人在惊呼产品知名度非常重要的同时，产品的销量波动很大，总是要靠权威的媒介广告和无休止的促销战才能拉动销售，这时他们才意识到，品牌知名度只是品牌美誉度的一个组成部分。在市场经济日益发展的今天，品牌已经成为企业占领市场的制胜法宝，人们的生活变成了各种品牌构成的缤纷世界，人们选择品牌的原因是信任品牌，品牌给人们带来了超越产品本身的价值，购买者认为产品物有所值或得到了超值享受。

企业往往可以通过广告宣传等途径来实现品牌的知名度，而美誉度反映的是消费者在综合自己的使用经验和所接触的多种品牌信息后对品牌价值认定的程度，它不能靠广告宣传来实现，美誉度往往是消费者的心理感受，是形成消费者忠诚度的重要因素。很多强势品牌之所以能够获得如此高的品牌美誉度，与其提供的高质量产品和服务密不可分。

（四）品牌偏好度

品牌偏好度是品牌力的重要组成部分，指某一市场中消费者对该品牌的喜好程度，是对消费者的品牌选择意愿的了解。

营销学家霍尔及布朗（Hoyer & Brown）于1990年的研究论述中指出，消费者在采取购买行动之前，心中就有了既定的品味及偏好，只有极少数的消费者会临时起意产生冲动性购买。整体而言，就算消费者的购买是无计划性的、无预期性的，仍将受到心中既有的品味与偏好所影响。事实上，品牌之间的竞争就是一场由营销传播与促销所构建成的消费者心理战，每个品牌都想获取最高的品牌偏好与忠诚度。

（五）品牌占有率

品牌占有率，又称为市场份额，指一个企业的销售量（或销售额）在市场同类产品中所占的比重，也就是企业对市场的控制能力。企业市场份额的不断扩大，可以使企业获得某种形式的垄断，这种垄断既能带来垄断利润又能保持一定的竞争优势。

市场份额根据不同市场范围有4种测算方法：（1）总体市场份额（又称绝对市场份额），指一个企业的销售量（额）在整个行业中所占的比重。（2）目标市场份额（客户份额），指一个企业的销售量（额）在其目标市场中所占的比重。一个企业的目标市场的范围小于或等于整个行业的服务市场，因而它的目标市场份额总是大于它在总体市场中的份额。（3）相对于3个较大竞争者的市场份额（又称相对市场份额），指一个企业的销售量和市场上3个较大竞争者的销售总量之比。一般地，一个企业拥有33%以上的相对市场份额，就表明它在这一市场中有一定实力。（4）相对于最大竞争者的市场份额（相对市场份额），指一个企业的销售量与市场上最大竞争者的销售量之比。一般来讲，在以下两种情况下，高的市场份额意味着带来高额利润。①单位成本随着市场份额的提高而降低。这是由于市场领导者所经营的工厂较大，享有成本上的规模，另外成本经验曲线下降较快，所以单位成本下降。②公司提供优质高价的产品，同时提高产品质量并不会增加公司的成本。

（六）品牌满意度

品牌满意度，又称为顾客满意度，是对顾客满意程度的衡量指标。

要建立一组科学的顾客满意程度的评价指标，首先要研究顾客的需求结构。经过大量调查分析，顾客需求的基本结构大致有以下几个方面：（1）品质需求，包括性能、适用性、使用寿命、可靠性、安全性、经济性和美学（外观）等；（2）功能需求，包括主导功能、辅助功能和兼容功能等；（3）外延需求，包括服务需求和心理及文化需求等；（4）价格需求，包括价位、价质比、价格弹性等。

组织在提供产品或服务时，均应考虑顾客的这4种基本需求。但是，由于不同国家或地区、不同的消费人群对此有不同的需求强度。当顾客需求强度高时，稍有不足，他们就会有不满或强烈不满，当需求强度要求低时，只需低水平的满足即可。

因此，企业应该根据不同的顾客需求，确定主要的需求结构，以满足不同层次顾客的要求，使顾客满意。

（七）品牌忠诚度

品牌忠诚度是指消费者对品牌偏爱的程度，反映了对该品牌的信任和依赖程度。消费者在购买决策中，多次表现出对某个品牌有偏向性（而非随意的），它是一种行为过程，也是一种心理（决策和评估）过程。品牌忠诚度的形成不完全依赖产品的品质、知名度、品牌联想及传播，它与消费者使用产品的感受密切相关。

品牌忠诚度是品牌价值的核心，它由五级构成：（1）无品牌忠诚者。这一层的消费者会不断更换品牌，对品牌没有认同，对价格非常敏感。哪个价格低就选哪个，许多低值易耗品的忠诚品牌较少。（2）习惯购买者。这一层的消费者忠于某一品牌或某几种品牌，有固定的消费习惯和偏好，购买时心中有数，目标明确。如果竞争者有明显的诱因，如价格优惠、广告宣传、独特包装等方式鼓励消费者试用，就会进行品牌转换购买其他品牌。（3）满意购买者。这一层的消费者对原有品牌已经比较满意，而且已经产生了品牌转换风险忧虑。（4）情感购买者。这一层的消费者对品牌已经有一种爱和情感，某些品牌是他们情感与心灵的依托。（5）忠诚购买者。这一层的消费者不仅对品牌产生情感，甚至引以为骄傲。这是品牌忠诚的最高境界。

品牌忠诚度的价值主要体现在以下几方面：

1. 降低行销成本，增加利润

忠诚创造的价值是多少？忠诚、价值、利润之间存在着直接对应的因果关系。营销学中的"二八定律"，即80%的业绩来自20%的经常惠顾的顾客。对企业来说，寻找新客户重要性不言而喻，但维持一个老客户的成本仅仅为开发一个新客户的1/7。在微利时代，忠诚营销愈见其价值。我国很多企业把绝大部分的精力放在寻找新客户上，而对于提高已有客户的满意度与忠诚度却稍显不足。一个企业的目的是创造价值，而不仅仅是赚取利润。为顾客创造价值是每一个成功企业的立业基础。企业创造优异的价值有利于培养顾客忠诚度，反过来顾客忠诚又会转变为企业增长利润和更多的价值，企业创造价值和顾客忠诚一起构成了企业立于不败之地的真正内涵。

2. 易于吸引新顾客

品牌忠诚度高代表着每一个使用者都可以成为一个活的广告，自然会吸引新客户。根据口碑营销效应，一个满意的顾客会引发 8 笔潜在的生意；一个不满意的顾客会影响 25 个人的购买意愿，因此一个满意的、愿意与企业建立长期稳定关系的顾客会为企业带来相当可观的利润。

3. 提高销售渠道拓展力

拥有高忠诚度的品牌企业在与销售渠道成员谈判时处于相对主动的地位。经销商会选择畅销产品来赢利，品牌忠诚度高的产品自然受经销商欢迎。此外，经销商的自身形象也有赖于其出售的产品来提升。因此，高品牌忠诚度的产品在拓展销售渠道时更顺畅，容易获得更为优惠的贸易条款，比如先打款后发货、最佳的陈列位置等。

4. 面对竞争有较大弹性

营销时代的市场竞争逐渐体现为品牌的竞争。当面对同样的竞争时，品牌忠诚度高的品牌，因为消费者改变购买意愿的速度较慢，所以有更多的时间研发新产品、完善传播策略应对竞争者的进攻。

第三节　品牌价值与品牌影响力内在联系

品牌价值与品牌影响力的内在联系关系到品牌价值与影响力的提升，因此对于二者内在联系的分析，对品牌价值与品牌影响力的提升尤为重要。

如何让品牌更有影响力和价值是企业管理中的最重要问题。然而多年来经营者更多地从扩大知名度、提高产品或服务质量以及加强公共关系建设等方面进行改进以提升品牌影响力和价值。事实证明这只是品牌影响力的基本内容。越来越多的品牌成功经验表明，扩大品牌影响力，提升品牌资产价值关键是如何认识品牌消费者的心理，据此找到成功的路径。品牌资产概念正是在这一背景下提出的，经过二十多年的研究与发展，让经营者看到了品牌影响力产生的原因以及品牌资产增值的路径。

品牌资产（brand equity）是 20 世纪 80 年代西方广告学界从品牌管理角度提出的一个概念。由于当时西方许多国家都面临着经济不景气，企业频繁采用以降价和促销为重点的营销方式，虽然促进了短期销售增长，但却损害了企业的品牌形象，进而影响到企业的长期利益。为了加强企业重视品牌建设，促进长期发展，避免价格促销对品牌造成负面影响，在企业管理研究中提出了品牌资产这个概念并开展了一系列的研究。

上述讨论集中在品牌资产是什么的问题，然后是如何让品牌更有影响力和价值。从实际操作角度来说，影响较大的理论主要有两个：

一是美国著名品牌理论专家戴维·A. 阿克（David A. Aaker）的理论，他认为强势品牌之所以有强大影响力，为企业创造巨大利润或价值，是因为品牌资产是由高度的知名度、良好的知觉质量、稳定的忠诚消费者（顾客）群和强有力的品牌联想（关联性）等核心特性所组成的结构。换言之，品牌知名度、品牌知觉质量、品牌忠诚及品牌联想（关联性）是构成品牌影响力和品牌资产增值的核心要素。扩大品牌影响力就是创建具有鲜明的核心价值与个性、丰富的品牌联想、品牌知名度、品牌忠诚度和高感知价值感，才能累积丰厚的品牌资产。

这方面较为成功的是运用消费者对品牌商品的知觉质量心理，增强消费者购买信心。品牌知觉质量是指消费者对品牌商品知觉感受，具有较强的主观性。如果一个品牌商品的知觉质量不能达到消费者的感受与期待，就会被市场所抛弃。只有其产品质量达到一定水准的品牌，才有资格参与市场竞争。知觉质量越高，其品牌竞争力越强。消费者对知觉质量心理有三个特点：一是主观性，二是相对性，三是以满足消费者需求为目的。正是由于这三个特点，使得品牌商品的实际质量与品牌知觉质量二者有时不尽一致，这是因为消费者对质量的判断或要求，与品牌经营者的看法往往是有差距的。研究表明，一个品牌越是能恰当地满足消费者对质量的要求，其知觉质量越高。

二是美国品牌理论专家布莱克斯通（Max Blackston）基于品牌与消费者关系观点的品牌资产理论，该理论认为产品到品牌是一个成长过程，即一个强势品牌成长过程就是品牌与消费者之间关系不断沟通与发展的过程，这一沟通与发展程度可以从品牌知晓、品牌知名、品牌美誉和品牌忠诚四个方面相互关系的建立与发展得以体现，这正是品牌影响力和品牌资产增值的原因所在。具体地说，品牌知晓与品牌知名主要解决消费者如何认知品牌的问题，品牌美誉与品牌忠诚主要解决消费者心中对该品牌体验与偏爱的问题。

尽管艾克的品牌结构理论与布莱克斯通的品牌关系理论观点对品牌资产形成与增值的理解有一定差异，但主要观点是一致的，就是品牌资产的形成与增值是一个不断地维系企业（服务与产品）与消费者（包括各类关系利益人）关系（沟通）的过程。

总之，品牌资产之所以有影响力和价值并能为企业创造巨大利润，是因为它在消费者心中产生了广泛而高度的知名度、良好且与预期一致的产品知觉质量、强有力且正面的品牌联想（关联性）以及稳定的忠诚消费者（顾客）这四个核心特性。换言之，品牌知名度、品牌知觉质量、品牌联想（关联性）以及品牌忠诚度是品牌资产价值构成的重要来源。发展品牌与消费者的深度关系，就是要了解品牌是如何与消费者的自我观念、生活方式以及个性（人格）等所发生联系。具体来说，就是要观察消费者的价值观与信仰、行为偏爱和兴趣以及他们拥有的东西的象征性意义。只有不断地维系品牌与消费者关系，增强品牌体验，品牌资产就会不断增值。

案例 2 - 2：宝马的品牌影响力①

1916 年，工程师卡尔·拉普和马克斯·佛里茨里在慕尼黑创建了巴依尔飞机公司；1917 年，该公司改名为巴依尔发动机有限公司，这就是巴依尔公司简称（BMW）的来历；1918 年，公司改为现在的名称宝马汽车公司。"宝马"译为巴依尔。

由于宝马公司是以生产航空发动机开创事业的，所以商标中的蓝色为天空，白色为螺旋桨，这是"宝马"商标的第一大特点；第二大特点就是"宝马"汽车的散热器中间那两个金属方框进气格栅。BMW（宝马）是公司全称"Bayerische Motorenwerke AG"的缩写。"宝马"采用了内外双圆圈的图形，并在双圈圆的上方，标有 BMW 字样的商标。整个商标就像蓝天、白云和运转不停的螺旋桨，喻示宝马公司渊源悠久的历史，既象征该公司过去在航空发动机技术方面的领先地位，又象征公司的一贯宗旨和目标：在广阔的时空中，以最新的科学技术、最先进的观念，满足顾客的最大愿望，反映了公司蓬勃向上的精神和日新月异的新面貌。

过去，公司关注的是如何生产更新、更好、更廉价的产品和服务，在市场上去销售。现在，公司围绕自己的产品为消费者创造美妙的精神体验。长期以来，这种体验模式一直为星巴克、苹果这类品牌所拥有。现在，越来越多的新晋品牌也通过品牌战略要求企业的营销传播活动都要围绕以核心价值为中心的品牌识别而展开，即任何一次营销广告活动都要尽量体现、演绎出品牌识别，从产品研发、包装设计、电视报纸广告、新闻软文、POP、终端等任何与公众、消费者沟通的机会，都要去演绎出品牌识别。诺基亚"科技以人为本"的核心价值意味着诺基亚的高科技不再是冷冰冰的，要靠产品每一细微之处的开发设计都无比贴合消费者的需要来体现"科技以人为本"的核心价值。诺基亚在手机市场风头甚健，主要靠的也不是核心技术的胜利，而是靠真正把科技以人为本的品牌核心价值全面贯彻到功能开发、外观设计、价格定位、影视广告传播等一系列营销传播活动。宝马是在这一品牌战略原则指导下，用品牌核心价值全面统领一切营销传播活动。宝马的品牌核心价值是"驾驶的乐趣和潇洒的生活方式"。因此，宝马总是不遗余力地提升汽车的操控性能，使驾驶

① 资料来源：李晨. 宝马品牌的整合营销 [J]. 企业改革与管理，2007（6）：68 - 69.

汽车成为一种乐趣、一种享受。宝马的整个研发与技术创新战略都清晰地指向如何提升汽车的驾驶乐趣。最新的7系代表着杰出的工程设计、前沿的科技创新、无法比拟的震撼力、纯正的驾驶乐趣，是宝马品牌价值的最好诠释。宝马新7系手动模式下，取代自动排挡杆的是位于方向盘右上角，一个精巧的"变速柄"。换挡时，双手可不离方向盘，使驾驶更简便，更有乐趣。宝马的外观也栩栩如生地体现出品牌的核心价值，体现出潇洒、轻松的感觉，与很多豪华车都十分庄重的特点形成鲜明的反差。宝马新7系采用全新造型设计理念：均衡的动感、古典式的优雅、跑车的轮廓和完美的线条组合，尽显豪华气派而不失流畅和动感。宝马3系敞篷车和运动型多功能车X5是宝马家族的新宠，以浪漫和实用将力量、典雅和乐趣集于一身。

　　宝马的广告传播也总是极尽所能地演绎出品牌核心价值，如宝马有一则非常幽默、有趣的广告，标题是"终于，我们发现了一个未能享受BMW驾驶乐趣的人"，原来这个人是个机器人，寓意宝马汽车很多功能都智能化，驾驶者享受了前所未有的驾驶乐趣。宝马不仅在广告中淋漓尽致紧扣品牌核心价值，而且创造性地通过品牌延伸推广新产品来低成本地传播品牌精髓。最近宝马加大了服饰的推广力度，北京东方广场、首都机场、重庆机场等豪华场所都开设了宝马生活方式专卖店。因为宝马不仅象征着非凡的制车技术与工艺，还意味着"潇洒、优雅、时尚、悠闲、轻松"的生活方式，车和服饰都是诠释宝马核心价值观的载体。宝马延伸到服饰不仅能获得服饰的利润，更重要的是通过涉足服饰领域向更多的消费者推广宝马生活方式与宝马品牌。宝马注意到，人们空闲时很少到汽车展示厅闲逛，而选择去商业中心，因此宝马希望通过宝马生活方式店的服饰向人们直接展示宝马精良的品质和完美的细节，从而将人们培育成为宝马汽车的潜在消费者。正因为宝马用核心价值统帅一切营销传播，成功地把"驾驶的乐趣和潇洒的生活方式"的品牌精髓刻在了消费者的大脑深处，所以宝马车的购买者是行业新锐、演艺界人士、富家子弟和活力、激情、心态比较年轻喜欢自己开车的成功人士。如果企业能始终以品牌核心价值为中心统帅企业的一切价值营销传播活动，就会使消费者与品牌的每一次接触感受到品牌识别的信息，久而久之就会烙下深刻的印记，意味着每一分营销广告费用都在为品牌做加法。因此，品牌战略的实施能在不增加营销广告费用的前提下提升品牌资产，如包装的图案、色彩，要体现出核心价值，只需在设计上多下功夫，增加的设计费几乎可以忽略不计；广告只需在策略与创意上体现核心价值，制作成本可能上升也可能下降，广告的大头是媒介费用，媒介费用可以与不实施品牌战略情况下的数额同等，但广告效果更明显了。卓越的品牌战略使每一分营销广告费都最大限度地促进了品牌的增值。

第三章　品牌影响力构筑

第一节　品牌影响力构筑原则

一、制定品牌发展原则

一个新品牌的出现，首先应该评估品牌现状，制定品牌承诺或价值主张，采用强化策略使品牌活力加强，制定品牌战略方针的作用在于强化品牌原则，设立所有人共同遵守的行动指南。

二、加强品牌形象策划原则

品牌形象策划可以帮助企业通过视觉元素符号实现跟消费者的沟通，随着品牌知名度的慢慢提升，品牌也会慢慢得到消费者的认可，但是此时品牌美誉度往往不够，同时市场表现一般，品牌营销缺乏活力。这个时候，就需要加强品牌形象策划，从视觉上改变消费者对品牌的认知，加强品牌形象提升。

三、品牌延伸原则

品牌发展一段时间之后，知名度慢慢提升，品牌也慢慢得到消费者的认可，但此时品牌影响力不够，市场表现一般，并且品牌营销缺乏活力。这个时候就可以有计划导入新产品，进入市场细分，以求品牌的个性化，加强消费者对品牌美誉度的提升。品牌延伸策略可以利用消费者对现有成功品牌的信赖和忠诚，推动副品牌产品的销售。

四、运用广告策略使企业内在与外在形象结合原则

一个企业品牌的影响力不仅仅包括商品的质量和品牌效应，同时也在各个方面体现着企业自身文化。这是一个企业的内在竞争力和无形资产，这种无形资产对品牌长远发展有着不可估量的作用。这其中的品牌价值代表着品牌服务、信誉、企业形象，以及品牌本身所具有的意义。要做到这点，企业首先必须完善自身的企业文化和企业形象，因为当品牌影响力一旦和企业文化、企业形象挂钩，那么企业的一举一动、任何一条负面的新闻都会对品牌本身产生巨大的影响。当消费者认识到品牌和企业文化、企业形象为一个整体之后，这个时候就需要加以相应合理适度的广告宣传，从而和消费者形成良好持续的关系。

五、渠道密集原则

拓展、提升一个品牌首先就要让企业的目标及潜在用户经常见到该品牌，因为品牌价值最终要归结到用户的购买行为上，而要使用户完成购买行为就首先要降低实施这一行为的成本，这包括心理成本和行为成本，也就是说要让用户比较容易想到你、熟悉你、买你产品的时候少一些不信任和担心，之后在想到你时比较容易地买到产品。而要达到这种效果就需要强有力的渠道支持，特别是要"密集"销售终端，加大对区域市场的渗透。

案例 3 –1：苹果品牌影响力构建①

苹果公司，全球最大的 PC 厂商，也是全球最大手机生产商之一，已连续三年成为全球市值最大公司。美国《福布斯》杂志公布了 2013 年全球 2000 强企业排行榜，尽管苹果公司自 2012 年 3 月份以来市值缩水 24%，但依然凭借 4166 亿美元市值成为世界上市值最高的公司。它最知名的产品是 Apple Ⅱ、Macintosh 电脑、iPod 数位音乐播放器、iTunes 音乐商店和智能手机，以创新而闻名，一直引领着计算机产业和移动设备的潮流。近年来，其产品 iPhone、iPad 更是掀起一股强大的流行潮，广受追捧，风行一时。2010 年，苹果凭借

---

① 资料来源：吴晓宣. 苹果强势品牌构建策略探析［J］. 福建商业高等专科学校学报，2014 (2)：10 – 14.

4000 万部 iPhone 的销售量跃升为全球第二大手机制造商，划时代的 iPad 面世 1 个月就卖掉 760 万台；2011 年，全球最大广告传播集团之一的英国 WPP 集团于当年 5 月 9 日发布全球最具价值品牌百强排行榜，美国苹果公司荣膺全球最具价值品牌。2012 年全球品牌价值排行榜中，苹果以 765.7 亿美元位居第二名。瑞士信贷的报告认为，从系统、软件、芯片、品牌等诸多因素构成的生态系统看，苹果的竞争对手很难缩小与苹果的差距。根据市场研究公司 ChangeWave 的调查显示，在用户满意度上，苹果用户的满意度高达 95%。苹果公司有下列构建强势品牌的策略，值得其他企业参考。

（一）通过开发时尚创新产品作为构建强势品牌的基础

与其他任何一家公司相比，苹果更加注重产品的设计和创新，懂得如何了解消费者的需求，更懂得如何以更前卫新奇的设计去满足消费者的需求。乔布斯曾骄傲地说："在苹果公司，我们遇到任何事情都会问，它对用户来讲是不是很方便？它对用户来讲是不是很棒？没有人像我们这样真正做到了这一点。"苹果产品引领时尚潮流，例如 iMac 拥有半透明的、发光的鼠标，果冻般圆润的蓝色机身，重新定义了个人电脑的外貌。iPod 外观流畅简洁，拥有触摸旋轮的设计，有质感的外壳材质和颜色。风格极简、纯白的 iPod，与其他企业的电子产品完全不同，使人耳目一新，成为时尚的象征。iPod 卓越的音质，MP3 标签对播放单的管理，iPod 加 iTune 的集成对整个音乐产业产生了冲击。

苹果产品非常注重创新，如 iPhone 将移动电话、可触摸宽屏 iPod 以及因特网通信设备（具有桌面级电子邮件、网页浏览、搜索和地图功能）这三种产品完美地融为一体。iPhone 引入了基于大型多触点显示屏和领先性新软件的全新用户界面，让用户用手指即可控制 iPhone，使用户强烈地感觉到 iPhone 就是带通信功能的娱乐机（娱乐机 = iPod + 便携照相机 + 掌上游戏机 + PDA）。

2013 年 9 月 21 日凌晨，苹果公司正式发布了新一代明星产品。iPhone 5s 和 iPhone 5e 两个版本的手机。作为新一代苹果产品，iPhone 5 是全世界用户梦寐以求的产品，它搭载了 iSO6 智能系统，具有 iCloud 云服务升级、Passbook 电子票据、Siri 语音助手、屏幕手势操控等应用，给用户带来了全新的体验。iPhone 可以媲美个人电脑的基本运行功能、丰富的娱乐功能，便于携带，使其成为数码生活的核心产品。用户进入 App Store 中，看到 iCloud 图标，点击 iCloud 即可开启该应用，iCloud 可通过互联网将自己的各类信息保存在服务器端，所有的 iSO6 设备会共享这些信息。Siri 语音助手可以听懂中文（包括普通话和粤语），iSO6 智能系统中的 Maps 是一种道路导航系统和卫星导航系统，与 Siri 语音助手配合，可以查找任何街道、商铺信息，可以使用 3D 立体地图。Passbook 能自动收集用户所有的电子票据，还会自动显示附近商家的会员卡和优惠券信息团。具有如此强大功能的更人性化的功能型产品 iPhone 5 手机，对于构建强势品牌，增强对苹果粉丝的吸引力，无疑是非常重要的。

多年来，正是苹果以其前卫造型、独特的硬件构成彰显了苹果公司的原创和前卫，使苹果产品独具特色，让万千青年趋之若鹜，以拥有苹果系列产品为独特，以拥有苹果系列产品为荣。苹果有一批忠实的近乎宗教狂热的盲目信任的 fans，以至在很多苹果用户的眼里，只有 iPod 才是 MP3，只有 Mac 才是电脑，也只有 MacOS 才能成为人类使用的操作系统。

（二）通过差异化策略突出品牌个性

苹果通过在产品、性能、UI（操作系统）、渠道等方面的差异战胜其他的竞争对手。

1. 产品差异化

创新性工业设计、直观易用的操作系统、嵌入式网络、图形等媒体处理能力都是苹果产品差异化的表现。在外观差异化的同时，便利软件开发者自由设定最符合软件需要的触摸按键的位置。做出好的用户界面，将产品打上了"革命性"的标签推向市场。

2. 性能差异化

据权威评测网站 Anandtech 评测显示，iPhone 5 的 A6 芯片使用了苹果自己设计的 CPU 内核，是基于 ARMv7ISA 指令集所设计出来的架构，不是业内常见的 Cortex A9 或 Cortex Al5 架构，iPhone 5 的 A6 处理器融入了更多苹果元素。

在智能手机用户注重的拍照、显示功能上，iPhone 5 呈现出了更好的创新诉求。iPhone 的配置远远高于竞争对手，更大的内存＋专用图形芯片（一般不会在智能手机上出现）＋16G 的储存空间，使 iPhone 成为一台超小型电脑。除此之外，内置不可更换电池 300 小时的待机时间（智能手机平均待机时间在 200 小时左右），6 小时的连续通话时间等都是 iPhone 在性能上的突破。

3. UI（操作系统）差异化

iPhone 与对手们最大的差异性体现在操作系统上。其他品牌的智能手机采用的操作系统有 Windows-moblie、Symbian 和 Plam，存在不稳定、过于复杂、速度较慢等问题。苹果 iPhone 上采用了经过界面优化的桌面电脑操作系统 Macosx，使苹果智能手机拥有了 Macosx 的所有优点：界面华丽、运转迅速、操作简便。iPhone 有功能完整的 Email 软件和 Safari 网络浏览器，而其他智能手机的办公功能都是经过简化处理的。

4. 渠道差异化

苹果为了让顾客更好地了解苹果产品知识，使顾客更清楚地了解苹果产品的魅力，不惜花巨资创建了专卖苹果产品的 Apple Store。软件开发者无须缴纳任何维护费用，即可将制作的通过苹果审核的软件在 AS 发布。软件售出所得收益由苹果及开发者三七分成。应用商店（App Store）这一提供内容及应用程序下载的创新模式使苹果智能手机能更好地满足消费者需求的多元化和娱乐化。除此之外，直销商店还能够唤起顾客对品牌的忠诚。在苹果刻意创造的氛围里，Mac 和 PC 用户都可以在这里尽情享受和发现苹果所提供的技术和服务。

（三）运用恰当的营销手段和策略，助力强势品牌的构建

1. iPhone 上市前的创新饥饿式营销策略

所谓饥饿营销是指商品提供者有意调低产量，调控供求关系，制造供不应求的假象，以达到维持商品较高的售价和利润率的目的。乔布斯具有一种敏锐的感觉和能力，能将技术转化为普通消费者所渴望的东西，并通过各种市场营销手段刺激消费者成为苹果"酷玩产品"俱乐部的一员。与传统的饥饿营销策略不同，在实施饥饿营销的过程中，苹果公司并没有去控制产品的产量来制造市场供不应求的假象，而是通过采用"可控泄露"的营销策略，即有计划、有目的地放出未发布新产品的信息，把产品的相关信息转化成一种市场饥渴，让消费者渴望了解 iPhone。当新产品推出后，由于用户的饥饿感被引爆，iPhone 在开始销售的一周内销售了 100 万部，6 天就实现了年度销售计划。苹果平板电脑 iPad 刚上市很热销，造成一些时尚人士找店长预留，甚至高价买水货，这更加提升了苹果 iPad 的知名度，刺激了更多人的购买欲。

从 2010 年 iPhone 4 开始到 iPad 2 再到 iPhone 5s，苹果产品全球上市呈现出独特的传播曲线：发布会—上市日期公布—等待—上市新闻报道—通宵排队—正式开卖—全线缺货—黄牛涨价。"产能不足、饥饿营销、黄牛囤货"使得苹果在中国市场的份额提高。

2. iPhone 上市后采取病毒式网络营销和体验营销相结合的策略

"病毒式网络营销"，是通过用户的口碑宣传网络，信息像病毒一样传播和扩散，利用快速复制的方式传向数以千计、数以百万计的受众。通过提供有价值的产品或服务"让大家告诉大家"，以此实现产品畅销。iPhone 的口碑传播是通过消费者自发地、主动地去传播信息，评论产品。这样的口碑更容易被其他人所接受，更具有客观性、真实性。口碑营销让充满神秘感的苹果产品更加诱惑力无限，引消费者先夺为快。病毒营销关键在于找到营销的引爆点，如何找到既迎合目标用户口味又能正面宣传企业的话题，而营销技巧的核心在于如何打动消费者，让企业的产品或品牌深入消费者心里，让消费者认识品牌、了解品牌、信任品牌到最后依赖品牌。iPhone 通过时尚、独特设计和方便易用的功能，以此打动消费者，通过提供有价值的产品和服务，利用互联网，通过用户的口碑宣传，信息像病毒一样传播和扩散，利用快速复制的方式传向数以千计的、数以万计的受众。苹果的 iMpact、iPod、iPhone、iPad 都很好地利用了其忠实粉丝对其新产品资料的强烈需求，来推动新产品的营销活动。

体验营销是指企业通过让目标顾客观摩、聆听、尝试、试用等方式，使其

亲身体验企业提供的产品或服务，让顾客实际感知其带来的品质和功能，从而促使顾客认知、喜好并购买的一种营销方式。iPhone 精心设计用户体验，在 2007 年的 1.0 版本装备具有重力感应及多点触摸的 UI，引爆了人机界面的革命。为了尽可能地贴近更多的消费者，扩大"苹果迷"以外消费者对苹果产品的认知，苹果零售店（Apple Store）精心设计了呈现"数字生活中枢"的用户体验场。Apple Store 打造的是数字生活全面体验的空间，店内的区域都以"方案解决区域"为中心设计，方便顾客创造可以找到解决问题的"整体方案"。为了实现产品与顾客生活体验的契合，店里没有晃眼的灯光、嘈杂的音乐或者推销产品的售货员，顾客可以摆弄各种机器。公司把 iPhone 体验营销的核心确定在情感经济，用"情感的经济"去取代"理性的经济"，围绕着产品，把"面对面"的交流与互动发挥到极致，让用户、产品与公司三者之间产生情感上的共鸣。iMac 到 iPod，再到 iPad 2、iPhone 5，苹果公司以行动告诉电子消费行业，仅仅依靠技术运算、硬件配置而制胜的时代已经过去，取而代之的是"与消费者产生情感共鸣""制造让顾客难忘的体验"。iTunes 音乐商店是第一个将版权音乐集成联网的商业平台，客户端可以个性化管理，同时与便携设备"即插即用"，操作简单，奠定了"数码生活"用户体验的基础。iPod 加 iTune 实现了对数码音乐生活的个性化，奠定了苹果公司在数码生态圈中的特殊优势，积累了了解数码中枢使用模式的消费者规模。当产品能够召唤消费者情感，它便驱动了需求。

第二节　品牌影响力构筑阶段及方法

企业核心能力集中体现在企业拥有的知识资本上。知识资本是企业中以相对无限的知识为基础的无形资产，其价值主要体现在人力资本（human capital）、结构性资本（structural capital）、顾客资本（custom capital）三者之中，这就是知识资本的 H－S－C 结构。结构性资本是指与企业组织个体特征联系的一系列无形资产，如企业经营理念、制度规范、品牌等。顾客性资本则指市场营销渠道、顾客规模构成等经营性资产。

一、品牌影响力特点

在结构性资本中，品牌是产品质量、售后服务、企业管理水平、技术创新能力、灵活的促销手段、企业文化等多方面综合因素作用的结果。品牌对于企业的发展有很大的影响力，这是由于品牌具有以下特性。

（一）象征性

一个品牌代表着一个企业。好的品牌一经提起，便能使人联想到它代表的企业和产品。因此，要做好企业，必须做好品牌。

（二）延伸性

拥有名牌的企业可以实现品牌的扩大延展效应。企业由于某种产品的成功而品牌影响力提高，可凭借此品牌实现在其他产品领域的知名化，短期内实现"长期跨越"。海尔集团以冰箱创立了名牌，借着此品牌效应将事业拓展到其他诸如家电、电脑等领域，至今产品已出口到 40 多个国家和地区，成为国际性的品牌。

（三）持久性

树立和维护一个品牌往往凝聚着几代人的心血，树名牌不是一朝一夕之功，而需要企业的长久修炼。而一旦在消费者心中树立起良好的形象，名牌效应也是比较长久的。一些百年老字号，虽然历经沧桑，几番变迁，一旦重整旗鼓，依然能得到消费者的认可。

（四）盈利性

品牌发展到今天早已具有盈利性，可以给企业带来无限商机。因为优秀的品牌本身就是对客户的保证。在经济不景气时，品牌的影响力更为突出，据《财富》杂志调查，企业业绩与品牌影响力有特别密切的联系。大多数著名企业，其成功之道在于它们继承了一个信念——努力保持公司的企业或产品品牌价值，并推行精心设计的品牌策略来实现这一目标。特别在经济不景气时更加尽力建立起消费群、股东与雇员间的相互信任。因为品牌的立足点和落脚点都是市场。我国一些企业成功经验已经证明了这一点。中关村流行着一句话："卖出去才是硬道理。"

可见，品牌和顾客忠诚作为企业的无形资产和知识资本，是不可分割的整体，也是企业不断走向成功的主要动力。然而现在市场上还是有很多企业还不能把握本企业的品牌影响力到底有多大，不知道顾客忠诚度如何影响品牌影响力。

二、顾客忠诚度细分

顾客忠诚度是指由于质量、价格、服务等诸多因素的影响，使顾客对某一企业的产品或服务产生感情，形成偏爱并长期重复购买该企业产品或服务的程度。

分析顾客忠诚度应考虑以下几个因素，包括顾客的关注度、品牌大小和消费者的敏感程度。

（一）顾客的关注度

顾客对某品牌越关注，则购买该品牌的概率越高。一般来说，企业应特别考虑以下三类顾客：

（1）对同类产品的各品牌都保持关注，在购买时有很大的选择空间；

（2）有的顾客不总是购买某一品牌的产品，他们在一系列类似品牌跳来跳去中作出选择；

（3）跳跃型顾客中还有一部分，他们的跳跃记录中总有一个品牌有殊荣，该品牌被选择的次数会影响其他被选择品牌。这类顾客是企业应特别注意的，可以采取适当措施提高他们的忠诚度。

（二）品牌大小

品牌的规模越大，顾客购买的可能性越大，行为的忠诚度越高。此因素在以前往往为企业策划者和市场分析家们所忽略。

（三）消费者的价格敏感度

决定消费者购买选择的产品价格并不如我们想象中的那样是唯一的。消费者总是自觉不自觉地将某一品牌的产品价格分为常价和购买时点价格。消费者以某一品牌产品的通常的一般的价格决定是否将其列入候选名单，以购买时点的价格决定实际购买哪个产品。企业基于以上因素的考察，可以将顾客分群：忠诚者（又称高度忠诚者），重复购买概率在50%以上的顾客；跳跃者（中度忠诚者），重复购买概率在10%～50%；价格驱使者（低度忠诚者），重复购买概率在10%以下。一般来说，平均品牌的高、中、低度忠诚者占被调查的比例分别为10%、14%、74%。从动态发展角度来看，某一品牌能否长期占有并不断提高其市场份额，不仅与其高度忠诚者密切相关，而且取决于企业能否把低度忠诚者转化为高度忠诚者。

三、品牌影响力构筑阶段

建立顾客忠诚的品牌策略具体到一个企业，发展顾客的高品牌忠诚大致分为以下过程。

（一）认识阶段

顾客对品牌的认识是发展顾客忠诚的最基础一步。从实践上看，人们更倾向选择已经认识的品牌，不大可能选择从未听说的品牌，特别是在同类品较多的情况下。企业此时的品牌策略是设法使顾客记住品牌名或广告词等外在信息。

（二）需求相关阶段

企业应试图向潜在顾客传递这样一个信息：购买此产品能够满足您至少一个目的。此外，合理的定价也是此阶段应努力解决的问题，必须确定一个能使消费者将该品牌列入候选对象的适当的价格。

（三）突出内功阶段

在获得消费者认知，并建立良好的相关关系后，企业的品牌策略应重在产品的质量、性能等内在表现上，这也是击败众多同等竞争者的关键。这就需要企业以市场需求为导向，以创新为主要手段努力提高自己的核心竞争能力，实现核心技术与市场需求相结合，核心产品与用户需求相结合。

（四）广告推动阶段

在商品林立的市场中，同一系列的大多数产品只有细微的差别，优秀的品牌依靠成功的广告树立市场中的独特形象，获得市场优势。企业可以借助广告创造一种激昂、独特或超众的氛围，对消费者产生心理上的刺激，提升品牌的影响力。

（五）忠诚建立阶段

当消费者会被这个自己熟识，能满足要求、性能超群、有很高知名度的品牌深深打动，产生情感的认同，成为其忠诚的顾客时，该品牌在顾客里的影响力将非常巨大，并将长期维持。一个企业高忠诚度的顾客建立得越多，它的品牌影响力就越大。

四、品牌影响力构筑方法

（一）重塑品牌影响意识

企业要想长期发展，必须注重企业品牌影响意识的培养，把企业品牌影响形象上升到战略的意识高度。重塑品牌影响意识，矫正品牌影响认知，摈弃传统的错误认知。品牌影响形象的塑造不是单纯的广告宣传，而是企业文化的价值体现。品牌影响战略的推行，重在使顾客认知企业产品和文化，树立良好的企业品牌影响形象，培养大众的认知度和忠诚度。就像云南白药集团，用优良的产品和强大的文化认同吸引顾客，培养忠诚度和满意度，塑造良好而长久的品牌影响形象。

（二）优化品牌影响设计

品牌影响设计是在企业自身的定位和品牌影响定位的基础上的视觉沟通，就是对一个企业或产品进行命名、标志设计、平面设计、包装设计、展示设计、广告设计及推广等等，是突出品牌影响个性、扩大品牌影响知名度、体现品牌影响形式美的必由之路和有效途径。不仅要对品牌影响识别的各要素进行精心策划与设计，还要使各要素之间协调搭配，形成完整的品牌影响识别系统，产生最佳的设计效果。

（三）立足实际，因地制宜

品牌影响形象的塑造，必须立足公司的实际情况，以自身资源、资金实力作依托，提出切实可行的品牌影响形象塑造方式。过度依赖广告，片面倚重形象片的宣传效果是一种错误的思维方式。违背企业自身条件，盲目引进国际先进管理方法，而不注重企业内部的消化吸收，同样是不可取的。

企业在塑造品牌影响形象时要立足自身实际，对于先进管理办法和其他企业在品牌影响形象上的成功方法不要随意借鉴模仿。每一个企业有每一个企业的特色，正如每一个人的成功是不可复制的一样，企业形象塑造的方式同样不可复制。企业可以在消化吸收他人成功经验的基础上依据自身条件，实行立足实际、因地制宜的方式来发展自己的品牌影响形象。假如秦池古酒集团在1997年标王争夺战中急流勇退，不以广告营销作为企业进一步发展的基础，而是积极调整生产计划，改进生产方法，提升生产能力，那么今日我们就有可能看到一个能跟茅台、五粮液相媲美的名酒企业。

（四）制定合理品牌影响发展规划

品牌影响形象是一个能够关系到企业生死存亡的重要问题，企业要想长远发展，在激烈的市场竞争中不被淘汰，优质的产品是很重要的一方面，在这个"好酒也怕巷子深"的社会背景下，品牌影响形象亦成为其中的另一方面。这就要求企业在发展的过程中制定科学合理的品牌影响形象塑造的规划。一个有活力的企业为适应环境变化，也总是处于不断的发展之中。但企业形象不能根据企业实际状况亦步亦趋，企业形象多变，就不可能为广大客户群体所认识。所以在塑造企业形象的活动中，企业应充分考虑所处行业及本企业的发展方向，在现实和未来之间找到一个切实可行的切入点，一次定位企业品牌影响形象的发展。品牌影响形象塑造规划的制定要遵循"既要高瞻远瞩又不能好高骛远"的原则，准确定位之后就要按照既定规划大力打造良好的企业品牌影响形象。

同时当企业发展遭遇寒流时要坚定企业信心，不要随意更改企业形象。例如国内曾风靡一时的科龙电器，在企业发展遭遇危机时，希望通过更改企业形象的做法挽救企业，最终适得其反，使这一民营企业的先锋湮没在市场竞争的激流中。而蒙牛、双汇集团在遭遇国民信任危机的关键时候，坚定企业信心，大力重塑企业品牌影响形象，最终为企业的生存及以后的发展铲平了道路。

（五）树立品牌影响质量监理完善服务体系

质量是品牌影响的基石，所有知名品牌影响的最明显的特征就是质地优良，民意调查显示，90%的中国人认为名牌就是产品质量好。例如劳斯莱斯被公认为是世界上最优良的汽车，是名牌汽车中的皇冠。劳斯莱斯在保证其产品质量上做到了精益求精，每一部劳斯莱斯都是精雕细琢的工艺品。

案例3-2：欧洲品牌演进的五个阶段[①]

（一）第一阶段（19世纪30年代初—19世纪50年代末）：奢侈品品牌的诞生

在此阶段，欧洲奢侈品品牌频繁诞生，出现了爱马仕、路易威登、百达翡丽、卡地亚、欧米茄、天梭、巴宝莉等知名奢侈品品牌。它们集中产生在法国，少量品牌产生在瑞士。历史与文化是其主要的促进因素。

自15世纪地理大发现和随之而来的殖民主义，奢华和享乐主义生活方式开始在欧洲上层社会滋生。其中，17世纪"太阳王"路易十四统治内的法国成为了奢侈消费的最典型代表。据当时威尼斯驻法大使的记载，当时凡尔赛宫的走廊里点着几千支蜡烛，恍如白日，"简直就像是在梦里，简直像是在魔法的王国里"（周昂，2011）。欧洲的奢侈基因与贵族文化在18世纪的法国达到了顶峰。同时，法国直到19世纪60年代末才完成产业革命，姗姗来迟的工业

① 资料来源：马潇潇，周琦深，包德清，张馨月，白玥碧. 欧洲奢侈品品牌发展阶段划分及影响因素分析［J］. 宝石和宝石学杂志，2016，18（3）：51-56.

革命也为法国在 19 世纪中前期的奢侈品发展提供了充足时间。

欧洲品牌演进第一阶段的诞生地在法国和瑞士。贵族文化与生活方式，与第一批欧洲奢侈品品牌的产生，有着密切的关系。

闻名世界的顶级奢侈品品牌路易威登就是一个典型。早年，路易威登因为成功设计一款名为"Gris Trianon"的皮箱而受到乌婕妮皇后的信任，路易威登于是成为拿破仑皇室的御用工匠。当时乘坐火车成为旅行者最时髦的交通工具，但衣服放在当时通用的圆顶皮箱中经常被弄得皱巴巴的。路易威登认为自己能够为更多的人免除旅行之忧，便于 1854 年结束了为宫廷服务的工作，在巴黎创办了首间皮具店，主要生产平盖行李箱。这就是奢侈品品牌路易威登的诞生故事。

除法国外，瑞士是欧洲奢侈品起源的另一个地区。瑞士制表业非常发达，但制表业却并不是最先在瑞士生根发芽的，瑞士制表业与法国有关。"在路易十四及其祖父执政期间，追随加尔文的胡格诺派教徒因为 16 世纪末以来法国宗教大屠杀而纷纷逃到瑞士。"（凯利，2008）他们聚居在靠近法国的日内瓦至东北面沙夫豪森一带（瑞士北部），在瑞士的这一区域，成就了瑞士的钟表奢侈品品牌。在此期间诞生了天梭、浪琴、积家、欧米茄、百达翡丽等奢侈钟表名家。这些奢侈的钟表与当时贵族们的奢侈之风密切相关。例如，瑞士名表天梭的最初客户就是大量的俄国贵族。

随着 1789 年法国大革命爆发，奢侈品的使用阶层扩大了。那些法国大革命前仅隶属于王公贵族的能工巧匠在大革命后纷纷为普通人服务。新兴中产阶级的壮大正好为奢侈品提供了更大的消费人群。当奢侈品从宫廷走出来之后，不再一定要显得华贵奢靡，但要继续保持精致得体。例如，路易威登（LV）结束宫廷服务之后，专门为旅行者设计的平盖旅行箱就具有划时代的意义，先前的奢侈品逐渐演化为巴尔扎克所说的"简洁的奢侈"。

表 1   第一阶段欧洲品牌建设

代表品牌	成立年份	来源国	品牌特征描述
路易威登（LV）	1854	法国	路易威登早年因成功设计一款名为"Gris Trianon"的皮箱而成为拿破仑皇室的御用工匠。当时交通工具在欧洲方兴未艾，路易威登认为自己能够为更多人免除旅行之忧，便于 1854 年结束宫廷服务，在巴黎创办了首间皮具店，生产平盖行李箱
爱马仕（Hermes）	1837	法国	蒂埃利·爱马仕（Thierry Hermes）于 1837 年开设以"爱马仕"为品牌名的马具专卖店，为有钱或有名望的家族装饰马匹。她曾服务于拿破仑三世与俄国皇帝，跻身"御用商人"，还服务众多一流马车商，后来爱马仕制作皮具、箱包等饰品、用品

续表

代表品牌	成立年份	来源国	品牌特征描述
百达翡丽 （Patek Philippe）	1839	瑞士	安东尼于 1839 年开设百达钟表公司，首批制表即带有宗教或皇室标志，专供社会上层人士使用。至今仍保持每年量产 1 只纯手工制表的传统，是集设计师、钟表师、金匠、表链匠、雕刻家、瓷画家与宝石匠于一身的世界公认的最好的钟表品牌
天梭（Tissot）	1853	瑞士	天梭表最先进入俄国，俄国贵族立刻接受了它，这也使得俄国成为天梭表最大的市场

（二）第二阶段（19 世纪 60 世纪初—19 世纪 90 年代初）：工业化品牌诞生

在此阶段，欧洲工业化品牌开始频繁出现，诞生了诺基亚、巴斯夫、诺华、蒂森克虏伯、爱立信、雀巢等品牌，西门子、标致等企业在此时期内发展壮大。关税与贸易自由化是其主要的促进因素。但是，在此 30 年间，几乎没有奢侈品品牌在欧洲大陆诞生。

工业化生产的发展壮大离不开规模经济与薄利多销。而欧洲各国有限的母国市场决定了工业化品牌，需通过国际贸易才能寻求供给与需求的平衡。贸易保护主义必会增加关税和非关税等壁垒所造成的成本，从而削弱本国产品在别国市场的竞争力。因此，能否实现国际贸易自由化，是能否产生强大的工业化品牌的前提。虽然自 18 世纪英国首先开始工业革命，德国、比利时、法国等随后在 19 世纪 40 年代完成工业革命，但欧洲工业革命并未马上产生工业化品牌。因为工业革命后相当长时间内，贸易保护主义还在盛行，阻止了工业化产品的跨国流通。例如，著名的英国贸易保护法《谷物法》在 1846 年废除之前，欧洲大陆各国为对抗英国《谷物法》，对英国工业品征高关税。只有废除《谷物法》后，英国才在 1848～1866 年迎来了贸易和工业的空前繁荣。19 世纪 60～70 年代是 19 世纪欧洲自由贸易的鼎盛时期，各国纷纷化干戈为玉帛，相互实行最惠国待遇，消除关税壁垒。这就为欧洲工业化产品品牌的繁荣创造了条件，使薄利多销成为可能。于是，在这一阶段，大量工业化品牌在欧洲大陆诞生，如诺基亚、爱立信、雀巢、巴斯夫、蒂森克虏伯、喜力诺华制药、标致、西门子等，其中诺基亚和标致即是典型代表。

1865 年，诺基亚诞生于芬兰，工程师弗雷德里克·艾德斯坦在芬兰北部的诺基亚河边创立了与河流名字相同的木材纸浆厂。随着工业化浪潮在欧洲兴起，纸板消费量迅速增加，诺基亚公司成立不久便一炮走红，其产品远销俄国、英国和法国。不可否认，初创期的诺基亚之所以能够凭借价格低廉的纸板辐射欧洲，北欧丰富的森林资源只是其中一个原因，贸易自由化才是诺基亚发展壮大的最重要驱动力，它突破了其母国市场需求有限的天然局限。

标致虽然早在 1810 年就率先进入了工业时代，但因受贸易限制，初期也只生产冷轧钢和钢条满足当地钟表业对发条的需求。随后慢慢扩展至关税相对较低的瑞士、意大利等临近地区。19 世纪中期，标致曾一度陷入破产危机。但 1855 年标致生产出的轻金属裙撑，具有很大的市场需求，产品在 19 世纪后半段风靡欧洲，把标致从破产危机中拯救了出来。尽管标致这个工业化品牌的发展壮大与发明新技术和新产品有关，但自由贸易环境及其带来的欧洲整体市场支持是其发展壮大的强有力支持。

由此不难发现，机械化、工业化生产并不是 19 世纪 60 年代开始的欧洲工业化品牌集中产生的根本原因。欧洲工业化品牌的繁荣与 19 世纪 60 年代开始的欧洲自由贸易密不可分。可以说，欧洲品牌演进的第二个阶段——工业化品牌繁荣期，关税与贸易自由化起着主导作用，工业化、机械化生产方式的普及为工业化品牌提供了生产力方面的支持。

表 2   欧洲第二阶段品牌建设

代表品牌	成立年份	来源国	品牌特征描述
诺基亚（Nokia）	1865	芬兰	1865 年，诺基亚诞生在芬兰。随着工业化浪潮在欧洲兴起，纸板消耗量迅速增加，诺基亚公司成立不久便一炮走红，其产品远销俄国、英国和法国
西门子（Siemens）	1847	德国	1847 年成立的西门子在 19 世纪中期一度遇到危机，直至 1866 年发明发电机后在欧洲大陆迅速发展壮大
标致（Peugeot）	1810	法国	成立于 1810 年的现代标致公司，起初生产冷轧钢和钢条主要满足本地钟表业对发条的需求，19 世纪中期一度陷入破产危机。后于 1855 年生产出轻金属裙撑、19 世纪 60 年代生产出缝纫机与割草机，产品在欧洲大陆风行，公司得以发展壮大
巴斯夫（BASF）	1865	德国	1865 年，"巴登苯胺碱厂"正式成立，虽然仅有 30 名员工，但却因品红染料在欧洲大陆的成功，迅速在德、法、英、俄等国家建立了自己的染料生产与销售机构
诺华制药（Novartis）	1859	瑞士	早期涉及染料行业，同时它的药剂师在实验室开始成批量生产常用药物。后来诺华从药房成长为药品批量生产商和销售商。诺华制药是从染料转向药品生产批发商的一个典型

（三）第三阶段（19 世纪 90 年代中叶—20 世纪 20 年代末）：奢侈品品牌与工业化品牌共生融合

在此阶段，欧洲奢侈品品牌和工业化品牌均得到发展，产生了劳力士、香奈儿、普拉达、古奇等一批奢侈品品牌，以及阿尔卡特、雷诺、菲亚特、妮维雅、罗氏等工业化品牌。这些品牌集中诞生在意大利、法国、德国等。在此阶段，奢侈品品牌借鉴工业革命带来的先进生产技术，突破了传统上仅仅依赖手工制作的局限。艺术与生产技术对此阶段的品牌产生巨大影响。

1. 艺术对欧洲品牌的影响

此阶段，艺术重点表现在对欧洲奢侈品牌的影响上。19 世纪中后期，欧洲经历了长达百年的美术革新，流派之多与频率之高皆创历史之最。从 19 世纪后半叶的印象主义、后印象主义开始，欧洲各地诞生了野兽派、表现主义、立体主义、风格派、未来主义、达达主义、超现实主义等艺术流派。与 17 ~ 18 世纪流行的巴洛克、洛可可风格相比，19 世纪中后期诞生的艺术流派的数量和频率皆有大幅度提升。欧洲奢侈品品牌纷纷吸收艺术革命的优良成果，香奈儿、布加迪即是其中的代表。

加布里埃·香奈儿于 1913 年在法国创立香奈儿，其服饰色彩以黑白强烈对比在服装界与艺术界独树一帜。香奈儿的服装风格与其好友毕加索创立的立体画派风格如出一辙。这种黑白对撞、讲求简洁自然的设计风格，也恰好适合大规模的机械化生产。

1881 年，埃托里·布加迪出生于意大利米兰艺术世家，他的父亲卡尔罗·布加迪是一位画家，同时也是著名的家具设计师（木匠）和雕塑家。在父亲的影响下，布加迪从小开始学习美术并多次拜访立体派艺术家。这使得早期布加迪的车子宛如艺术品，车辆引擎全由手工制造和调校，所有轻量化的零件都不放过，布加迪注重车辆的细节与平衡。时至今日，布加迪仍采用半机械半手工的生产方式，其跑车外壳更是保留纯手工，打造得一丝不苟，将意大利悠久的历史文化融入其中。

香奈儿对服饰设计与色彩搭配的独特风格，以及布加迪对流线型车身与精致手工发动机的追求均表明，这一阶段，欧洲奢侈品品牌在不断借鉴艺术革命的成果上对品位与独特文化的追逐推动了这个时期欧洲奢侈品品牌的繁荣发展。

2. 工业生产技术对欧洲品牌的影响

此阶段，工业生产技术对欧洲奢侈品和工业化品牌的影响均很突出。此阶段欧洲品牌演进的重要特点之一，是奢侈品开始适当借鉴工业生产技术来完成手工操作所不能实现的工艺；但同时又保留其手工制作，以彰显产品的稀缺性与高品质。1895 年诞生的施华洛世奇就是其中的典型代表。

施华洛世奇的创始人丹尼尔诞生于波西米亚的水晶玻璃加工厂。21 岁那年，丹尼尔前往维也纳参加第一届电器博览会，受爱迪生与西门子技术革命的启发，他决心发明一台自动水晶切割器，并于 1892 年完成了世界上第一台可完美切割水晶的自动水晶切割机。1895 年，他背井离乡，来到当时最大的水晶消费地——瓦腾斯（更靠近时尚之都巴黎），创立了世界首屈一指的水晶奢侈品品牌——施华洛世奇。1908 年，丹尼尔开始试制人造水晶并于 1913 年开始大规模生产无瑕疵人造水晶石，后于 1917 年推出自动打磨机，生产工艺基本实现工业化。

另外，工业生产技术也对工业化品牌产生深远影响。产业革命促进了电力、内燃机被大量运用于工业生产，推动了大量工业化品牌的创立。如，电信与电气设备制造商品牌：阿尔卡特、阿尔斯通、伊莱克斯、B&O 等，汽车制造商品牌：雷诺、菲亚特、奔驰、宝马、沃尔沃等。

由此可知，欧洲品牌演进的第三阶段，受到艺术与工业化生产技术的共同影响。一方面，大量工业化品牌（特别是汽车品牌），得益于电力与内燃机的广泛使用，生产效率得到快速提高，它们延续了 19 世纪 60 年代大量兴起的欧洲工业化品牌的发展趋势；另一方面，受益于欧洲美术革命，以及工业化生产技术，断层了近四十年的奢侈品品牌再次集中诞生。但此阶段的奢侈品品牌除体现了高品质与社会地位象征等固有特点之外，还借鉴机械化生产技术，突破了部分奢侈品无法通过纯手工生产的局限性。

表3　　　　　　　　　　　　欧洲第三阶段品牌建设

代表品牌	成立年份	来源国	品牌特征描述
施华洛世奇（Swarovski）	1895	奥地利	21 岁时，创始人丹尼尔前往维也纳参加第一届电器博览会。受爱迪生与西门子技术革命的启发，丹尼尔于 1892 年完成了世界上第一台可完美切割水晶的自动水晶切割机，又于 1917 年推出自动打磨机，生产基本实现工业化
香奈儿（Chanel）	1913	法国	加布里埃·香奈儿于 1913 年在法国创立香奈儿，其服饰色彩以黑白强烈对比在服装界与艺术界独树一帜，与其好友毕加索所创立的立体画派的风格如出一辙
布加迪（Bugatti）	1909	意大利	创始人埃托里·布加迪出生于意大利米兰艺术世家，从小学习美术并多次拜访立体派艺术家。时至今日，布加迪仍采用半机械半手工的生产方式，其跑车外壳更是保留纯手工，打造得一丝不苟，将意大利悠久的历史文化融入其中
劳力士（Rolex）	1905	瑞士	成立于 1905 年的劳力士，早期生产为纯手工制表。时至今日，仍保留表盘镶嵌与部分机芯的纯手工制造，在半机械半手工的加工方式下追求卓越品质
伊莱克斯（Electrolux）	1919	瑞典	瑞典伊莱克斯公司由户外煤油灯生产商 Lux 与吸尘器生产商 Elektromekaniska 合并成立。得益于机械化大生产与电力使用的普及，伊莱克斯的吸收式冰箱与真空吸尘器走进千家万户

续表

代表品牌	成立年份	来源国	品牌特征描述
阿尔卡特 （Alcatel）	1898	法国	创建 CGE（阿尔卡特的前身）的目标是打造出法国的西门子和通用电气，而后陆续将业务扩展至电力、交通运输、电子和电信等各行业，逐渐成为数字通信市场的领导者。现已与朗讯合并，合并后阿尔卡特朗讯是首个全球通信解决方案提供商

（四）第四阶段（20世纪30年代初—20世纪40年代末）：品牌消失的20年

此阶段，欧洲出现了奢侈品品牌和工业化品牌集体消失的状态。战争以及由此引发的政治经济不稳定是品牌断层的主要原因。欧洲品牌演进第四阶段正值大萧条与第二次世界大战，其间奢侈品品牌和工业化生产品牌都呈现萎缩，没有一个知名的奢侈品品牌诞生，工业化品牌仅有联合利华（1929）、乐高（1934）、德国大众（1938）诞生，它们的早期发展也与"二战"的战争环境有关。

随着《斯穆特—霍利关税法案》颁布，大萧条迅速从发源地美国扩散至欧洲大陆，30国与意大利一起执行报复性关税，致使贸易额锐减。由大萧条引起的贸易保护主义与以往的贸易保护不同。以往的关税与非关税壁垒，虽然加重了产品的流通成本，但跨国贸易仍在进行，这为欧洲奢侈品和工业化产品的发展奠定了基础。但大萧条引起的报复性关税加重了欧洲各国间的矛盾，引发了战争，阻碍了新品牌的诞生。1931年，英国工党政府被"国民政府"取代，金本位由此取消，为后来世界各国的恶性通货膨胀埋下祸根。同年，玻利维亚进入"国家坏账"阶段，南斯拉夫、希腊、奥地利和德国相继决定不再偿还债务，国家间失去信任，国际贸易总额锐减。1934年，法国在两年内的第5位左派领袖兼总理辞职。同年，希特勒将总理与总统合并为一，成为元首……不稳定的政治与经济因素使欧洲各国间的贸易总额不足大萧条前的1/3，美国对外贸易总额更是下降到原来的30%以上。国际贸易不通畅，品牌的跨国发展自然受到阻碍。因此，在第四阶段，奢侈品品牌和工业化品牌都鲜有诞生，许多曾经闻名的企业暂停营业。这个阶段诞生的联合利华在大萧条、战争时期艰难地成长。乐高诞生于德国占领时期的丹麦。当时德国禁止丹麦境内民用企业使用金属和橡胶等战时物资，乐高创新性地推出木制玩具。

这一因战时环境逼出来的产品创新，成为后来乐高全球竞争优势的源头。大众汽车成立之初是为军队生产和供给炸弹、弹壳等战争物资的。而绝大多数工业化品牌受到了战乱冲击，发展迟缓。

表4 欧洲第四阶段奢侈品品牌建设

代表品牌	成立年份	来源国	品牌特征描述
联合利华（Unilever）	1929	英国	1929年，联合利华更名成立，激增的皂片需求与经济危机、战乱的双重力量推动着联合利华艰难前进
乐高（Lego）	1934	丹麦	1940年，丹麦被德军占领，但战争给乐高公司带来了发展机会。政府禁止玩具进口、禁止民用企业使用金属和橡胶等战时物资，这有助木制玩具乐高在1940～1942年实现了产量翻番
大众（Volkswagens）	1938	德国	1938年，德国大众公司在希特勒支持下成立。1939年，因战争的需要，大众开始制造炸弹、飞机油箱、油罐、弹壳及其他车床传动配件。1941年开始，在沃尔夫斯堡建立了一条飞机机翼生产线，供给前线军需

（五）第五阶段（20世纪50年代初至今）：品牌时尚引领全球

在此阶段，欧洲奢侈品品牌与工业化品牌再次同步发展，相互融合。此间诞生了纪梵希·范西哲、阿玛尼等奢侈品品牌，也诞生了如H&M、Zara、贝纳通、斯沃琪等工业化大众时尚品牌，阿迪达斯、彪马、宜家等品牌的实力在此阶段发展壮大。第五阶段的重要特点是：工业化品牌开始借鉴奢侈品品牌的营销逻辑。而欧洲品牌演进的第三个阶段却正好是奢侈品品牌借鉴工业化品牌的生产技术（如施华洛世奇借助自动水晶切割机完成对水晶的人造化与规模量产）。

经过大萧条和战争的欧洲，战后经济恢复缓慢，其工业生产明显落后于美国，造成欧洲原有工业化优势被削弱。因此，战后诞生的欧洲工业化品牌，则通过借鉴奢侈品品牌的营销逻辑来增添品牌溢价。例如，此阶段诞生的Zara、H&M、斯沃琪等，均是工业化生产方式的品牌，但它们借鉴了欧洲历史上奢侈品品牌的文化内涵和稀缺性等特质，从而使工业化量产品牌变得时尚。这些工业化品牌被称为"大众时尚"或"快时尚"品牌。同时，这一阶段也诞生了纪梵希、阿玛尼、范西哲等奢侈性时尚品牌。"时尚"成为欧洲品牌演进第五阶段的突出特征，并由此受到全球市场的追捧。

瑞士"大众时尚"品牌斯沃琪即是代表。20世纪70年代，以卡西欧、精工、西铁城为代表的日本制表业，针对中低收入消费者，通过采用数字技术与大面积的市场推广致使瑞士制表业损失惨重。1983年，哈耶克创立斯沃琪，致力跨过"经济型手表"的门槛，进入"风格时尚型"市场，用时尚刺激并满足消费者个性化需求。但是，在工业化规模生产的同时，斯沃琪的重大创新在于有效借鉴了欧洲历史上奢侈品品牌的营销模式，包括：引进限量生产模式，使工业化规模生产的每一款斯沃琪手表具有稀缺性；建立斯沃琪会员俱乐部，向会员出售特制限量手表，以此增进购买者对斯沃琪品牌的"独占性"；鼓励经销商创立斯沃琪手表博物馆。将斯沃琪手表的经典款式收集起来供世人鉴赏，以此强化品牌的"历史感"。有些手表的创意还来自毕加索等艺术大师，因而强化了其"艺术性"。斯沃琪将手表变成艺术品对产品限量生产，以使得其每年不同版型手表能够持续引发消费者购买冲动。

Zara 是另一个典型品牌。她在传统的顶级奢侈服饰品牌与大众化服饰品牌中间独辟蹊径，引入"限量版"概念（奢侈品稀缺特征），彻底建立起"快时尚"游戏规则。尽管 Zara 一年中大约会推出 12000 种时装，但每款时装的数量一般都不大。即便是畅销款式，也只供应有限的数量，部分专卖店中一个款式仅有两件，卖完也不补货。如同邮票限量发行提升了集邮品的价值一样，Zara 通过"制造稀缺"实现了对"品种少，规模大"的传统工业化生产方式的突破。

以上两个典型品牌案例表明，一方面，欧洲的新工业化品牌开始大量借鉴奢侈品品牌的生产与营销逻辑，从而为品牌创造溢价。另一方面，战后国际贸易自由化也对欧洲工业化品牌的发展起到了推动作用。在 1947 年"马歇尔计划"（又称"欧洲复兴计划"）和欧洲经济合作组织基础上，1949 年，英国、法国、丹麦、意大利、荷兰等 10 国签订了《欧洲理事会章程》，1951 年，欧洲煤钢共同体在《巴黎条约》签订后正式成立，这些都标志欧洲各主要工业国（除英国）开始打破某些行业的跨国贸易壁垒，市场开放和自由浪潮由此开始。自由贸易突破了欧洲各国有限母国市场的约束，催生了大量全球著名的工业化品牌，如宜家、达能、彪马。

综上，欧洲品牌演进第五阶段有两个显著特征：其一，工业化品牌借鉴奢侈品品牌的生产与营销模式。这使得欧洲的工业化品牌迥异于美国的工业化品牌，欧洲品牌更能引领时尚。"时尚"是当代欧洲品牌在世界品牌群体中的突出特征。其二，自由贸易和全球市场一体化，也让当代欧洲工业化品牌在全球范围内传播和销售。

表 5 　　　　　　　　　　**欧洲第五阶段品牌建设**

代表品牌	成立年份	来源国	品牌特征描述
斯沃琪 （Swatch）	1983	瑞士	1983 年，哈耶克创立斯沃琪，致力用"时尚"刺激、满足消费者个性化需求。在工业化规模生产的同时，引进限量生产和饥渴营销。有的产品款式的创意来自毕加索等艺术大师

续表

代表品牌	成立年份	来源国	品牌特征描述
Zara	1975	西班牙	成立于 1975 年的 Zara 被誉为"时装行业的斯沃琪",她引入"限量版"概念,建立起"快时尚"的游戏规则。如同珍品邮票限量发行提升集邮品的价值一样,Zara 通过"制造短缺"突破了"品种少,规模大"的传统工业化生产产品的局限
H&M (Hennes & Mauritz)	1947	瑞典	成立于 1947 年的瑞典 H&M 在"少量、多款、平价"的六字方针下建立了"快时尚"服装品牌。频繁与顶级设计师合作,推出名家设计的平价服饰;也在生产上制造"稀缺"。小批量供应与预示供货紧张的做法,大大提高了顾客访问店铺的频率
阿迪达斯 (Adidas)	1948	德国	阿迪达斯的成功一直被认为主要归功于创始人阿迪先生的长子霍斯特的营销和传播天分。他创新的点子在实践中充分发挥,成为现代营销实践者鼻祖
宜家 (IKEA)	1943	瑞典	宜家最初是一间销售公司,但在陷入与主要竞争对手的价格战后,被迫于 1955 年才开始设计并生产自己的家具。她首创平板包装大大降低远距离运输与人工成本,加速家居产品跨国流通,向全球输出"欧洲家居"

第三节　品牌影响力构筑内容

一、品牌战略规划

构筑品牌影响力首先需要做好品牌战略规划,品牌战略包括单一品牌战略、多品牌战略、副品牌战略、联合品牌战略等。

(一)单一品牌战略

单一品牌又称统一品牌,它是指企业生产的所有产品都同时使用一个品牌的情形。实行单一品牌战略的优势有:(1)可以大大节省传播费用;(2)有利于新产品的推出;(3)众多的产品能够同时出现在货架上;(4)可以彰显品牌的实力。实行单一品牌战略的劣势有:(1)一荣共荣,一损俱损;(2)缺少区分度、差异性。

（二）多品牌战略

企业的产品对同一或同类产品或服务使用两个及以上品牌的战略是多品牌战略。多品牌战略可分为一品多牌和多品多牌。一品多牌是指同一类产品使用多个品牌的策略；多品多牌是指多种不同类产品使用多个品牌。实施多品牌战略的优势有：（1）有利于提高产品的市场占有率；（2）有助于企业内部各个部门、产品之间开展竞争；（3）提高效率；（4）有利于降低经营风险；（5）有利于打击对手，保护自己。实施多品牌战略的劣势有：（1）增加品牌成本；（2）容易造成资源浪费；（3）增加了品牌管理的复杂程度。

（三）副品牌战略

副品牌战略是指企业在保持主品牌的基础上，再对它的一种或一系列产品所采用一种名称、标记、符号等，以便于消费者识别该产品。如：松下彩电的"画王佳影"，海尔空调的"小元帅"等。实施副品牌战略的优势如下：（1）副品牌能够更加直观、准确、形象地传达副品牌产品的特点和个性形象，凸显产品个性之美；（2）便于消费者区分企业不同种类和不同特点的同种产品，达到"同中求异"的效果；（3）有利于企业不断开发和推出新产品，为企业未来新产品预留发展空间；（4）壮大企业声势，构筑新的竞争优势。

（四）联合品牌战略

联合品牌战略是指通过保留每个参与者的品牌名称，在客户认同基础上的两个或多个品牌的合作形式。实施联合品牌战略的优势有：（1）联合品牌中各独立品牌所代表的产品属性可以对单一产品进行属性的互补诠释；（2）可以促进新市场的获得或原有市场的维护；（3）可以改进企业的服务质量；（4）扩充企业的销售渠道；（5）促进企业进行并购；（6）让合作伙伴对使用联合品牌支付一定的费用，从而直接获利。

二、品牌定位策划

（一）品牌定位内涵及过程

1. 品牌定位内涵

品牌定位是指企业在市场定位和产品定位的基础上，对特定的品牌在文化取向及个性差异上的商业性决策，它是建立一个与目标市场有关的品牌形象的过程和结果。换言之，即指为某个特定品牌确定一个适当的市场位置，使商品在消费者的心中占据一个特殊的位置，当某种需要突然产生时，人们会立刻想起这种产品。比如在炎热的夏天突然口渴时，人们会立刻想到"可口可乐"红白相间的清凉爽口。

品牌定位是品牌经营的首要任务，是品牌建设的基础，是品牌经营成功的前提。品牌定位在品牌经营和市场营销中有着不可估量的作用。品牌定位是品牌与这一品牌所对应的目标消费者群建立了一种内在的联系。

品牌定位是市场定位的核心和集中表现。企业一旦选定了目标市场，就要设计并塑造自己相应的产品、品牌及企业形象，以争取目标消费者的认同。由于市场定位的最终目标是实现产品销售，而品牌是企业传播产品相关信息的基础，品牌还是消费者选购产品的主要依据，因而品牌成为产品与消费者连接的桥梁，品牌定位也就成为市场定位的核心和集中表现。对品牌进行设计，从而使其能在目标消费者心目中占据一个独特的、有价值的位置。

2. 品牌定位发展历史

品牌定位的概念历经了以下三个阶段：USP 论→品牌形象论→定位论（见表 3-1）。

表 3-1　　　　　　　　　　品牌定位发展阶段

指标	第一个阶段：USP 论	第二阶段：品牌形象论	第三阶段：定位轮
时间	20 世纪 50 年代后	20 世纪 60 年代	20 世纪 70 年代
代表人物	罗瑟·瑞夫斯	奥格威	艾尔·里斯；杰克·特劳特
沟通特点	实物	艺术、视觉吸引	心理认同
主要观点	以产品特性为独特卖点	塑造产品形象为长期投资	占据心理第一位置
出发点	产品	产品	消费者

3. 品牌定位过程

品牌定位和市场定位密切相关，品牌定位是市场定位的核心，是市场定位的扩展延伸，是实现市场定位的手段，因此，品牌定位的过程也就是市场定位的过程。其核心就是 STP，即细分市场（segmenting）、选择目标市场（targeting）和具体定位（positioning）。

（1）细分市场。

美国营销专家温德尔·斯密（Wendell R. Smith）于 20 世纪 50 年代首次提出市场细分理论，有人称之为营销学中继"消费者为中心"观念之后的又一次革命。市场细分是指企业根据自己的条件和营销意图把消费者按不同标准分为一个个较小的、有着某些相似特点的子市场的做法。企业进行市场细分是因为在现代市场条件下，消费者的需求是多样化的，而且人数众多，分布广泛，任何企业都不可能以自己有限的资源满足市场上所有消费者的种种要求。通过市场细分，向市场上的特定消费群体提供自己具有优势的产品或服务已是现代营销最基本的前提。

消费者人数众多，需求各异，但企业可以根据需要按照一定的标准进行区分，确定自己的目标人群。市场细分的主要依据主要有：地理标准、人口标准、心理标准和行为标准，根据这些标准进行市场细分，分别是地理细分、人口细分、心理细分和行为细分。

①地理细分。地理细分就是将市场分为不同的地理单位，地理标准可以选择国家、省、地区、县、市或居民区等。地理细分是企业经常采用的一种细分标准。一方面，由于不同地区的消费者有着不同的生活习惯、生活方式、宗教信仰、风俗习惯等偏好，因而需求也是不同的。比如欧洲和亚洲的消费者由于肤质、生活条件的不同，对护肤品、化妆品的需求有很大差别，因此，当羽西在中国打出"特别为东方女性研制的化妆品"口号时，得到了中国女性的青睐。另一方面，现代企业尤其是规模庞大的跨国企业，在进行跨国或跨区域营销时，地理的差异对营销的成败更显得至关重要。正所谓"橘生淮南则为橘，生于淮北则为枳"。同时，小规模的厂商为了集中资源占领市场，也往往会对一片小的区域再进行细分。

②人口细分。人口细分是根据消费者的年龄、性别、家庭规模、家庭生命周期、收入、职业、受教育程度、宗教信仰、种族以及国籍等因素将市场分为若干群体。由于消费者的需求结构与偏好，产品品牌的使用率与人口密切相关，同时人口因素比其他因素更易于量化，因此，人口细分是细分市场中使用最广泛的一种细分。年龄、性别、收入是人口细分最常用的指标。消费者的需求、购买力的大小随着年龄的增长而改变。青年人市场和中老年人市场有明显的不同，青年人花钱大方，追求时尚和新潮刺激；而中老年人的要求则相对保守稳健，更追求实用、功效，讲究物美价廉。因此，企业在提供产品或服务，制定营销策略时，针对这两个市场应有不同的考虑。

③性别细分。性别细分在服装、化妆品、香烟、杂志中使用的较为广泛。男性市场和女性市场的需求特点有很大不同，比如女士香烟和男士香烟的诉求点截然不同。万宝路男士香烟强调男性的健壮、潇洒，而库尔女士香烟则突出女性的神秘优雅。根据收入可以把市场分为高收入层、白领阶层、工薪阶层、低收入人群等或将之划分阶层。高收入阶层和白领阶层更关注商品的质地、品牌、服务以及产品附加值等因素，而低收入者则更关心价格和实用性。比如轿车企业、房地产公司针对不同的收入人群提供不同的产品和服务。当然，许多企业在进行人口细分时，往往不仅仅依照一个因素，而是使用两个或两个以上

因素的组合。

④心理细分。心理细分是根据消费者所处的社会阶层、生活方式及个性对市场加以细分，在同一地理细分市场中的人可能显示出迥然不同的心理特征。比如美国一家制药公司就以此将消费者分为现实主义者、相信权威者、持怀疑态度者、多愁善感者四种类型。在进行心理细分时主要考虑的因素是：

A. 社会阶层。由于不同的社会阶层所处的社会环境、成长背景不同，因而兴趣偏好不同，对产品或服务的需求也不尽相同，美国营销专家菲利浦·科特勒将美国划分为七个阶层：上上层，即继承大财产，有着知名家庭背景的社会名流；中上层，即在职业或生意中具有超凡能力而获得较高收入或财富的人；下上层，即对其事业前途极为关注，且获得专门职业者、独立企业家和公司经理等职业的人；中间层，即中等收入的白领和蓝领工人；劳动阶层，即中等收入的蓝领工人和那些过着劳动阶层生活方式而不论他们的收入有多高、学校背景及职工怎样的人；中下层，即工资低，生活水平刚处于贫困线上，追求财富但无技能的人；下下层，即贫困潦倒，常常失业，长期靠空中或慈善机构救济的人。

B. 生活方式。人们消费的商品往往反映了他们的生活方式，因此品牌经营者可以据此进行市场细分。例如，大众汽车公司将消费者划分为"循规蹈矩的公民"和"汽车爱好者"；而一家女性时装公司则根据生活方式的不同将年轻女性分为"淳朴女性""时装女郎"和"男性式女士"三大类，并提供不同品牌的时装，广受市场欢迎。

C. 个性。个性是一个人心理特征的集中反映，个性不同的消费者往往有不同的兴趣偏好。消费者在选择品牌时，会在理性上考虑产品的使用功能，同时在感性上评估不同品牌表现出的个性。当品牌个性和他们自身评估相吻合时，他们就会选择该品牌。20 世纪 50 年代，福特汽车公司在促销福特和雪福莱汽车时就强调个性的差异。

⑤行为细分。行为细分是根据消费者对品牌的了解、制度、使用情况及其反应对市场进行细分。这方面的细分因素如表 3 - 2 所示。

表 3 - 2　　　　　　　　　　消费者行为细分

时机	即是顾客出于需要，购买品牌或使用品牌的时间，如结婚、升学、节日等
购买频率	是经常购买还是偶尔购买
购买利益	价格便宜、方便实用、新潮时尚、炫耀等
使用者状况	曾使用过、未曾使用过、初次使用、潜在使用者
品牌了解	不了解、听说过、有兴趣、希望买、准备买等等
态度	热情、肯定、漠不关心、否定、敌视

（2）选择目标市场。

目标市场选择（market targeting）是指估计每个细分市场的吸引力程度，并选择进入一个或多个细分市场。企业选择的目标市场应是那些企业能在其中创造最大顾客价值并能保持一段时间的细分市场。资源有限的企业或许决定只服务于一个或几个特殊的细分市场。包括评估每个子市场的发展潜力；然后选择其中的一个或多个进入。公司应选择那些可以产生最大价值并可持续一段时间的子市场。目标市场的选取标准如下：

①有一定的规模和发展潜力。企业进入某一市场是期望能够有利可图，如果市场规模狭小或者趋于萎缩状态，企业进入后难以获得发展，此时应审慎考虑，不宜轻易进入。当然，企业也不宜以市场吸引力作为唯一取舍条件，特别是应力求避免"多数谬误"，即与竞争企业遵循同一思维逻辑，将规模最大、吸引力最大的市场作为目标市场。大家共同争夺同一个顾客群的结果是造成过度竞争和社会资源的无端浪费，同时使消费者的一些本应得到满足的需求遭受冷落和忽视。现在国内很多企业动辄将城市尤其是大中城市作为其首选市场，而对小城镇和农村市场不屑一顾，很可能就步入误区，如果转换一下思维角度，一些经营尚不理想的企业说不定会出现"柳暗花明"的局面。

②细分市场结构的吸引力。细分市场可能具备理想的规模和发展特征，然而从盈利的观点来看，它未必有吸引力。波特认为有五种力量决定整个市场或其中任何一个细分市场的长期的内在吸引力。这五种力量是：同行业竞争者、潜在的新参加的竞争者、替代产品、购买者和供应商。他们具有以下五种威胁性：

A. 细分市场内激烈竞争的威胁。如果某个细分市场已经有了众多的、强大的或者竞争意识强烈的竞争者，那么该细分市场就会失去吸引力。如果该细分市场处于稳定或者衰退，生产能力不断大幅度扩大，固定成本过高，撤出市场的壁垒过高，竞争者投资很大，那么情况就会更糟。这些情况常常会导致价格战、广告争夺战、新产品推出，并使公司要参与竞争就必须付出高昂的代价。

B. 新竞争者的威胁。某个细分市场可能会吸引新的竞争者增加新的生产能力和大量资源并争夺市场份额，那么该细分市场就会没有吸引力。问题的关键是新的竞争者能否轻易地进入这个细分市场。如果新的竞争者进入这个细分市场时遇到森严的壁垒，并且遭受到细分市场内原来的公司的强烈报复，他们便很难进入。保护细分市场的壁垒越低，原来占领细分市场的公司的报复心理越弱，这个细分市场就越缺乏吸引力。某个细分市场的吸引力随其进退难易的程度而有所区别。根据行业利润的观点，最有吸引力的细分市场应该是进入的壁垒高、退出的壁垒低。在这样的细分市场里，新的公司很难打入，但经营不善的公司可以安然撤退。如果细分市场进入和退出的壁垒都高，那里的利润潜量就大，但也往往伴随较大的风险，因为经营不善的公司难以撤退，必须坚持到底。如果细分市场进入和退出的壁垒都较低，公司便可以进退自如，然而获得的报酬虽然稳定，但不高。最坏的情况是进入细分市场的壁垒较低，而退出的壁垒却很高，于是在经济良好时，大家蜂拥而入，但在经济萧条时，却很难退出，其结果是大家都生产能力过剩，收入下降。

C. 替代产品的威胁。如果某个细分市场存在着替代产品或者有潜在替代产品，那么该细分市场就失去吸引力。替代产品会限制细分市场内价格和利润的增长。公司应密切注意替代产品的价格趋向。如果在这些替代产品行业中技术有所发展，或者竞争日趋激烈，这个细分市场的价格和利润就可能会下降。

D. 购买者讨价还价能力加强的威胁。如果某个细分市场中购买者的讨价还价能力很强或正在加强，该细分市场就没有吸引力。购买者便会设法压低价格，对产品质量和服务提出更高的要求，并且使竞争者互相斗争，所有这些都会使销售商的利润受到损失。如果购买者比较集中或者有组织，或者该产品在购买者的成本中占较大比重，或者产品无法实行差别化，或者顾客的转换成本较低，或者由于购买者的利益较低而对价格敏感，或者顾客能够向后实行联合，购买者的讨价还价能力就会加强。销售商为了保护自己，可选择议价能力最弱或者转换销售商能力最弱的购买者。较好的防卫方法是提供顾客无法拒绝的优质产品供应市场。

E. 供应商讨价还价能力加强的威胁。如果公司的供应商——原材料和设备供应商、公用事业、银行、公会等等，能够提价或者降低产品和服务的质量，或减少供应数量，那么该公司所在的细分市场就会没有吸引力。如果供应商集中或有组织，或者替代产品少，或者供应的产品是重要的投入要素，或转换成本高，或者供应商可以向前实行联合，那么供应商的讨价还价能力就会较强大。因此，与供应商建立良好关系和开拓多种供应渠道才是防御上策。

③符合企业目标和能力。某些细分市场虽然有较大吸引力，但不能推动企业实现发展目标，甚至分散企业的精力，使之无法完成其主要目标，这样的市场应考虑放弃。另外，还应考虑企业的资源条件是否适合在某一细分市场经营。只有选择那些企业有条件进入、能充分发挥其资源优势的市场作为目标市场，企业才会立于不败之地。

现代市场经济条件下，制造商品牌和经销商品牌之间经常展开激烈的竞争，也就是所谓品牌战。一般来说，制造商品牌和经销商品牌之间的竞争，本质上是制造商与经销商之间实力的较量。在制造商具有良好的市场声誉，拥有较大市场份额的条件下，多使用制造商品牌是有利的，无力经营自己品牌的经销商只能接受制造商品牌。相反，当经销商品牌在某一市场领域中拥有良好的品牌信誉及庞大的、完善的销售体系时，利用经销商品牌也是有利的。因此进行品牌使用者决策时，要结合具体情况，充分考虑制造商与经销商的实力对比，以求客观地作出决策。

（3）具体定位。

具体定位（positioning）理论又称"定位论"。其创始人是美国两位营销学者屈特（Jack Trout）和 A‑莱斯（AL Rise）。20 世纪 70 年代，他们在《工业营销》（*Industrial Marketing*）杂志上，提出了广告具体定位理论。他们主张在广告创意中运用一种新的沟通方法，创造更有效的传播效果。

具体定位的基本观点有：

①创意要使某一品牌、公司或产品在消费者心目中获得一个据点，一个认定的区域位置，或者占有一席之地。

②广告创意应将火力集中在一个狭窄的目标上，在消费者的心里创造出"第一说法、第一事件、第一位置"。因为创造第一，才能在消费者心中造成难以忘怀的、不易混淆的优势效果。

③广告表现出的差异性，并不是指出产品的具体的特殊的功能利益，而是要显示和突出品牌之间的类的区别。

（二）市场细分的要求

企业根据所提供产品或服务的特点选择一定的细节标准，并按此标准进行调查和分析，最终要对感兴趣的细分市场进行描述和概括。有时，分别使用上述四种细分标准无法概括出细分市场时，就必须考虑综合使用上述四个标准，资料越详细越有利于目标市场的选择。最终概括出来的细分市场至少应符合以下要求：

（1）细分后的市场必须是具体、明确的，不能似是而非或泛泛而谈，否则就失去了意义。

（2）细分后的市场必须是有潜力的市场，而且有进入的可能性，这样对企业才具有意义，如果市场潜力很小，或者进入的成本太高，企业就没有必要考虑这样的市场。

（3）市场细分的"七步细分法"。

①由决策层通过"头脑风暴法"从地理、人口、心理特征、购买行为特征等方面进行。

②估计潜在顾客的需求。

③分析潜在顾客的不同需求，初步形成若干消费需求相近的细分市场。

④剔除初步形成的几个子市场之间的共同特征，以它们之间的差异作为市场细分的基础。

⑤为子市场暂时定名。

⑥进一步认识细分市场的特点，以便进行细分或合并。

⑦衡量各细分市场的规模，估计可能的获利水平。

"七步细分法"概括了市场细分的一般程序，企业在实际操作时，应根据现实条件灵活运用。

（三）目标市场的确定

在市场细分的基础上对细分出来的子市场进行评估以确定品牌应定位的目标市场。确定目标市场的程序是：第一，对细分市场进行评估，以确定目标市场；第二，选择细分市场的进入方式。

1. 评估细分市场

潜在的细分市场要具有适度需求规模和规律性的发展趋势。潜在的需求规模是由潜在消费者的数量、购买能力、需求弹性等因素决定的，一般来说，潜在需求规模越大，细分市场的实际容量也越大。但是，对企业而言，市场容量并非越大越好，"适度"的含义是个相对概念。对小企业而言，市场规模越大需要投入的资源越多，而且对大企业的吸引力也就越大，竞争也就越激烈，因此，选择不被大企业看重的较小细分市场反而是上策。

细分市场内部结构吸引力取决于该细分市场潜在的竞争力，竞争者越多，竞争越激烈，该细分市场的吸引力就越小。有五种力量决定了细分市场的竞争状况，即，同行业的竞争品牌、潜在的新参加的竞争品牌、替代品牌、品牌产品购买者和供应商，这五种力量从供给方面决定细分市场的潜在需求规模，从而影响到市场实际容量。如果细分市场竞争品牌众多，且实力强大，或者进入壁垒、退出壁垒较高，且已存在替代品牌，则该市场就会失去吸引力。如我国胶卷市场，柯达、富士两大国际品牌虎视眈眈，实力雄厚，占据市场的绝大多数利润，乐凯在民族产业中的口号下力求扩大市场份额，中小企业要进入这样一个市场，成功的可能性很小，如果该细分市场中购买者的议价能力很强或者原材料和设备供应商抬高价格的能力很强，则该细分市场的吸引也会大大下降。

决定细分市场实际容量的最后一个因素是企业的资源条件，也是关键性的一个因素。企业的品牌经营是一个系统工程，有长期目标和短期目标，企业行为是计划的战略行为，每一步发展都是为实现其长远目标服务，进入一个子市场只是企业品牌发展的一步。因此，虽然某些细分市场具有较大的吸引力，有理想的需求规模，但如果和企业的长期发展目标不一致，企业也应放弃进入。而且，即使和企业目标相符，但企业的技术资源、财力、人力资源有限，不能保证该细分市场的成功，则企业也应果断舍弃。

因此，对细分市场的评估应从上述三个方面综合考虑，全面权衡，这样评估出来的企业才有意义。

2. 选择进入细分市场的方式

在选择好目标市场以后，需要考虑的就是进入目标市场的方式，即企业如何进入的问题，一般有五种进入方式供参考。

（1）集中进入方式。企业集中所有的力量在一个目标市场上进行品牌经营，满足该市场的需求，在该品牌获得成功后再进行品牌延伸。这是中小企业在资源有限的情况下进入市场的常见方式。许多保健品企业在进入市场时常采用一个主打品牌进行集中营销的策略。比如，太太集团以"太太口服液针对年轻女性养颜补血"的心理进入市场获得了成功，现在又推出了"静心口服液"进入中年女性市场，也同样取得了成功。集中进入的方式有利于节约成本，以有限的投入突出品牌形象，但风险也比较大。

（2）有选择的专门化。品牌经营者选择了若干个目标市场，在几个市场上同时进行品牌营销，这些市场之间或许很少或根本没有联系，但企业在每个市场上都能获利。比如宝洁公司在洗发水市场、牙膏市场、洗衣粉市场上同时开展营销活动且都取得了成功。这种进入方式有利于分散风险，企业即使在某一市场失利也不会全盘皆输。

（3）专门化进入。品牌厂商集中资源生产一种产品提供给各类顾客或者专门为满足某个顾客群的各种需要服务的营销方式。例如只生产"太阳能"热水器想供给所有消费者；或者为大学实验室提供所需要的一系列产品，包括烧瓶、试剂、显微镜、紫光灯等等。

（4）无差异进入。品牌经营者对各细分市场之间的差异忽略不计，只注重各细分市场之间的共同特征，推出一个品牌，采用一种营销组合来满足整个市场上大多数消费者的需求。无差异进入往往采用大规模配销和轰炸式广告的办法，以达到快速树立品牌形象的效果。如 20 世纪 20 年代美国福特汽车公司推出福特牌 T 型轿车时，公司宣布说：本公司的产品可满足所有顾客的要求，只要他想要的是黑色 T 型轿车。无差异进入的策略能降低企业生产经营成本和广告费用，不需要进行细分市场的调研和评估。但是风险也比较大，毕竟在现代要求日益多样化、个性化的社会，以一种产品、一个品牌满足大部分需求的可能性很小。

（5）差异进入。品牌经营者有多个细分子市场为目标市场，分别设计不同的产品，提供不同的营销组合以满足各子市场不同的需求，这是大企业经常采用的进入方式。如海尔集团仅冰箱一种产品就区分出"大王子""双王子""小王子""海尔大地风"等几个设计、型号各异的品牌，以满足家庭、宾馆、餐厅、农村地区等不同细分市场对冰箱的需求。

（四）品牌定位决策与方法

在产品同质化和分化的年代，必须促使企业的品牌在消费者的心目中占据一个独特而有利的位置，当消费者对该类产品或服务有所需求时，企业品牌能够在消费者的候选品牌类中跳跃出来。

1. 比附定位法

比附定位法就是攀附名牌，比拟名牌来给自己的产品定位，希望借助知名品牌的光辉来提升本品牌的形象。比附定位法通常采用以下三种方式来实施：

（1）"第二主义"。就是明确承认市场的第一品牌，自己只是第二品牌。这种策略会使人们对公司产生一种谦虚诚恳的印象，相信公司所说是真实可靠的，这样较容易使消费者记住这个通常难以进入人们心智的序位。"第二主义"最著名的例子就是美国阿维斯出租汽车公司"我们是第二，我们要进一步努力"的定位。

（2）攀龙附凤。首先是承认市场中已卓有成就的品牌，本品牌虽自愧弗如，但在某地区或在某一方面还可与这些最受消费者欢迎和信赖的品牌并驾齐驱，平分秋色。这以内蒙古的宁城老窖的"宁城老窖——塞外茅台"定位为代表。

（3）俱乐部策略。公司如果不能取得本市场第一地位又无法攀附第二名，便退而采用此策略，希望借助群体的声望和模糊数学的手法，打出限制严格的俱乐部式的高级团体牌子，强调自己是这一高级群体的一员，从而借助俱乐部其他市场领先品牌的光辉形象来抬高自己的地位形象。这以美国克莱斯勒汽车公司为代表，他的定位为"美国三大汽车之一"。这种定位使消费者感到克莱斯勒和 GE、福特一样都是最好的汽车生产商。

2. 利益定位

利益定位法及时根据产品所能为消费者提供的利益、解决问题的程度来定位。由于消费者能记住的信息是有限的，往往只对某一利益进行强烈诉求，容易产生较深的影响。宝洁的飘柔定位为"柔顺"；海飞丝定位为"去头屑"；潘婷定位于"护发"。

3. USP 定位

USP 定位策略的内容是在对产品和目标消费者进行研究的基础上，寻找产品特点中最符合消费者需要的竞争对手所不具备的最为独特的部分。这以美国 M&M 巧克力的"只溶在口，不溶于手"的定位和乐百氏纯净水的"27 层净化"为代表，是国内 USP 定位的经典之作。又如，巴黎欧莱雅：含法国孚日山 SPA 矿泉水，锁住水分。

4. 目标群体定位

该定位直接以某类消费群体为诉求对象，突出产品专为该类消费群体服务，来获得目标消费群的认同。把品牌与消费者结合起来，有利于增进消费者的归属感，使其产生"这个品牌是为我量身定做"的感觉。如金利来的"男人的世界"、万宝路香烟的"万宝路的男人"、哈斯维衬衫的"穿哈斯维的男人"、美国征兵署的"成为一个全才"的定位。

5. 市场空白点定位

市场空白点定位是指企业通过细分市场战略寻找市场上未被重视或者竞争对手还未来得及占领的细分市场，推出能有效满足这一细分市场需求的产品或者服务。如西安杨森的"采乐去头屑特效药"的定位和可口可乐公司果汁品牌"酷儿"的定位。

6. 类型定位

该定位就是与某些知名而又属司空见惯类型的产品作出明显的区别，把自己的品牌定位于竞争对手的对立面，这种定位也可称为与竞争者划定界线的定位，这以七喜的"七喜，非可乐"为代表。

7. 档次定位

按照品牌在消费者心中的价值高低可将品牌分出不同的档次，如高档、中档和低档。不同档次的品牌带给消费者不同的心理感受和情感体验，常见的是奢侈品牌的定位策略，如劳力士的"劳力士从未改变世界，只是把它留给戴它的人"、江诗丹顿的"你可以轻易地拥有时间，但无法轻易地拥有江诗丹顿"和派克的"总统用的是派克"的定位。

8. 质量/价格定位

即结合对照质量和价格来定位，质量和价格通常是消费者最关注的要素，而且往往是相互结合起来综合考虑的，但不同的消费者侧重点不同，如某选购品的目标市场是中等收入的理智型的购买者，则可定位为物有所值的产品，作为与"高质高价"或物美价廉相对立的定位。这以戴尔电脑的物超所值，"实惠之选"和雕牌"只选对的，不买贵的"为代表。

9. 文化定位

将文化内涵融入品牌，形成文化上的品牌差异，这种文化定位不仅可以大大提高品牌的品位，而且可以使品牌形象更加独具特色。酒业运用此定位较多，如朱江云峰酒业推出的"小糊涂仙"的"难得糊涂"的糊涂文化和金六福的"金六福——中国人的福运"的福运文化的定位。

10. 比较定位

比较定位是指通过与竞争对手的客观对比来确定自己的定位，也可称为排挤竞争对手的定位。在该定位中，企业设法改变竞争者在消费者心目中的现有形象，找出其缺点或弱点，并用自己的品牌进行对比，从而确立自己的地位。这以泰诺的为了千千万万不宜使用阿司匹林的人们，请大家选用"泰诺"为代表。

11. 情感定位

情感定位是指运用产品直接或间接地冲击消费者的情感体验而进行定位，用恰当的情感唤起消费者内心深处的认同和共鸣，适应消费者的心理。浙江纳爱斯的雕牌洗衣粉，就是利用社会对下岗问题的关注而进行的。"妈妈，我能帮您干活啦"的下岗片定位，真情流露引起了消费者内心深处的震颤以及强烈的情感共鸣，使得纳爱斯和雕牌的品牌形象更加深入人心。又如，山叶钢琴的"学琴的孩子不会变坏"，这是台湾地区最有名的广告语，它抓住父母的心态，采用攻心策略，不讲钢琴的优点，而是从学钢琴有利于孩子身心成长的角度，吸引孩子父母。

12. 首席定位

首席定位即强调自己是同行业或同类产品中的领先地位，在某一方面有独到的特色。企业在广告宣传中使用"正宗的""第一家""市场占有率第一""销售量第一"等口号，就是首席定位策略的运用。这以百威啤酒的"全世界最大，最有名的美国啤酒"的首席定位为代表。

13. 经营理念定位

经营理念定位就是企业利用自身具有鲜明特点的经营理念作为品牌的定位诉求，体现企业的内在本质，并用较确切的文字和语言描述出来。一个企业如果具有正确的企业宗旨、良好的精神面貌和经营哲学，那么企业采用经营理念定位策略就容易树立起令公众产生好感的企业形象，借此提高品牌的价值（特别是情感价值），提升品牌形象。这以TCL的"为顾客创造价值，为员工创造机会，为社会创造效益"的经营理念定位为代表。随着人文精神时代的到来，这种定位会越来越受到重视。

14. 概念定位

概念定位就是使产品、品牌在消费者心中占据一个新的位置，形成一个新的概念，甚至造成一种思维定式，以获得消费者的认同，使其产生购买欲望。该类产品可以是以前存在的，也可是新产品类。这以恒基伟业商务通的"手机，呼机，商务通一个都不能少"的概念定位和金远舰的"文曲星电子词典"的定位为代表。商务通成了PDA的代名词，而文曲星也成了电子词典的代名词。

15. 自我表现定位

自我表现定位是指通过表现品牌的某种独特形象，宣扬独特个性，让品牌成为消费者表达个人价值观与审美情趣、表现自我和宣示自己与众不同的一种载体和媒介。自我表现定位体现了一种社会价值，能给消费者一种表现自我个性和生活品位的审美体验和快乐感觉。如百事的"年青新一代的选择"，它从年轻人身上发现市场，把自己定位为新生代的可乐。李维牛仔的"不同的酷，相同的裤"，在年青一代中，酷文化似乎是一种从不过时的文化，紧抓住这群人的文化特征以不断变化的带有酷像的广告出现，以打动那些时尚前沿的新酷族，保持品牌的新鲜和持久的生产力。

三、品牌个性塑造

（一）品牌个性的性质

品牌个性是品牌的人性化表现，它具有品牌人格化的独特性，如果一个品牌没有人性化的含义与象征，那么这个品牌就会失去个性。因而，品牌的个性特征是由人的个性特征所决定的，同时，谙熟这些特征，才有利于品牌个性的塑造。而品牌个性的特征是多方面的，它主要表现为如下四个特点：

1. 品牌个性具有内在的稳定性

一般来说，品牌个性都需要保持一定的稳定性。因为稳定的品牌个性是持久地占据顾客心理的关键，也是品牌形象与消费者体验相结合的共鸣点，如果品牌没有内在的稳定性，以及相应的行为特征的话，那么消费者就无法辨别品牌的个性，自然就谈不上与消费者的个性相吻合了，消费者也不会主动地选择这样的品牌，最终失去品牌的魅力。

2. 品牌个性具有外在的一致性

在品牌时代，品牌可以充分表现真正的自我，表达人的追求。至于选择怎样的品牌，如何体现人的生活方式、兴趣、爱好以及希望，它给每个人提供了展示个性的机会，比如你穿的衣服、开的车、喝的饮料等，都有着个人的取向，如果把你所购买的品牌构成一幅美丽的图案的话，那么它就可以描绘出你是怎样的人，你是如何生活的，正是品牌个性的这种外在一致性，才使得消费群体在这个多元化的社会里，找到了自我的消费个性，这也是品牌个性化的必然。特别在张扬个性的时代，人们按照自己的个性选择自己喜欢的品牌，随着全球经济一体化的发展，这种趋势会越来越明显，同时，只有在品牌个性与消费者个性相一致的情况下，消费者才会主动购买，否则，就很难打动消费者。比如目前的中国汽车消费市场，你会发现许多有趣的现象：商场精英一般不选择奥迪，大学教授一般不选择奔驰，政府官员一般不选择宝马，原因是什么呢？因为这些品牌彰显的个性与消费群体的性格不相符；相反，正好说明了品牌个性与消费群体的个性相一致的重要性，从精神层面上真正打动消费者，从而促进了产品的销售，实现了品牌价值。当然，随着环境和观念的变化，人们的消费习惯也会发生变化，品牌个性也要做出相应调整，在此不做阐述。

3. 品牌个性具有明显的差异性

从根本上来说，品牌个性的目的就是帮助消费者认识品牌、区隔品牌，以让消费者接纳品牌。因为品牌个性是品牌核心价值的集中表现，最能代表一个品牌与其他品牌的差异，尤其在同类产品中，许多细分品牌虽然定位差异性不大，但只有通过品牌个性才会使之脱颖而出，表现出自己的与众不同，从而实现品牌区隔。比如，宝洁公司在日化产品的细分品牌上，就有飘柔、海飞丝、潘婷等多个品牌，它们各自都非常成功，是什么原因呢？因为它们在产品细分功能上，提炼出单一的独特卖点，针对不同消费者的利益需求，塑造出不同的品牌个性，使它具有明显的差异性，从而实现了细分品牌的区隔，最终达到了多品牌经营目的，同时，它也是我们值得学习的榜样。

4. 品牌个性具有强烈的排他性

如果品牌个性得到了目标消费者的共鸣和接纳，那么，它就会表现出强烈的排他性，建立起品牌的"防火墙"，使竞争品牌无法模仿，有利于品牌持续的经营。比如，许多著名品牌都有自己鲜明的品牌个性，如柯达的纯朴、顾家、诚恳；锐步的野性、年轻、活力；微软的积极、进取、自我。这些品牌个性不但吻合了目标消费者群体的个性，征服了很多的潜在消费者，而且它们的品牌个性表现出强烈的排他性，使竞争对手无法模仿，难于抗衡。但如果品牌到了垄断市场地位的时候，那么品牌个性的表现就应该收敛一些，否则，会引起很多麻烦。微软公司就是典型的例子，它开发的电脑桌面软件，已经垄断了市场，但它那种"张扬自我"的个性，仍然表现出很强烈，引起了许多消费者的反感，从而引来了许多官司的缠绕，得不偿失。

（二）品牌个性塑造方法

1. 一切从品牌核心价值出发

品牌的核心价值是品牌个性的内核，而品牌个性是品牌价值的集中表现，两者是相互统一的。在了解个性特征的情况下，塑造品牌个性必须首先考虑品牌核心价值是什么，并以它为核心，一切从这里出发，不断地塑造和演绎品牌个性，同时，如果要想提升品牌价值，那么也必须有鲜明的品牌个性支持，进一步丰富品牌内涵，以便更好地经营品牌。

2. 考虑品牌定位及消费者期望

品牌定位是品牌个性的基础，而品牌个性是品牌定位的最直接体现，彼此之间最好相互吻合，但两者间又可以不完全相同。当然，品牌个性并不像 logo、包装、pop 等那样直观，可以看得见摸得着，它是一种感觉，而这种感觉也会变化的，存在于消费者心灵深处的力量强弱，将会直接影响它对品牌的直接感官，甚至购买决策，因此，塑造品牌个性也要考虑目标消费者的未来期望，才能实现长时间与消费者的共鸣。

3. 锁定及满足目标消费者需求

在与消费者的沟通中，品牌个性是沟通的最高层面。品牌个性比品牌形象更深入一层，形象只是造成认同，而个性可以造成崇拜，因此，塑造品牌个性的首要条件，就是要锁定及满足目标消费者的需求，不断地从内心打动消费者。

4. 设计出品牌的人格化形象

与众不同的人往往比较容易被记住，这种气质就是个性。而品牌个性的本质是什么呢？它的本质就是品牌人格化，指的是如果这个品牌是一个人，它应该是什么样的人？它的形象又是怎么样的呢？因而，品牌人格化形象尤其重要，它也是品牌个性的外部表现。那么，如何去设计品牌的人格化形象呢？首先要结合对品牌目标市场的分析与研究，接着准确地融合目标消费者的个性，最后以独具一格、紧扣心弦、容易传播作为参考标准，设计出品牌人格化的形象，只有这样，才能够真正打动目标消费者。

5. 塑造积极正面的品牌象征

建立品牌个性的重要的一环，就是塑造积极正面的品牌象征，使它能够代表购买产品和服务的消费者的想法、追求和精神等，让消费者更容易产生共鸣及认同。同时，品牌象征可以是物、是人或者其他，但它不仅可以满足消费者情感需求，而且拉近了品牌与消费者的距离、增强了消费者购买的理由，从而提高了品牌核心竞争力。

6. 深化消费者情感关系

品牌个性不仅能够提供人类情感方面的诉求和生活体验，而且它是吸引人类意识的主要原因（有人情味）。如果能够为品牌创造一种个性，满足消费者的情感需求，并且不断地深化与消费者的情感关系，那么就更容易打动消费者，就如同人际关系会发展一样，往往正是这种情感方面的因素，促进了消费者对品牌的忠诚，从而使品牌更好地发展。

7. 追求品牌个性简单化

虽然人的个性极其复杂、难以捉摸，但是品牌个性绝不能太复杂，否则，消费者无地自容。在品牌建设中，常常会碰上这样的问题，一个品牌有很多个性特点，往往很难取舍，如果面面俱到地表达那么多的个性特点的话，那么很容易把消费者搞糊涂了，得不偿失。事实上，品牌个性最好简单化，越准确、越简单，也就越有效。

8. 进行最直接的整合传播

在信息社会，一个品牌能够展现品牌个性的载体有很多，应该寻找出消费者最易接触的、最直接、最简单的载体，以品牌文化为准绳，塑造鲜明的个性，进行有的放矢地整合传播，而针对不同的地区文化和目标人群，需要进行不断地调整及演绎品牌个性，以便更能打动消费者心弦，最终提升品牌价值。

9. 加强品牌个性的投资及管理

品牌个性的塑造，需要不断地进行投资，随着消费人群的更新及变化，品牌个性也要做出相应的变化，需要不断地进行维护和管理，使品牌个性深入消费者的内心，从情感上成为它消费的理由。同时，加强品牌个性的投资，也是不断地为品牌做加法的过程，最终累积丰厚的品牌资产实现企业持续性发展。

总之，品牌个性是一个品牌最有价值的东西，它是最不易被竞争品牌模仿的"法宝"，它也是品牌建设中的一个重要方向。因此，只要按着以上的"十步曲"去进行品牌个性的打造，并塑造出鲜明的、独特的个性来，品牌就会有很强大的生命力，否则，就很难从内心打动目标消费者，不利于品牌的经营。同时，品牌的竞争越来越激烈，已经到了个性化时代，不同的品牌都需要塑造自己的品牌个性。

四、品牌形象塑造

品牌形象，就是指企业通过将某种品牌与目标消费者生活工作中的某种事物、某些事件之间建立起的一种联系。这种被联系的对象经常就是品牌的形象。品牌形象是一个综合的概念，它是受感知主体的主观感受、感知方式、感知背景影响的。不同的消费者，对品牌形象的认知和评价很可能是不同的。

品牌形象塑造是一项长期而艰巨的任务，它不是哪一个人或哪一个具体行动就可以完成的。它需要按照一定的原则，通过一定的途径，全方位地精心塑造。

（一）品牌形象塑造原则

1. 系统性原则

品牌形象的塑造涉及多方面因素，要做大量艰苦细致的工作，是一项系统工程。它需要企业增强品牌意识，重视品牌战略，周密计划，科学组织，上下配合，各方协调，不断加强和完善品牌管理；需要动员各方面力量，合理利用企业的人、财、物、时间、信息、荣誉等各种资源，并对各种资源优化组合，使之发挥最大作用，产生最佳效益。另外，品牌形象的塑造不是单在企业内部即可完成，而要通过公众才能完成，因为品牌形象最终要树立在公众的脑海中。它需要面向社会，和社会相配合，并动员社会中的有生力量，利用社会中的积极因素。这一切都说明，品牌形象的塑造是一项复杂的社会系统工程。

2. 全员化原则

全员参与的品牌形象管理对塑造品牌形象是至关重要的。品牌形象要向市场发出一个声音，就是要求企业所有员工都有使命感，这种使命感又来自荣誉感，它能够对员工产生强大的凝聚力。不可能设想一盘散沙或牢骚满腹的员工会向公众展示良好的品牌形象。英国的营销学者德·彻纳东尼（De Chenatony）认为，企业要使所有的员工都理解品牌的含义，使所有的员工都能认识、理解、表达自己的品牌形象，这对实施品牌战略的企业，尤其是实施品牌国际化的企业来说是一个非常重要的问题。只有众多员工达成共识，才能使不同领域的角色融为一个整体，使不同部门的成员向着一个方向努力。

美国学者艾克在其《品牌领导》一书中也曾提到，企业应把内部品牌的传播工作放在优先考虑的地位，即在得到外部认同之前，首先在内部推行，达到内部认同，因为内部认知的差异可能误导策略的实施。除了让企业内部全体员工参与品牌形象的塑造之外，全员化原则还有一层含义，就是动员社会公众的力量。企业的营销、服务、公关和广告要能够吸引公众，打动公众，使公众关注品牌形象，热心参与品牌形象的塑造，使品牌形象牢固树立在公众的心目中，产生永久的非凡的魅力。

3. 统一性原则

品牌形象的统一性原则是指品牌识别，即品牌的名称、标志物、标志字、标志色、标志性包装的设计和使用必须标准统一，不能随意变动。例如同一企业或产品的名称在一个国家或地区的翻译名称要统一，像日本的松下、丰田和美国的通用、微软等的中文名称就不能随便采用其他汉字来代替。

肯德基是一家国际性的连锁店，其最大特征是：一家是一家，十家是一家，千家还是一家，无论你身处何地，只要到了肯德基，你就会发现自己并没走多远。因为那红白条的屋顶、大胡子山德士上校、宽敞明亮的大玻璃窗、笑容可掬的侍应生，还有香喷喷、脆松松、金灿灿的油炸鸡腿，都是你再熟悉不过的了。

4. 特色性原则

所谓特色性是指品牌形象的差异化或个性化。品牌的特色性可以表现为质量特色、服务特色、技术特色、文化特色或经营特色等。品牌形象只有独具个性和特色，才能吸引公众，才能通过鲜明的对比，在众多品牌中脱颖而出。抄袭模仿、步人后尘的品牌形象不可能有好的效果，也不可能有什么魅力。比如人家说自己生产的摩托车轻便、快捷、安全，你也说自己生产的摩托车轻便、快捷、安全，那就不会有什么特色。特色性原则中还有一点也很重要，就是品牌形象的民族化。民族化的东西总是富有特色的。"只有民族的，才是世界的"，抓住民族特色而赋予品牌形象一定的含义，往往能收到意想不到的效果。

5. 情感化原则

品牌形象是品牌对公众情感诉求的集中体现，如奔驰的自负、富有、世故，百事可乐的年轻、活泼、刺激，都是品牌情感化的化身。品牌形象塑造过程要处处融入情感因素，使品牌具有情感魅力，以情动人，这样才能缩小其与公众的距离，实现和公众的良好交流。几十年来，万宝路塑造起了西部开阔而丰富的形象——牛仔、牛群、营火及咖啡——生机勃勃，粗犷豪放，充满阳刚之气。它超越单纯的产品关系，将品牌与强大、恒久的情感联系在一起，塑造了"情感品牌"。情感品牌使人们认识到产品的部分价值是情感上的而非物质上的，从而拓展了产品和服务的平台。

（二）品牌形象塑造要求

1. 加强品牌管理

加强品牌管理首先要求企业高层领导亲自过问品牌问题，把形象塑造作为企业的优先课题，作为企业发展的战略性问题，像抓产品质量一样来抓品牌形象塑造。这样做，更有利于把品牌形象和企业愿景与经营理念结合起来，或者说把企业愿景和经营理念反映在品牌形象上。其次，要树立全体员工的品牌意识，使员工共享品牌知识，熟悉品牌识别，理解品牌理念，表达自己的品牌形象。员工明白了塑造品牌形象的重要意义，就会产生责任感和使命感，进而形成凝聚力和战斗力。加强品牌管理的另一个核心问题是要在企业内部建立起特有的理念体系和运作机制，建立起科学的组织架构和严密的规章制度，这是实施品牌管理的组织保证。最后，由于品牌形象的塑造流程长、环节多，企业内外方方面面的人、事、物等都要包括进去，是一项立体的、多维的、动态的、复杂的社会系统工程，因而需要全程品牌管理。

2. 重视产品与服务质量

所有强势品牌最显著的特征就是质量过硬。例如劳斯莱斯汽车，每一部都是经过精雕细刻的艺术品。它不计工本，不计时效，务求尽善尽美。一般的汽车生产出来，离开生产线，开出厂门，即可交货。即使像凯迪拉克这种高档车，也只不过测试 4 小时。而劳斯莱斯的每一部车，调试、试车要经过 14 天。如今的劳斯莱斯，无论哪种车，以每小时 100 千米的速度行驶，放在水箱上的银币可以长时间不被震动下来；坐在车子里，听不到马达声，只能听到车内钟表指针移动的声音。无数次汽车评比和竞赛，它都夺冠。

有一次，一对美国夫妇驾驶一辆劳斯莱斯去欧洲旅行。汽车行驶到法国的一个村落，后轴突然折断。这里离劳斯莱斯代销店距离较远，这对夫妇就通过电话与劳斯莱斯总部联系，并大发牢骚。两个多小时之后，一架直升机降落在汽车旁，公司派专人带着后轴前来赶修。工人换了后轴，并反复赔礼道歉，然后才返回。数月后，这对夫妇前来伦敦付修理费，公司负责人坚决拒收，并说："我们公司的车轴折断，还是创业以来的第一次。我们以不发生故障为荣，既然发生了这次事故，我们不但不能收费，还要给你们换一根永不会折断的车轴。"劳斯莱斯之所以成为世界名牌，正是得益于它超一流的产品质量与服务质量。

在质量方面，企业永远应该走在市场需求的前面，走在消费者的前面。企业为了提高产品与服务质量，应该建立一套完善的质量保证体系。近年来中国企业所进行的质量认证，就是这方面工作的一部分。完善的质量保证体系会强化品牌形象，形成良好的品牌信誉。

3. 重视品牌定位

由于品牌定位是一种使品牌在社会公众心目中占有一个独特的、有价值的位置的行动，也就是勾勒品牌形象，品牌定位对品牌形象会有很大的影响，品牌定位过高、定位过低、定位模糊或定位冲突都会危害品牌形象。

"Nestle"在英文中有"舒适安顿下来"和"依偎"的意义。由于其名字的特定含义，自然要与英文同一词根的"Nest（雀巢）"相联系。以雀巢图案作为品牌图案又会使人想到待哺的婴儿、慈爱的母亲和健康营养的雀巢产品。雀巢品牌的名称与图形紧密配合，于一般中体现出与众不同，显示出很大的差异性、独特性。它贴近生活，贴近消费者，让人产生很多联想。雀巢品牌完全符合品牌定位的基本要求，充分体现出具体的功能定位和情感定位。功能定位的实质就是突出商品的新价值，强调与同类商品的不同之处及其优越性，能给消费者带来超值利益。雀巢奶粉、咖啡具有"雀巢"的内涵和品质，带来了婴儿哺育后的健康成长，带来了众多消费者的舒适和安逸。情感定位则突出产品对消费者的象征意味，利用它唤起消费者的同情、信任和爱心，使消费者与之共鸣。雀巢品牌名称及图形所注入的情感及意象，树立了品牌良好的形象。

4. 优化品牌设计

对品牌名称、标志和包装进行设计是突出品牌个性、提高品牌认知度、体现品牌形式美的必由之路和有效途径，是塑造品牌形象必不可少的步骤。不仅要对品牌识别的各要素进行精心策划与设计，还要使各要素之间协调搭配，形成完整的品牌识别系统，产生最佳的设计效果。

美国柯达公司是世界上最大的摄影器材公司，在品牌标志设计上，突出的首写字母"K"与名称"Kodak"前后呼应，并且采用黄底红字手法创造强烈对比，产生很好的信息传播与视觉识别效果。标志突出一个"K"字，通过形体修饰作为文字图形，醒目、强烈而且单纯，具有较强的独特性与显著性。"K"字本身富含魅力，给人以向上、前进的暗示，起到了激励消费者的作用。正是这样一个个性显著、风格独特、独创性与识别性俱佳的品牌标志，为柯达品牌形象的树立做出了不可磨灭的贡献。

5. 重视社会公众，做好公关与广告

公关与广告对品牌而言，如鸟之两翼，车之双轮，其重要性不言自喻。品牌形象要建立在社会公众的心目中，最终取决于品牌自身的知名度、美誉度以及公众对品牌的信任度、忠诚度。因而品牌形象塑造的全部工作包括公关和广告要面向公众，以公众为核心，高度重视公众的反应。比如很多强势品牌就善于利用公关造势而赢得社会公众的好感和信赖。当然，公关造势要善于抓住消费者的心理，否则会事与愿违。1992 年 6 月 7 日，三桅快速帆船"轩尼诗精神号"（Spirit of Hennessy）抵达上海黄浦港，揭开了轩尼诗在中国公关促销活动的序幕。接着，公司通过举办轩尼诗画展、轩尼诗影院和各种文化评奖活动，树立了文化传播使者的形象，从而顺利地打入中国市场。

五、品牌文化培育

（一）品牌文化的产生及其内涵

品牌是由产品综合功能、企业整体形象和外部消费者认同共同塑造的形象。产品质量和优质服务是基础和内因，企业营销是桥梁，消费者满意是外因，这样企业与消费者形成了良性互动和发展，并在此基础上推动产品向更高的质量和更好的服务迈进，逐步形成了持久、稳定的独有个性、独特价值和特有的文化底蕴，而这就是品牌文化。一个优秀的品牌代表一种高质量、信誉好的产品，甚至代表一个企业的属性、利益、价值、文化、个性和用户。例如"奔驰"代表着"高质量"和"高品位"，甚至代表德国"严谨"的民族文化。因此，品牌文化是企业在消费者心中的牢固地位和高度的情感体现。从另一个角度来说，品牌文化是从产品文化、质量文化、生产技术文化、管理文化、营销文化以及员工文化和经营者文化的交融发展而来的，是企业文化在品牌商的体现，特别集中向外部展示了企业的实力，是一个企业的形象和招牌。因此，产品是品牌的载体，而品牌是产品形象、企业形象和消费者情感的三维综合系统的体现，是品牌文化的载体；品牌文化实质上就是通过品牌体现的企业文化，是顾客对企业的一种高度认同和强烈的热爱情感，甚至是顾客对品牌和企业的崇拜。品牌文化，是企业的灵魂，也是企业的核心竞争力。

（二）品牌与品牌文化的作用和意义

品牌和品牌文化，特别是强势品牌和强势品牌文化对于企业发展具有重大作用。

1. 品牌是企业联系消费者的桥梁，而品牌文化凝聚着企业的经营理念和企业文化

品牌是一种声誉，它比产品更加超前，它建立在现实和感知的产品特征的基础上。品牌能够触及人们的感情和理性，这种特征赋予了它的魅力。因此，可以说，品牌能够强有力地传递一种信息，向消费者传递一种情感和体验，是企业与消费者沟通的桥梁和纽带。品牌可以讲述产品、服务以及整个企业的故事，代表一种恒久不变的品质。比如，一些国际知名的品牌，苹果、IBM、微软、可口可乐已经形成了具有鲜明个性的品牌文化，指引着企业不断前进。事实已经证明，没有品牌，企业就没有形象，就失去活力和生命力。

2. 品牌文化是一个企业在市场竞争中战胜对手、赢得市场、发展与生存的金钥匙

现代市场竞争实质上是品牌的竞争和文化的竞争，具有高信誉度的品牌（也就是名牌）意味着高附加值、高利润、高市场占有率。从国家来讲，拥有自己的强势品牌、知名品牌是经济水平发展成熟的标志，是国家综合实力强大的集中体现，甚至是一个国家强盛的表现。名牌不仅是一个企业经济实力和市场信誉的重要标志，拥有名牌的多少，还是一个国家经济实力的象征，是一个民族整体素质的体现。世界未来的竞争就是知识产权的竞争，集中表现在一流的技术、一流的产品。我们要从实现国家昌盛和民族伟大复兴的战略高度出发，鼓励我国的优秀企业争创世界顶级品牌。美国一位总统曾经说过，美国的事业在企业。这也说明，品牌对于企业发展以及企业对于社会发展的巨大作用。

3. 品牌价值体现公司价值，品牌运营推进公司运营，品牌文化促进公司发展

评价一个企业的价值，国际上多半采用品牌的价值。丹麦的杰斯帕·昆德（Jasper Kunder）认为："公司运转在于其产品的推动，而决定公司价值及其市场定位则在于品牌。"这说明品牌在创造企业价值和提高市场占有率，进而促进企业的发展中的重要作用。

（三）培育品牌文化的基市路径

培育品牌文化，最重要的是企业通过严格管理和技术进步，生产出优质产品，提供优质服务，受到用户的欢迎，得到社会认可，然后由产品形成品牌，再经过努力形成名牌，由产品文化上升到品牌文化。品牌文化的培育途径如下：

1. 产品质量是培育品牌文化的基础

品牌在《牛津大词典》里面被解释为"用来证明所有权，作为质量的标志或其他用途"，这充分说明产品质量是品牌的基础和内在价值。还有人用

"品牌冰山"来形象说明品牌与质量的关系：海平面露出来的 15% 用来区分企业所提供产品或服务的名称，海平面下 85% 则是不变的高质量、优质服务和不断提高的品质。因此，品牌的实体，是实实在在的产品，是看得见、摸得着的。不仅要求产品质量优良，价格公道，而且提供全过程的优质服务，才能使用户切身体会产品所带来的实实在在的好处。

2. 产品的差异化是培育品牌文化的关键

定位理论大师杰克·特劳特（Jack Trout）曾经说过，如果你的产品是差异化的，整个世界就会为你敞开大门。这说明，差异化与产品的市场占有率、与品牌文化的形成有着巨大关系。同时，产品差异化是培育产品个性化的有效途径。因为品牌追求个性化，有个性才有品牌，没有个性，就没有品牌。而创造个性化，就必须生产差异化产品，因此，差异化是创造品牌个性，进而培育品牌文化的关键。

3. 以客户为导向的优质服务是培育品牌文化的有效路径

众所周知，服务经济时代已经到来，而且在产品同质化严重、客户需求多样化和个性化的卖方市场的情况下，服务便成为赢得客户、提升品牌形象的重要途径和方式。例如，海尔依靠首创的"五星级服务"，牢牢吸引和抓住客户，有效提升了"海尔"品牌，使"海尔"从中国走向世界，并进入世界著名的品牌之列。

4. 畅通顾客诉求渠道是培育品牌文化的有效方式

品牌是连接企业与顾客的桥梁和纽带，是顾客对产品质量、服务乃至整个企业的认同。在新时代，品牌是由顾客驾驭的。这不仅是物质上的，还是心理上的。当今的市场竞争，已经深入消费者的心理，是产品在消费者心理层面的竞争。要培育品牌文化，就必须认真对待顾客的投诉以及各种诉求，并畅通交流沟通渠道。除此之外，培育品牌文化，还必须加强企业与顾客的情感联系。英国的斯图尔特·克莱纳（Stewart Kleiner）、德·迪尔洛夫（Dedelof）等认为："出手的东西是有信仰的。更重要的是，人们总是购买他们所信任和信仰的东西，并且准备为之付出额外价格。"产品凝聚着企业员工的感情，品牌文化实质上是顾客对产品的情感高度认同，而提高人们对品牌的情感，就必须实施增加情感的服务措施。一些卓越的企业都建立了顾客的"回声系统"，目的就是能够及时准确地接收到顾客的意见、建议和情感的反馈并及时反馈出去，形成良性互动、共同发展的机制。

5. 品牌的知名度、信誉度和美誉度是品牌文化的提升

品牌，是一种承诺和信誉，代表着一种恒久的品质，因此企业要千方百计提高产品的知名度、信誉度和美誉度。企业不仅要提高品牌的信誉度，更重要的是以此为基础，提升美誉度。因为信誉度和美誉度是品牌留在消费者心目中

长久的美好情感，这种情感历久弥坚，因而对品牌美誉度较高的顾客是最稳定的市场资源。

（四）品牌文化发展

在培育品牌文化的过程中，要善于发挥品牌文化本身的作用。

1. 让品牌增值和溢价

因为品牌特别是著名的品牌本身是一种资源，是企业的无形资产，能够为产品带来增值。例如，使用"英特尔"芯片的电脑，售价比使用其他品牌芯片的电脑售价高很多。

2. 构建品牌生态圈

如中国石化的"长城牌"润滑油先后成功通过奔驰、宝马、通用、丰田、大众、本田等全球著名企业汽车厂商的认证，并且与90%的汽车制造企业建立了合作伙伴关系，为它们提供装车润滑油或服务站用油。同时，在汽车润滑油 OEM 市场，长城润滑油的占有率达到了 65%。

3. 发挥品牌文化力作用，打造强势品牌

强势品牌具有独霸性、始终如一的高品质性和顾客强大的忠诚度。发挥品牌文化力，是要求企业在产品的营销过程中，给企业或产品注入一定的文化元素，通过特定的渠道把企业的文化和理念传播给消费者，并树立良好而恰当的关联，使得消费者在消费产品和选择品牌的时候可以获得心灵上的共鸣和价值上的认同。

4. 培育品牌企业

通过培育品牌和品牌文化，构建品牌企业。如海尔，通过海尔电冰箱的品牌效应，使其生产的电视机也分享了品牌的"孪生效应"。目前只要是海尔旗下生产的产品，就能够得到大众的信赖。

5. 发挥品牌的综合功能

如导向、凝聚、激励、约束、辐射、协调和推动等功能，全面推进企业的可持续发展。当一个品牌在业务范围内的市场上占有率最大、影响力最强、受欢迎程度最高，这个品牌就被称为"品牌领导"。

案例 3 – 3：索尼的品牌个性[①]

始建于 1946 年的索尼，其发展历史并不长，但带动日本产品在国际市场

---

① 资料来源：张艳丽. 国外家电品牌建设成功案例分析 [J]. 家电科技, 2012 (3)：18 – 19.

上的精巧、时尚、高档次、高价值的形象方面发挥了无可替代的作用。

（一）品牌的保证——质量

即使在较为艰难的起步阶段，索尼公司也一直坚守产品的质量，确保产品本身的精致、高级别、高质量：如果让索尼在迅速扩大销量和保持高质量、高档次的品牌形象之间作一个慎重选择的话，索尼宁愿选择后者。根据一项民意调查结果显示，英国人认为索尼是最受尊敬的一个国际品牌。某种程度上，索尼品牌在全球的成功，其意义不仅在于索尼公司本身，更重要的是它改变了人们把"日本制造"与低劣产品相提并论的传统印象。

（二）品牌的立身之本——创新

创新是索尼公司创建60年来一直秉承的经营理念，也是索尼品牌最核心的价值体现。仅仅在20世纪50～60年代，索尼就成功地开发了5个日本首创、16个世界首创产品。从研制出日本的第一台磁带录音机到世界上第一台特丽珑彩色电视机，从带给人们全新娱乐生活方式的"Walksman"随身听到8基米摄录放一体机，索尼公司从未间断过给人们带来惊喜。索尼公司在20世纪90年代平均每年推出182件新产品，等于每一个营业日就有一种新产品推出。

（三）追求国际化推广，坚持自有品牌策略

索尼之所以能在短短60多年晋升为日本国内的第一品牌，并在世界各地享有极高的知名度和荣誉度，独到的品牌推广策略功不可没。立足海外市场的品牌全球化战略，为索尼在国际竞争中赢得了不少先机，并进一步确立了索尼在电子产品领域第一品牌的地位。在进军海外市场的战略上，索尼没有走收购国外知名品牌或贴牌的捷径。索尼的品牌策略非常鲜明，即在国际市场坚持自己的品牌。1960年，索尼在美国建立销售公司，拓展自身营销网络，并以"SONY"的品牌进行产品的推广和销售。经过艰苦的努力和持续的营销投入，最终在美国市场得到认可。

（四）品牌营销独辟蹊径

索尼品牌之所以能够独步天下，在于它采取了独特的营销手段。其创造需求而不是适应需求的精明手腕，其"知音"推销术和"公牛"带头术等高超的营销技巧为其市场的成功开拓起到了重要作用。正是由于索尼公司正确的市场和消费群体定位，以及独到的营销手段，才使公司在市场上站稳脚跟，在市场营销中取得制胜权。

案例 3 – 4：西门子的品牌形象[①]

西门子是有着 150 多年悠久历史和辉煌成就的国际品牌，涉及能源、交通、通信设备、自动化等多个工业领域。在漫长的品牌发展史中，西门子形成了品牌形象和固定的内涵。西门子家电将品牌的内涵引申为：不仅仅为消费者提供产品，更带来一种舒适、便捷的时尚生活。

（一）品牌的指点——产品

作为一个技术专家，西门子首先从产品开始了它的品牌行为。西门子坚持"产品第一性，营销第二性"的理念，认为产品是品牌与消费者发生联系的物质基础和接触点。因此，西门子的基本投入更多地放在产品而不是其他方面。

（二）品牌的形象——促销

与一些国内品牌普遍采用买赠、打折、展示等刺激短期销量行为有着明显不同的是，西门子家电更强调将促销作为展示品牌形象的契机和过程。在促销执行中，西门子家电着重于统一的品牌风格，坚持统一的策略。同时，在促销的过程中，西门子善于采用与品牌定位相当、目标消费群类似的品牌进行联合促销，对于丰富品牌形象，提高品牌相关联想都有巨大的作用。另外，西门子家电还通过品牌联合，与索尼进行数据交换，成为数据库营销的有益尝试。在西门子家电看来，尽管促销已经是家电业常规的营销手段，但不能将促销简单化，而成功的、富有品质感的促销是一个品牌增值的有效途径。

（三）保持品牌的核心竞争力

西门子致力于创新，保持行业内的技术优势，以高技术含量、高附加值、高品质保持产品的高档形象和价位。西门子始终坚持将最好的技术和产品带到中国市场，遵循"先做产品和品牌形象，再做销量"的原则，处处维护"技术"这一品牌的核心竞争力。

案例 3 – 5：星巴克的品牌文化[②]

前言："管理品牌是一项终生的事业。品牌其实是很脆弱的。你不得不承认，星巴克或任何一种品牌的成功不是一种一次性授予的封号和爵位，它必须

① 资料来源：张艳丽. 国外家电品牌建设成功案例分析 [J]. 家电科技，2012（3）：18 – 19.
② 资料来源：孙伟. 为客人煮好每一杯咖啡——星巴克品牌传奇 [J]. 品牌真言，2008（33）：76 – 79.

以每一天的努力来保持和维护。"——星巴克创始人霍华德·舒尔茨。

星巴克（Starbucks），一家1971年诞生于美国西雅图，靠咖啡豆起家的咖啡公司，1985年正式成立。近二十年时间里，以其童话般的奇迹让全球瞩目。1996年，星巴克开始向全球扩张，第一家海外店开在东京。从西雅图一条小小的"美人鱼"进化到今天遍布全球30多个国家和地区，连锁店达到7500余家（截至2004年2月）的"绿巨人"。据说，星巴克每8个小时就会新开一家咖啡店。

2003年2月，美国《财富》杂志评选出全美10家最受尊敬的公司，星巴克以其突出的表现位居第九。《商业周刊》评出的2001年全球100个最佳品牌中，星巴克排名第88位。但《商业周刊》称星巴克是"最大的赢家"，因为在许多著名品牌价值大跌的同时（如施乐的跌幅为38%，亚马逊和雅虎的跌幅均为31%），它的品牌价值猛增38%，在100个品牌中位居第一。

作为一家跨国连锁企业，星巴克的国际市场拓展的成功历史也正是星巴克传奇演绎的历史，我们可以通过对星巴克品牌的解析来领略其传奇背后的秘诀。

"品牌本位论"认为，品牌不仅是产品的标识，而且有自己的内容，是其基本内容的标识，品牌是代表特定文化意义的符号。星巴克的"品牌人格谱"就是将星巴克文化从多个角度进行特定注释的"符号元素"集合。

品牌定位："星巴克"这个名字来自美国作家麦尔维尔的小说《白鲸》中一位处事极其冷静，极具性格魅力的大副。他的嗜好就是喝咖啡。麦尔维尔在美国和世界文学史上有很高的地位，但麦尔维尔的读者群并不算多，主要是受过良好教育、有较高文化品位的人士，没有一定文化教养的人是不可能去读《白鲸》这部书，更不要说去了解星巴克这个人物了。从星巴克这一品牌名称上，就可以清晰地明确其目标市场的定位：不是普通的大众，而是一群注重享受、休闲、崇尚知识、尊重人本位的富有小资情调的城市白领。

品牌识别：星巴克的绿色徽标是一个貌似美人鱼的双尾海神形象，这个徽标是1971年由西雅图年轻设计师泰瑞·赫克勒从中世纪木刻的海神像中得到灵感而设计的。标识上的美人鱼像也传达了原始与现代的双重含义：她的脸很朴实，却用了现代抽象形式的包装，中间是黑白的，只在外面用一圈彩色包围。二十年前星巴克创建这个徽标时，只有一家咖啡店。如今，优美的"绿色美人鱼"，竟然与麦当劳的"M"一道成了美国文化的象征。

品牌诉求：顾客体验是星巴克品牌资产核心诉求。就像麦当劳一直倡导销售欢乐一样，星巴克把典型美式文化逐步分解成可以体验的元素：视觉的温馨，听觉的随心所欲，嗅觉的咖啡香味等。试想，透过巨大的玻璃窗，看着人潮汹涌的街头，轻轻啜饮一口香浓的咖啡，这非常符合"雅皮"的感觉体验，在忙碌的都市生活中何等令人向往！杰斯帕·昆德（Jesper Kunde）在《公司宗教》中指出："星巴克的成功在于，在消费者需求的中心由产品转向服务，在由服务转向体验的时代，星巴克成功地创立了一种以创造'星巴克体验'为特点的'咖啡宗教'。"

星巴克人认为：他们的产品不单是咖啡，咖啡只是一种载体。而正是通过咖啡这种载体，星巴克把一种独特的格调传送给顾客。咖啡的消费很大程度上是一种感性的文化层次上的消费，文化的沟通需要的就是咖啡店所营造的环境文化能够感染顾客，并形成良好的互动体验。

品牌传播：星巴克的品牌传播并不是简单地模仿传统意义上的铺天盖地的广告和巨额促销，而是独辟蹊径，采用了一种卓尔不群的传播策略——口碑营销，以消费者口头传播的方式来推动星巴克目标顾客群的成长。

舒尔茨对此的解释是：星巴克的成功证明了一个耗资数百万元的广告不是创立一个全国性品牌的先决条件，充足的财力并非创造名牌产品的唯一条件。你可以循序渐进，一次一个顾客，一次一家商店或一次一个市场来做。实际上，这或许是赢得顾客信任的最好方法，也是星巴克的独到之处！

第四章　品牌影响力管理

第一节　品牌影响力管理内容与方法

一、品牌影响力管理的内容

品牌影响力内容主要由两方面构成：第一方面是有形的内容，第二方面是无形的内容。

品牌影响力的有形内容又称为"品牌影响的功能性"，即与品牌影响产品或服务相联系的特征。从消费和用户角度讲，"品牌影响的功能性"就是品牌影响产品或服务能满足其功能性需求的能力。例如，洗衣机具有减轻家庭负担的能力；照相机具有留住人们美好的瞬间的能力等。品牌影响力的这一有形内容是最基本的，是生成形象的基础。品牌影响力的有形内容把产品或服务提供给消费者的动能性满足与品牌影响力紧紧联系起来，使人们接触品牌影响，便可以马上将其功能性特征与品牌影响力有机结合起来，形成感性的认识。

品牌影响力的无形内容主要指品牌影响的独特魅力，是营销者赋予品牌影响的，并为消费者感知、接受的个性特征。随着社会经济的发展，商品丰富，人们的消费水平、消费需求也不断提高，人们对商品的需求不仅包括了商品本身的功能等有形表现，也把需求转向商品带来的无形感受、精神寄托。在这里品牌影响力的无形内容主要反映了人们的情感，显示了人们的身份、地位、心理等个性化要求。

二、品牌影响力管理方法

传统意义上的品牌更注重外在形象：例如企业的 LOGO、命名、口号、包装等视觉识别，随着近年来品牌营销研究不断深入，品牌产品往往更加注重内涵：品牌意味着承诺，体现在企业与目标市场每一个品牌接触点，是目标市场相关人员对企业行为体验的总和。

当企业发展到一定阶段以后，需要更加注重品牌知名度和美誉度的塑造和管理。在充分竞争的市场环境中，各种产品信息大量发布，用户经常无所适从，这种情况下，品牌就成了品质的唯一保证。企业需要练好六项基本功，来迅速提高企业品牌知名度和影响力，图4-1为品牌传播方法循环。

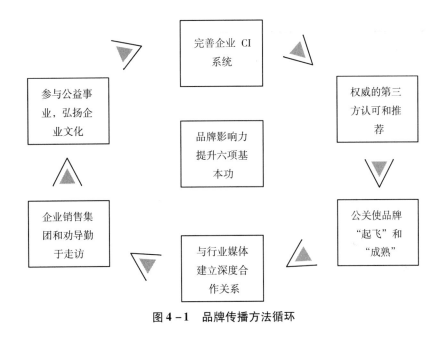

图4-1 品牌传播方法循环

（一）精准定位，表里如一：完善企业 CI 系统

品牌传播的"项链理论"告诉我们：所有传播推广都必须围绕一个核心去运作。在一切品牌构建活动之前，最重要的一项工作就是定位——用清晰响亮的声音告诉目标市场和公众："我是谁？什么是我的独门绝技？"在确定定位后，通过 CI 系统将这一理念做系统性诠释：企业的核心价值是什么（MI）？什么样的外在形象才能符合这一定位（VI）？我们的行为准则是什么（BI）？形成比较完备的《企业文化手册》《企业形象手册》和《企业基本法》等，并向全体员工宣导和强化，使之内化为企业气质和性格。

想让客户和公众对企业有什么样的印象，就必须先把自己塑造成那种形象。

（二）真材实料，权威认证：获取权威第三方认可和推荐

若产品科技含量高，但客户和一般公众认知度低，权威第三方的认可和推荐往往能对品牌影响力的扩散起到举足轻重的作用。有如下几种常规途径：

（1）申请商标和专利。

（2）申请 ISO9000 等企业管理体系认证。

（3）申请相关产品资质认证或获得权威机构的测评报告等。

（4）成为全球或全国重点行业协会会员。

（5）业界权威媒体长期跟踪报道。

（6）业内权威专家的关注和推荐。

（三）搭建平台，闪亮登场：公关使品牌"起飞"和"成熟"

若产品专业化程度高，客户和工程技术人员没有深入了解的话，很难真正体会到产品的特点和优势。因此，品牌腾飞伊始，必须靠精准定位的公关活动来播撒种子，不断通过口碑传播、媒体推广逐渐酝酿和发酵，直到顺利"起飞"。对中小型工业品企业来讲，有如下几种常见方式：

（1）震撼登场，组织新品发布会等。

（2）精心筹备，积极参加业界主要展销会。

（3）加强交流，加入重点行业协会并发声。

（4）参加和举办技术论坛和交流会。例如：参加行业重点技术论坛和交流会，并进行演讲和做报告；企业自行或借助第三方力量组织高校、设计院专业技术人员召开技术研讨会等；企业技术部针对特定的终端客户对口部门组织技术座谈会或培训。

（5）经销商年会，强化企业整体形象，扩张品牌影响力。

（6）组织和参加行业主题活动来彰显行业地位和品牌影响力。

（四）制造新闻，广泛传播：与行业媒体建立深度合作关系

对企业市场部来讲，有一项非常重要的任务，就是要将已经定位好的品牌形象，通过恰当的媒体和通道、以适当的"音量"定向扩散开来。媒体是业界消息的"扩音器"，品牌影响力迅速扩散和提升的全过程，媒体的应用至关重要。

目前，就中小企业来讲，常见的媒体平台有：

1. 行业期刊媒体

行业杂志是目前企业应用最广泛的一种媒体合作形式，一般由政府主管部门、行业协会及拥有深厚行业资源的企业出版发行，具有特定的发行渠道和目

标读者群。企业可以根据品牌推广的需要，通过投放硬广告、专题软文等形式来提升品牌影响力；行业期刊有时还会利用所拥有的行业资源，为企业提供购销对接会、新品发布会等定制化的服务。主要的合作形式有刊登广告、登载企业专题文章、组织专题采访、组织购销对接会等。

2. 产品选型目录

这是比较传统的一种品牌推广方式，多针对设计院、高校等研究和设计部门，但随着网络和检索软件技术的不断发展，产品选型手册所产生的影响力有式微的趋势。

3. 行业网络媒体

随着国内互联网应用的日渐普及，网络营销已经成为企业品牌影响力拓展不可忽视的舞台。由于目标群体普遍受教育程度较高，网络应用能力较强，越来越多的甲方通过网络来了解公司背景、产品信息、技术参数与价格比较等，与此同时，越来越多的企业选择了通过增大网络媒体曝光率来强化自身的品牌影响力。经过多年的探索和发展，互联网行业媒体已经在企业品牌推广的平台中占据了半壁江山，网络平台的渗透和覆盖能力甚至有逐步超越平面媒体的态势，甚至有逐步减少传统行业媒体的广告投放的趋势。

目前，企业利用互联网进行品牌影响力扩张的方式主要有：①组织网络技术研讨会；②在行业网站和论坛投放硬广告和软文；③充分利用百度联盟、百度百科、百度知道等"百度系"网络营销工具；④官方网站＋博客群；⑤登录 B2B 类网站＋组建 QQ 专业群组；⑥使用其他目标客户群所熟知的网络平台及恰当的网络营销工具。

4. 移动新媒体

新兴媒体是相对于报刊、户外、广播、电视四大传统意义上的媒体而言的，互联网和手机平台都是"第五媒体"的典型代表。微信和微博更是当下企业新媒体营销的热点话题。产品营销有一个非常显著的特点，就是"口碑效应"非常突出，有专家总结道：产品营销赢在信任！美国《连线》杂志对新兴媒体的定义是："所有人对所有人的传播。"或许，善加应用，微信和微博也会是企业品牌推广的两大利器，不仅能传播"笑果"，更能呈几何级数传播"效果"。

5. 企业自办媒体

企业如果有能力自办媒体，哪怕是一份电子刊物或者一份定期发行的企业简报，对宣扬企业经营理念和文化、推广企业产品、阐明差异化优势无疑具有"四两拨千斤"的作用。

（五）深入交流，精准传播：企业销售团队和渠道勤于走访

1. 企业高层领导

对中小型企业来讲，企业高层领导不仅是公司品牌战略的决策者和驱动者，也是公司品牌组成要素，需要在不同的场合扮演不同的角色，一旦品牌定位确定，市场部务必与高层领导达成共识，以实际行动体现品牌定位。企业高层领导经常参加的公关活动有：业界举办的高端论坛和研讨会、政府相关部门组织的各种活动、行业协会会议及重点行业展会、与客户单位举办的高端会谈及重点技术研讨会、本企业重大庆典活动、经销商年会及新产品上市新闻发布会等。

2. 公司销售人员

作为公司与目标市场对接最紧密的形象接触点，其待人接物的方法、言谈举止的气质、处理问题的能力乃至干净整洁的个人形象，都是公司品牌形象的直接体现，因此，务必要在销售人员的甄选和培训方面予以足够的重视。

3. 技术服务人员

技术服务于人，归根结底，产品的功能和可靠性才是服务的根本。能够积极深入生产一线，一针见血地发现问题；善于倾听客户需求，干脆利落给出解决方案；能够迅速响应现场故障，设身处地解决问题……每一个细节都体现出专业，才能让用户放心和信赖，品牌就在这一点一滴的努力中积累起来。

4. 经销商

与企业紧密合作的经销商是企业对外展示品牌形象的"窗口"。他们的言谈举止、一言一行都会对客户如何评价企业品牌形象产生巨大的影响。因此，在其登门拜访客户之前，必须做好企业文化、销售技能和产品知识的培训；在渠道管理中，必须督促其提高走访效率。这样才能以最简单有效的方法将企业的品牌影响力进行最精准的扩张。

5. 其他品牌接触点相关人员

对企业品牌的养成来讲，市场部人员挥汗如雨地做 VI、搞活动，舌灿莲花去宣扬品牌价值，一切似乎看上去很专业的品牌推广行为，都抵不过一句话：说得好，不如做得好！如果在所有与目标市场相关的品牌接触点上，例如：客服人员、前台接待、展台接待、秘书、翻译等，有那么几个环节表现得很糟糕，那千辛万苦养成的品牌价值在客户的心目中，就如同在太阳底下流着汗的雪人，在随着时间渐渐融化……

（六）塑造形象，承担责任，参与公益事业，弘扬企业文化

塑造品格参与公益事业，弘扬企业文化。注重品牌形象的企业，往往处于

行业领先位置。实施公益营销，将公益事业与企业战略相结合，既可以帮助企业协调好与政府、与社会之间的关系，也可以切实提升企业的品牌影响力：一方面可以促进产品的销售和商业推广，另一方面可以获得用户的品牌认同感，巩固品牌定位。目前，适合中小型企业参与社会公益事业的常见方式有：

①与高校合作，提供助学金、奖学金、科研基金和设立实习基地等；

②针对特定项目，组织现金和物品募捐等；

③企业支持和鼓励员工和渠道商参与社区志愿者工作；

④其他。

案例4-1：三星品牌影响力战略管理①

创建于1938年的三星集团，至今已有70余年的发展史。三星集团于1969年正式进入消费电子领域，旗下三星电子现已是其中规模最大的子公司，在全球市场中处于领先地位。特别是最近十年来，三星实现跨越式发展，破茧腾飞，在消费电子领域缔造了一个品牌传奇。

从创立之初发展至今，三星经历了从追赶者到领导者的角色转变，走过了一条从"加工厂"到世界知名品牌、从引进模仿吸收到自主创新的蜕变之路。根据国际咨询机构Interbrend最新发布的《2011年全球最佳品牌100强排行榜》数据显示，三星电子的品牌价值为2343亿美元，由此，2002年还位列第34位（83亿美元）的三星电子品牌价值10年间上升至第17位，品牌价值增长了3倍。

（一）在发展中形成明确的品牌发展战略

20世纪80年代末，三星通过不断地扩张，成为韩国国内首屈一指的企业。但在国际市场，三星的理念仍然是规模制胜。由于在产品外观、质量及技术等方面与竞争对手的巨大差距，导致产品大量积压而不得不打折处理。三星电子在国际市场中一时难以摆脱廉价低质的品牌形象。

从20世纪90年代起，三星开始实施品牌振兴策略，全力打造三星自有品牌。经过十年多的发展，三星品牌形象发生了质的转变。1997年，经历了最为严重的亚洲金融危机，三星在战略方面做出有史以来最大的一次调整——经营核心从OEM大规模制造转向创新技术、创新产品和自有品牌，把技术研发平台定位于当时刚刚兴起的数字技术。基于战略的调整，三星剥离了造纸、饭店等产业，砍掉大部分低端产品，并着力提升产品质量。通过一系列有效的措

① 资料来源：张艳丽. 国外家电品牌建设成功案例分析［J］. 家用电器，2012（5）：36-37.

施，三星在产品技术、质量、设计、售后及品牌推广方面得到了极大的提升，也使三星电子的发展步入快车道。2004 年，三星电子实现了销售额 552 亿美元、利润 103 亿美元的业绩。2005 年，三星品牌价值高达 149 亿美元，首次超过索尼（108 亿美元）。三星"涅槃"式的品牌提升战略，使其从一个产品线杂乱无章、缺乏企业品牌核心价值的企业一跃成为世界著名的家电、通信和消费电子类厂商。

（二）三星品牌建设的经验借鉴

首先，卓越的产品驱动着三星在全球的发展。三星产品将创新、质量与设计融为一体。一方面，三星将创新融入其手机、电视等产品，很多产品充满了创新的元素，并采用全球最先进的技术。另一方面，三星保证卓越的产品质量和出众的外观设计，一切以用户使用为中心，准确地把握消费者多样的需求并转化为实体产品。三星产品具有新潮的外观，很多产品创造了流行趋势，成为引领时尚的代表。

其次，三星成功的根本在于品牌战略制胜。三星通过确立明晰的品牌愿景，提炼了品牌的核心价值，并明确了前进的方向。与此同时，三星在品牌建设中拥有系统的规划和明确的步骤，以及有效到位的品牌战略管理。在品牌发展规划确定后，三星建立专门的品牌管理机构负责品牌策略的实施，包括品牌委员会、全球营销部、全球品牌公关部及代理公司等。

最后，与众不同的营销策略。在品牌营销方面，三星电子的奥运营销、体育营销最为有名。早在 1997 年，三星就推出奥运 TOP 资助计划，先后赞助多届奥运会。三星 Anycall 手机在全球市场的成功，80% 的功劳来源于集团的奥运营销策略，这在三星公司已经达成共识。如今奥林匹克 TOP 计划成为三星体育营销的最高策略。借助奥运平台，向全世界消费者传播品牌内涵，赢得了消费者的好感和信任，三星大踏步地完成了从民族品牌到全球顶尖品牌的飞跃，品牌价值得到大幅提升。

第二节 品牌形象传播管理

品牌形象传播是指企业围绕品牌的核心价值，通过一系列活动，包括广告、公共关系、新闻报道、人际交往、产品或服务的销售等方式，以建立品牌形象，有效提高品牌在目标受众中的知名度和美誉度，最终能够促进市场销售和实现企业经营目标。

一、品牌传播过程

品牌传播过程主要包括确定受众目标、确定品牌传播目标、设计品牌传播信息、设计品牌传播预算、选择品牌传播渠道、评价品牌传播效果6大步骤。

1. 确定受众目标

宣传活动通常试图影响某一具体受众的特定行为。为达到此目标，必须全面了解目标受众。因此，正确地识别和了解目标受众对策划宣传活动至关重要。通过具体调研，建立目标受众的人口统计和心理资料，可最充分地了解目标受众。此项调研应至少回答关于目标受众的如下问题：

- 他们是谁/在哪儿（人口统计）？
- 他们如何获得日常信息？
- 他们的榜样是谁？
- 就宣传所要涉及的问题来说，他们现有的观念、知识、需求、需要、倾向以及行为如何？
- 什么因素在阻止他们选择宣传活动所倡导的备选行为？
- 什么因素可激励他们选择所倡导的行为？

总而言之，将大众细分为更加具体的群体及获取有关信息，在为某一具体的宣传活动确定目标受众方面非常有帮助。在确定目标受众方面最重要的因素是，受众选择宣传活动所倡导行为的潜力。

2. 确定品牌传播目标

品牌传播具体来说要达到三个目标：

（1）以消费者为中心，研究和实施如何抓住消费者，打动消费者，与消费者建立一种"一对一"的互动式的营销关系，不断了解客户和顾客，不断改进产品和服务，满足他们的需要。

（2）整合营销传播要通过各种营销手段建立消费者对品牌的忠诚。

（3）是整合的概念。过去企业习惯于使用广告这种一对一的手段来促进产品的销售，但我们已处于现代社会的信息时代，现在的传播手段越来越多，传播本身开始分化和组合。这就要求企业在营销传播过程中，注意整合使用各种载体，达到最有效的传播影响力。

3. 设计品牌传播信息

设计品牌传播信息包含四方面：

（1）品牌信息的内容：理性诉求、情感诉求、道义诉求等；

（2）品牌信息的结构；

（3）品牌信息的形式；

（4）品牌的信息源。

4. 编制品牌传播预算

第一种传播预算编制方法：量入为出。这种方法，是品牌营销策划中进行传播预算比较常用的一种，主要是在针对未来公司收入预测的基础之上，去制定传播预算。而在使用这一方法的时候，也会考虑到公司能够承担的费用能力。不过，市场无时无刻不在发生着变化，因此，公司的未来收入，往往都是很难准确进行预测的。

第二种传播预算编制方法：销售百分比。在品牌营销策划中，这种传播预算的编制方法还是比较典型的。市场上有很多公司，都会根据一个特定的产品销售量，或者是特定的产品销售价格，去进行传播费用的制定。而市场上比较常见的，一个是汽车制造公司，一般会根据计划好的汽车销售价格为基础，去按照固定的百分比进行预算的安排；另一个是饮料生产企业，一般会根据每瓶饮料的销售价格为基础，按照一定的百分比进行传播预算的安排。

5. 选择品牌传播渠道

传播渠道一般有以下 5 种。

第一种渠道是企业的自媒体。这里所说的自媒体，并不是我们平时了解的微信公众号等自媒体，而是企业自己拥有的媒体，比如车辆、员工的工装、门头、灯箱等，这些都是企业的传播渠道。但实际情况是，这些不花钱的广告位，往往被人忽略，可能忽略的原因也是不花钱。很多企业花钱去做竞价排名，买关键词，其实从品牌资产累积的角度来看，不仅用处不大，还自己花钱把关键词炒热，又花更多钱去买，最终受益的是竞价平台。因此，要花点心思或者花点钱，请专业的公司或团队来帮你设计，企业花在设计和咨询上的钱，不是消费，而是投资，因为它能给你带回来更多的钱。再说说公司的门头和灯箱，这些都是固定的广告位，不分昼夜，风雨无阻在传递着品牌信息。

第二种渠道是企业的产品和包装。在万物皆媒体的时代，企业的任何东西都可以成为传播的媒体和流量的入口，包括产品和包装。先来说包装，产品包装是企业最直观的广告媒体，每天在各大超市的货架上、电商平台上、消费者家中，甚至被扔在垃圾堆里，都还在向外界传递着品牌的信息。所以，产品包装设计一定要别出心裁，从颜色、形状、符号、话语上，让消费者耳目一新，在超市货架上、电视广告中，让消费者一眼就能认出来。包装里边的产品，才是企业最大的广告，产品好，消费者口碑就好，就愿意分享，愿意自动传播，所以企业想要扩大影响力，就要想办法把产品做好。同时随着二维码和扫一扫的盛行，无论是产品还是包装，都可以通过增加二维码，成为流量和用户信息的入口，用户分享的途径。

第三种渠道是社交媒体。社交媒体的发展为企业品牌传播提供了渠道，多数企业已经意识到了社交媒体的威力。但是多数企业实际上根本不会运营社交媒体，有相当一部分企业，社交媒体注册完成后，就一直闲置着，注册就是为了买个心安，别人说起的时候，我们自己也有，没落伍。还有一部分企业微信公众号、头条号等每天都发布信息，但是为什么运营得不好呢？因为每天发布的信息要么是各种董事长的讲话，要么是总经理的活动，要么就是转发别的信息，要么就是各种段子，不仅跟企业没有关系，跟消费者也没有关系。企业运营社交媒体的正确姿势，应该是把社交媒体也当成是企业的产品来运营，这个产品是负责传递品牌信息、传递企业价值观、传递用户知识等等。企业自媒体，要么让用户觉得有帮助、要么让用户涨知识、要么让用户觉得我们是同一类人。总之，要让用户觉得有用，成为企业向用户传递思想价值，用户了解品牌的通道。

第四种渠道是产品的消费者。消费者的身份有四种，第一是受众，第二是购买者，第三是使用者，第四是传播者。这四种身份有时候是彼此分开的，有时候是集合在一起的，比如受众是接收品牌信息的人，接收到信息如果觉得不好，他可能就停留在受众这个身份中。如果觉得好，想尝试购买，这时候受众就变成了购买者，如果买来送别人，那就只是购买者的身份，如果买来自己用的，他就从购买者变成产品的使用者和体验者，就是我们常说的用户。分享是人的天性，消费者使用完产品，不管体验过程好，还是不好，他都会通过人际关系或者社交媒体进行分享，要么吐槽，要么好评，形成口碑。这时，消费者的身份就变成了传播者。作为品牌的经营者，当然愿意消费者传播的都是好的口碑了，怎么办呢？最重要的就是做好产品和服务。还有一种情况，就是产品很好，用户用得也非常好，可他就是不愿意分享，怎么办呢？可以通过有奖分享、专属荣誉、好友助力、互动交流、任务分配等方式，让用户参与到分享当中，比如拼团、助力等方式。

第五种渠道就是社群。这里所说的社群绝对不是微信群，而是企业做粉丝沟通、吸引新用户的场所，这个场所是企业创造品牌对话、创造顾客体验、促进顾客参与品牌建设的场所。比如像华为的花粉俱乐部、小米的米粉俱乐部、江小白的朋友会，都是用来凝聚粉丝力量，让粉丝有身份感、归属感，把粉丝变成品牌传播者。

6. 评价品牌传播效果

在传播学理论中，传播效果是整个传播活动非常重要的组成部分，通常是指传播对人的行为产生的有效结果。具体是指受传者接受信息后，在知识、情感、态度、行为等方面发生的变化，传播效果意味着传播活动在多大程度上实现了传播者的意图或目的。

对于品牌传播的管理者来说，一个非常重要的工作就是要提供有说服力的证据来证明营销传播工作确实产生了作用。在广告领域，有一句话广为人知，即"我知道我花在广告上的钱有一半是打水漂了，但是我从来都弄不清楚到底被浪费掉的是哪一半"。这句话实际上反映出要对广告传播的效果进行测量是一件很困难的事情，同时也表明，从营销发起人和投资方的角度来说，由于在传播活动上投入了大量资金，公司或者品牌所有者非常希望看到可感知的、可测量的、明显的效果。

为此，广告及品牌传播代理商、媒介公司也在不断努力，希望找到更精确、更全面的效果测量方法，但这并不容易，主要原因在于传播活动是一个非常复杂的社会活动，涉及信息到达、对认知和记忆的影响、态度的改变及行动发生等多个方面；从品牌本身的发展来说，也可能会有其他一些因素影响到传播活动的效果；最后，要想证明传播活动确实吸引了传播对象的注意力，确实产生了效果，必须要有针对性的实时数据才可以。由此可以发现，策划和执行品牌的营销传播活动时，可能需要更多的创意与创造，但评估品牌营销传播活动的效果时，则需要更多的理性和工具性技术与手段。

二、品牌传播的广告策略

（一）品牌广告策略

广告策略是指在符合整体广告战略的前提下，根据不同时期、不同环节、不同层次、不同目的所采取的具体对策、方法与特殊手段。它是具体环节的运筹和谋划。广告策略是经验智慧的结晶，是整个广告策划的基础。广告策略的运用，决定着整个广告策略的质量和效果，同时也是广告策略的体现者，是整个策略中的一个非常重要的环节。

1. 广告产品策略

广告的根本目的在于促进产品的销售，产品能否对消费者产生吸引力，主要在于产品的个性与特色所产生的魅力。而产品的个性与特色不仅存在于产品的实用价值中，也存在于产品的附加值中，广告对产品的宣传策略，关键是造成产品的差别化，找出此产品与其他同类产品的比较优势何在，这是广告策划中的灵魂。产品策略具体又可分为产品定位策略、产品生命周期策略。

产品定位策略：产品定位的主要含义是确定产品在市场中的最佳位置。以利于自己的产品创造培养一定的特色，以满足消费者的某种需求和偏好，从而达到促进销售的目的。由于产品满足消费者需求可分有形的实用价值和无形服务或观念附加值两大类，因此，产品定位策略可分为实体定位策略和观念定位策略两大类。实体定位策略的特点是从产品的功效、品质、市场、价格等方面突出该产品的新价值及同类产品中的特异性。观念定位策略是指为产品确立一种新价值观。

产品生命周期策略：任何产品都有一个发展周期，不同时期的产品，它的工艺成熟程度，消费者心理需求，市场竞争状况都有不同的特点，因此其广告策略运用也就不同，一般分为产品投入期广告策略，重点提高产品知名度。产品成长期广告策略，强调品牌意识。产品成熟期广告策略，强调服务质量和优惠政策。产品衰退期广告策略，发掘新的消费方式。

2. 广告市场策略

广告市场，就是进行广告活动的场所，它包含广告市场的组成要素、广告市场的容量、广告市场中的价值运行及其规则、广告市场与商品市场的关系。

市场因素对广告策划来说非常重要，一个产品只有找准适合它生存的市场环境才能发展壮大。一个广告策划只有对市场产品状况有了精准的分析和认识才能制定出准确的广告市场策略。确定广告市场策略，首先要细分市场，把市场细分为消费品市场和生产资料市场。消费品市场细分标准一般有地理、人口、经济、心理四类标准。生产资料市场细分标准有不同角度，可根据用户的不同作为细分标准，还可根据用户规模和购买力大小以及用户的地理位置作为细分标准。市场细分为广告策略的选择与制定提供了依据，使广告策划目标准确，制定出相应的准确的广告市场策略。通过细分市场，还为确定目标市场提供可选择的多个市场面。为了从多个市场面中选出理想的目标市场，必须认真评估每一个细分后的市场。适应产品生存的目标市场一般应具备三个条件：第一，该目标市场是否具备一定的消费规模与增长潜力。第二，企业是否有能力满足目标市场需求。第三，企业在被选准的目标市场中有无竞争优势。当目标市场选准后，企业就可针对不同的目标市场采取不同的市场策略，这些策略概括起来有三种：既无差别化市场广告策略、差别化广告市场策略和集中市场广告策略。无差别化市场广告策略针对的是大一统的大目标市场，所有的消费者对某一商品有共同需求，广告主题相对单一。差别化市场广告策略是针对多个细分市场的不同特点，采取不同的广告形式，以不同的广告主题、媒介组合、向不同的消费群体进行有差别的广告宣传。集中市场广告策略是指把广告宣传重点集中在细分市场中的一个或几个主要目标市场，以求在市场中突破一点，进而向市场的广度扩张。

3. 广告促销策略

广告促销策略多种多样，它包括馈赠、文娱、服务、公益促销等手段的运用。这种广告策略由于向消费者提供感兴趣的有价值信息，同时给予消费者更多的附加利益，因此具有明显的促使消费的诱导作用。

4. 广告实施策略

广告策划变为现实行动必须有具体的实施策略。广告实施过程是在时空变化中有序展开的。有的采取提前策略，即产品上市前先行广告宣传。有的采取即时策略，即广告宣传与产品上市同步进行。有的采取置后策略。即产品先行上市试销，随后根据市场情况确定广告宣传的力度。有的采取时机策略，即把握节假日产品销售的淡旺季和重大活动时机，使广告信息融入节日文化气氛之中，易被消费者接受。

5. 广告媒介策略

广告媒介策略，实质上是根据广告的战略要求，对广告媒介进行选择和搭配的策略。其目的在于用最低的投入，取得最大的广告效益，因此在选择媒介时，应对媒介社会威望、受众范围、受众对象、有效目标、受众群做详细了解。这样才能使媒介应用得当，使广告收到最好效果，保证整个策划的实施效果。广告战略与广告策略在整个广告策划中具有非常重要的地位和密切的关系。广告战略是广告活动在客观上做全局性、方向性的谋划；广告策略则是对广告活动具体环节的谋划。广告战略决定广告活动的宏观目标，广告策略则是实现广告战略的基础和保证。因此，广告战略是广告策略的依据，对广告策略具有一定的制约作用。广告策略是广告战略的实施基础，是实现广告战略的措施与手段，广告战略与广告策略相辅相成。广告策划只有把握好战略与策略的谋划，才能显示出策划的神奇。

（二）品牌传播的广告策略

1. 分析广告战略环境

广告战略策划首要的是具体分析广告的环境。广告环境可分为内部环境和外部环境。内部环境分析主要是对产品和企业进行分析。对产品的分析要从产品、产品的供求关系、产品方案等方面进行分析。产品分析是指对产品的成本、费用、产量、价格、特点、性能、寿命等进行分析。产品供求关系分析是指了解、分析哪些产品是滞销产品，哪些产品是畅销产品。对产品方案进行分析包括对企业产品的政策、产品规划和产品开发经营计划、品种搭配情况进行分析。对企业的分析主要是对企业规模、企业观念、企业文化等进行分析。企业规模是指企业人数、生产规模、产值利润及所占市场的份额。企业观念是指企业在市场及产品的策略上所体现的思想观念。企业文化分析，要重点分析企业文化中的竞争意识、广告意识、形象意识、创新意识等。外部环境分析主要是指对市场环境、消费者和竞争者的分析。市场环境是指市场供求关系情况，主要包括市场分割情况，市场竞争情况，产品供求量和消费者对市场的基本期望和要求。通过对市场环境分析，能为确定目标市场、制定成功的广告战略提供可靠依据。消费者分析主要包括了解消费者的风俗习惯、生活方式、不同类型消费者的性别、年龄、职业、收入水平、购买能力以及对产品和广告的认知态度。竞争对手分析主要是了解竞争对手的数目、信誉、优势、缺点及产品情况。要在众多竞争对手中找出最具威胁性的竞争对手,并对主要竞争对手的优缺点进行比较,避其优势,攻击薄弱环节,使广告战略的确定更具针对性。分析外部环境主要是为了找出外部环境中的问题与机会,从而利用把握有利因素、消除不利因素,制定出正确的广告战略。

2. 确定广告战略思想

广告战略思想决定着整个广告活动的价值取向和行动特点,从而产生不同的广告运作效果和风格。①积极进取型。积极进取型的广告战略思想决定了其战略姿态是进攻型的。一般情况,这种企业有较强的竞争实力,企业或产品处于开发市场期或发展期,它希望通过积极的广告宣传,向处于市场领导地位的企业或产品发起进攻,争取市场的领导地位。②高效集中型。高效集中型的广告战略思想以集中的广告投资和大规模的广告宣传形成绝对的广告竞争优势,以求短期内集中奏效。这种战略思想风险较大,所以对广告战略策划的质量要求较高。③长期渗透型。长期渗透型广告战略思想重视广告的长期效益,细水长流,主要针对生命周期长的产品。④稳健持重型。稳健持重型广告战略思想,主要以维持企业的现有市场地位,很少有进一步扩张的要求,其战略姿态往往是防御型的,以抵御竞争者的进攻为主。以上几种战略思想各有特点,应根据广告策划的整体情况并参照其产品的市场营销方案,确定与之相应的广告战略思想。

3. 确定广告战略任务

确定广告战略任务就是要具体确定广告内容、广告受众、广告效果。确定广告内容,是指对众多的内容进行选择,最终确定其广告的主要内容,找准不同时期广告的诉求点。确定目标受众。在接受广告的众多人群中,有的是对产品有需求的人,有的是与产品毫无关系的人,对产品有需求的人就是广告目标受众。广告策划只有明确了广告的目标受众,广告策划者才能根据目标受众的心理特征来采用心理战略,确定广告投放媒体及时段,保证广告宣传的实际效果。广告要达到一个什么样的效果,必须有具体的指标体系。如产品推广与市场扩展、销售增长与企业形象提高、创牌与保牌指标等。有了这样的指标体系,才可能对广告的战略效果进行评估,才能确定广告战略的实施部署。

4. 选择具体的广告战略

通过对广告战略环境的分析,确定其战略思想、战略任务,进而对广告战略进行决策。广告策划主要以下几种战略手段。

(1)集中战略。这种战略适宜拳头产品的推广。选中一个目标市场,采取立体式广告,在最短的时间内,突破一点,取得市场优势,然后再逐步扩大到其他地区。

（2）进攻战略。针对竞争对手的弱点，以主动进攻的态势抢占市场，志在必得，赢得同类市场的制高点。

（3）渗透战略。瞄准竞争对手的同类产品在市场上的已有地位，通过广告渗透及营销扩散战略，把自己的产品打入同类产品所占市场。

（4）防御战略。企业为了维护自己的市场地位，经常运用不间断的广告来维持产品的知名度和市场占有率，重在增强品牌的影响力。

（5）心理战略。根据产品市场的不同情况，针对消费者情况所采用的一种广告战略。主要针对消费者心理需求和感受对某一产品或消费观念的引导，从而使消费者对某一产品或企业发生兴趣，进而转化为购买行动。要做到这一点，广告宣传必须适应和满足消费者的购物心理和审美需要。

（6）名牌战略。消费水平的提高，人们不仅重视产品的使用价值，而且更注重产品的附加价值，名牌产品不仅仅能够保证产品的质量，而且能够使消费者在心理上有一种荣耀感和身份、地位的象征。所以，名牌战略的运用不仅在广告宣传上要合理、有效，更重要的是要保证产品的质量。

三、品牌传播的公共关系策略

（一）品牌传播的公共关系目标

公关是公共关系的简称，是企业形象、品牌、文化、技术等传播的一种有效解决方案，包含投资者关系、员工传播、事件管理以及其他非付费传播等内容。作为品牌传播的一种手段，公关能利用第三方的认证，为品牌提供有利信息，从而教育和引导消费者。

公共关系可为企业解决以下问题：一是塑造品牌知名度，巧妙创新运用新闻点，塑造组织的形象和知名度；二是树立美誉度和信任感，帮助企业在公众心目中取得心理上的认同，这点是其他传播方式无法做到的；三是通过体验营销的方式，让难以衡量的公关效果具体化，普及一种消费文化或推行一种购买思想哲学；四是提升品牌的"赢"销力，促进品牌资产与社会责任增值；五是通过危机公关或标准营销，化解组织和营销压力。

（二）品牌公共关系传播的具体模式

1. 动态媒体传播

动态媒体传播主要指利用电视、电影、广播等富有动感的现代化视听媒体来开展品牌营销活动。一般这种动态媒体传播具有传播面广、传播速度快、信息传递准确等特点，能够促进品牌更快速地传播，提升品牌影响力。

虽然这种动态媒体传播速度很快，但需要花费大量的金钱成本。所以，对于刚成立的企业，并不建议运用这种品牌推广方式。

2. 静态媒体传播

静态媒体方式又称为传统的品牌营销方式。它主要指利用报纸、杂志、海报、邮件等静态媒体进行品牌营销活动，如：报纸广告、杂志广告、附送广告、邮件购物、广告式订单、街头海报、体育场广告牌、城市巨幅广告等。

静态媒体方式主要的优点是价格低廉、可储存、传播面较广并且能够做到有针对性的传播。但是静态媒体方式的缺陷是传播速度慢、信息易失真、表现方式呆板、互动性差、影响力小等。

3. 网络媒体传播

网络媒体传播是互联网时代下品牌营销的主要方法，是利用电脑网络进行对品牌的传播。常见的网络品牌营销方式有：网上广告、网络商店、网络购物、网上软文、新媒体传播等。

这种品牌营销方式，不仅成本低，传播速度还很快，能够让用户更快速认识品牌，进而提高品牌的影响力。但网络信息纷繁复杂，企业想让自己的品牌第一时间被消费者找到，就要有一套适合企业自身产品的品牌营销方案，这样才更有利于品牌的传播。所以，对于初成立的企业，建议找专业的品牌营销机构。

四、品牌传播的营销整合策略

整合营销传播是从现代市场营销发展而来，关于"市场营销""交换"为核心概念的定义。而交换必须在双方平等、乐意的基础上互动进行。这就需要进行传播、沟通，需要互动性的广告服务，因为广告的本质即追求广告主与消费者之间的沟通互动。因此，当市场营销的媒介环境进入"小众传播时代"，敏感的营销界便立即有所反应，于是旨在"与消费者更好地沟通"的整合营销传播应运而生。

（一）品牌传播营销整合策略特点

1. 目标性

品牌整合营销传播是针对具有明确消费意向的客户的营销传播过程，而不是面对所有客户的，因此其目标性非常强。通过对某一区域内的客户的了解，根据所获得的信息进行针对性的营销传播，以符合客户的需求特点为前提采取有效措施。同时其也能够在一定程度上影响到潜在客户，但是其主要的目标仍是消费意向明确的客户。

2. 互动交流性

整合营销传播以客户为核心，非常注重企业与客户之间的互动，其建立在互动之上，而互动又建立在沟通之上，故要做好品牌整合营销传播，必须以客户需求为中心，各个环节都要与客户建立起良好的沟通关系，将营销传播的方式从传统的单向传递方式转变为双向沟通，从而进一步确立企业、品牌以及客户三者之间的融洽关系。

3. 统一性

和任何营销方式一样，统一性十分重要。不然容易出现资源重复、部门之间的观点和信息内容出现分歧等情况，从而对企业的品牌形象带来严重的负面影响，例如造成客户对企业品牌的混乱。因此，企业在进行品牌整合营销传播时，在广告、公关、促销等各部门独立宣传时，必须先进行有效整合，让企业各部门的思想保持一致，以表现同一个主题和统一的品牌形象，为企业进行品牌整合营销传播打好基础。

4. 连续性

主要表现在其作为一个持续的过程，不断通过不同形式对企业同一个主题和形象进行宣传，借助这种累积，达到品牌的宣传作用。

5. 动态性

品牌整合营销传播与一般的营销方式最大的不同就是其动态观念，主动地进入市场，从市场的变化中认识企业和市场之间的关系，摆脱了市场的限制性，为企业挖掘新市场提供了有力的支持。通过专业整合营销公司的策划以及推广，提升企业的品牌知名度，有利于品牌宣传；让企业可以迅速占领更多市场资源，提高客户成交量，增加线上和线下的整体销售量。通过低成本来迅速地打开市场。增强与客户关系黏性，强化顾客消费的黏性。精准营销降低宣传成本，创造全新的顾客群体。

（二）品牌整合营销的传播策略方法

1. 建立消费者资料库

这个方法的起点是建立消费者和潜在消费者的资料库，资料库的内容至少应包括人员统计资料、统计消费者态度的信息和以往购买记录等等。整合营销传播和传播营销沟通的最大不同在于整合营销传播是将整个焦点置于消费者、潜在消费者身上，因为所有的厂商、营销组织，无论是在销售量或利润上的成果，最终都依赖消费者的购买行为。

2. 研究消费者

这是第二个重要的步骤，就是要尽可能使用消费者及潜在消费者的行为方面的资料作为市场划分的依据，使用消费者"行为"推论未来行为更为直接有效。

3. 接触管理

所谓接触管理就是企业可以在某一时间、某一地点或某一场合与消费者进行沟通，这是20世纪90年代市场营销中一个非常重要的课题，在以往消费者自己会主动找寻产品信息的年代里，决定"说什么"要比"什么时候与消费者接触"重要。然而，现在的市场由于资讯超载、媒体繁多，干扰的"噪声"大为增大，目前最重要的是决定"如何、何时与消费者接触"，以及"采用什么样的方式与消费者接触"，这意味着在什么样的接触管理之下，该传播什么样的信息。

4. 发展传播沟通策略

为整合营销传播计划制定明确的营销目标，对大多数的企业来说，营销目标必须非常正确同时在本质上也必须是数字化的目标。例如对一个擅长竞争的品牌来说，营销目标就可能是以下三个方面：激发消费者试用本品牌产品；消费者试用过后积极鼓励继续使用并增加用量；促使其他品牌的忠诚者转换品牌并建立起本品牌的忠诚度。

5. 营销工具的创新

营销目标一旦确定之后，第五步就是决定要用什么营销工具来完成此目标，显而易见，如果我们将产品、价格、通路都视为和消费者沟通的要素，整合营销传播企划人将拥有更多样、广泛的营销工具来完成企划，其关键在于哪些工具、哪种结合最能够协助企业达成传播目标。

6. 传播手段的组合

所以这最后一步就是选择有助于达成营销目标的传播手段，这里所用的传播手段可以无限宽广，除了广告、直销、公关及事件营销以外，事实上产品包装、商品展示、店面促销活动等，只要能协助达成营销及传播目标的方法，都是整合营销传播中的有力手段。

案例4-2：喜力啤酒品牌形象传播[①]

总部位于荷兰，且由世界第四大啤酒公司生产的喜力啤酒凭借着出色的品牌战略和过硬的品质保证，成为全球顶级的啤酒品牌。喜力啤酒在全世界170多个国家热销，其优良品质一直得到业内和广大消费者的认可。喜力是一种主

① 资料来源：李晓松，乔远生，林梓芳，罗文毅. 喜力百年发展的奇迹［J］. 中国市场，2012（34）：60-61.

要以蛇麻子为原料酿制而成的，口感平顺甘醇，不含苦涩刺激味道的啤酒。

（一）喜力发展

创建于荷兰阿姆斯特丹的喜力啤酒公司已不单是世界产量排名第二的啤酒酿造公司，更重要的是世界最大的啤酒出口商，当之无愧地最具国际化的第一品牌。通过当地生产/出口以及特约授权生产等多种做法的相互配合，喜力产品现已行销世界170多个国家。

1863年，杰拉德·喜力先生在荷兰阿姆斯特丹建立了当时最大的啤酒厂，名字叫"草堆"，为了生产最好的啤酒，喜力先生几乎走遍了世界，去寻找最好的配料，他还特意建立了一座私人图书馆，所有的书都是关于酿酒的。

1886年，Elion博士将当时的许多酿酒厂中的一间独立出来作为自己专门的实验对象。于是出现了一个名字叫"喜力A级"的酿酒厂。这对喜力后来的发展起了很关键的作用，是喜力口味标准的制定者。

1883年喜力获得了一项特殊荣誉"外交荣誉奖"。至今喜力的瓶子上还印有这样的字。

1917年，喜力先生的儿子接管了公司，他把对酿造技术的研究工作当作自己的事业。

虽然第一次世界大战使喜力停止了壮大的进程，但美国对酒类的禁运停止后，喜力迅速成为了世界上对美国出口量最高的啤酒。1933年，美国的《时代》周刊上写了这样一句具有历史意义的话："13年来，第一批合法进口的啤酒已于昨日运抵，这是从鹿特丹运来的100加仑喜力啤酒。"

1953年，喜力的孙子成为喜力的第三代领导人，他为品牌的识别立了很大贡献，创意地把喜力啤酒瓶的颜色都统一为绿色，把HEINEKEN品牌标志中的三个英文字母E巧妙地设计为微笑的嘴巴。喜力的成功在很大的程度上得益于它成功的广告宣传和精美的包装。

20世纪90年代中期，喜力啤酒公司进入了中国市场，中国市场上的喜力啤酒都是从荷兰或新加坡进口的，它只是拥有包括海南/上海等几家合资啤酒公司的间接股份。喜力在亚洲的战略集中在新加坡的亚太酿酒厂（APB）上，有42.5%的股份。2012年11月15日，喜力完成了对新加坡亚太酿酒厂40%股份的收购，至此，喜力总共拥有新加坡亚太酿酒厂95.3%的股份，直接进入了亚太市场。喜力在中国有上海、广州、海口三家工厂，中国区总部设在上海。

如今，喜力品牌已成为世界大联赛之一的欧洲冠军联赛的大型赞助商。

（二）喜力啤酒的品牌传播策略

20世纪90年代后，洋啤酒纷纷抢滩中国市场，仅在1993年就有60多家跨国公司挟巨资、技术，以及国际知名品牌来开垦中国这块"酿造业最后的处女地"。据统计，当时在中国生产的外国品牌有28个，中外合资的有92个，产量占国内总产量的16.7%。世界知名的品牌就有富仕达、嘉士伯、蓝带、百威等。各大巨头几乎齐聚中国。而经过几年的"战火硝烟"后，大部分公司被淘汰出局了。为什么20世纪90年代中期进入中国市场的荷兰喜力啤酒，在这激烈的竞争中却生存下来并越做越好呢？除喜力啤酒过硬的品质和成功的营销外，个性化品牌是其市场制胜的又一利器。喜力产品形象年轻、国际化，是酒吧和各娱乐场所最受欢迎的饮品。喜力啤酒进入中国后仍然定位在高档啤酒市场，为突出品牌的高档形象，塑造独特的品牌个性，喜力啤酒做好以下工作：

1. 突出产品个性

喜力啤酒采用原装进口的配方，既可以保证质量，又有利于品牌的宣传。喜力的啤酒瓶形状独特，质感均匀，观感远较目前大部分啤酒瓶好，整个产品系列采用独有的近似绿色的基调，给人以清新感。这使得喜力很容易在超市的货架上被区分出来，给人以良好的第一印象，尤其是小巧的330ml玻璃瓶装，很适合酒吧中的情调。

2. 突出品牌的文化

一个个性化的品牌还要传递给消费者一种文化和理念，在品牌的宣传与推广中形成自己的特色。1999年喜力在全球市场营销上所投入的费用达到其年收入的14%，约8.15亿美元，并且频繁在各种体育赛事和音乐节上露面，反复向消费者传递一个信息："喜力"不仅是一杯冰凉的啤酒，正如喜力公司国际行销经理汤姆森所说："消费者想看一看我们公司如何为其创造价值，我们要给顾客带来享受和体验。"表现在中国市场上就是它在1998年创办了上海网球公开赛，这是中国首个国际网球锦标赛。此次赛事上，聚集了如诺曼、张德培等国际一流选手，比赛过后，喜力的销量一下增加了30%。

在赞助体育赛事的同时，喜力又开辟了宣传品牌和增加内涵的"第二战场"——音乐会。继1999年北京"喜力节拍夏季音乐节"后，喜力公司又于2000年5月举办了"喜力节拍2000年夏季音乐节"。

3. 有效的广告传播

多年来，喜力广告在突出喜力作为一个国际高档品牌的地位方面从未有改变。20世纪80年代初，喜力就在《中国民航》杂志上做广告，目标直接指向了可以坐飞机长途旅行的中产阶级，当时的广告是全英文的，没有译名。喜力的目光可谓长远，它预见到中国有高档啤酒的消费市场。目前喜力啤酒做书刊类广告时选择的媒体仍是高档杂志，如《经理人》《商业周刊》、中文News-week（亚洲版）等，基本是社会中上层及白领阶层的必读杂志，而高档酒店、宾馆的介绍册也成为喜力做宣传的方式。国际化、文化内涵、高品质被巧妙地融合，日久天长，品牌的个性化形象便树立起来了。

第三节　品牌形象综合维护

一、品牌形象维护战略概述

品牌形象维护战略，指的是公司为获得顾客忠诚而努力保护产品形象和声誉，维系产品的感知度，这种战略是以质量导向型顾客为目标市场。

维护品牌，就必须追加品牌成本、实施品牌推广战略。品牌的市场竞争力、影响力以及发展潜力是决定品牌的价值标准。

品牌维护战略适用于品牌资产原本已相当高的产品。这些产品通常以高价位出售，主要以质量导向型市场为目标。当市场转入低迷时，由于购买力的减弱，顾客普遍倾向放弃对质量的高要求。此时这类品牌处于一个尴尬的境地，一方面，满足低层次顾客的需求似乎是大势所趋；另一方面，如果它们以更低层次的消费群体为目标，那么顾客会降低对品牌感知度和美誉度的评价，从而使品牌资产受损。当然，市场低迷并不意味着质量导向型顾客就完全不存在了，无论经济环境变得多差，这类顾客群还是有的，只不过市场容量不如从前而已。钟情高品质产品的顾客通常会沿袭旧有的消费习惯，对购买低品质的产品存在抵触心理。所以，在低迷市场中，这些产品仍然以那些质量导向型顾客为目标市场，并尽力维护现有质量，其效果或许更好。

二、品牌形象维护意义

企业千辛万苦创出名牌之后，仍不能松懈，而要对名牌进行精心的呵护，否则名牌会很快衰落，消失在汹涌澎湃的商潮之中。究其原因不外乎两个方面：一是企业自己倒牌子；企业创出名牌之后，不思进取、缺乏创新，导致自己的品牌逐渐失宠于市场；二是企业不注意对自己的名牌进行保护，让别人钻空子。名牌蕴含着巨大的利益，很多人对之虎视眈眈，想尽办法从中谋取利益，如抢注名牌商标，仿冒名牌商标，生产假冒名牌产品等，其结果是破坏了名牌的声誉。因此，创出名牌的企业必须高度重视名牌的维护，并制定和实施名牌维护战略以确保名牌经久不衰、青春永驻。根据对导致名牌衰落原因的分析，名牌维护战略应当是强化经营管理，不断创新，为名牌提供坚实的基础，并运用法律武器和其他手段保护名牌不受侵害。

三、品牌形象维护内容

品牌发展经过形成期与成长期后，就进入了成熟期或知名期，即品牌已发展成为国家级、国际级的著名或驰名品牌。相应地，这一阶段企业应采取的品牌发展战略为维护战略。品牌维护应包括自我维护、法律维护和经营维护。

（一）品牌发展的自我维护

品牌的自我维护手段主要渗透在品牌设计、注册、宣传、内部管理以及打假等各项品牌运营活动中。在品牌的设计、注册与宣传中渗透品牌的自我维护思想，这是在品牌创立阶段应考虑的。因此，在品牌维护阶段，可以将品牌发展的自我维护定义为"企业自身不断完善和优化产品，以及防伪打假和品牌秘密保护措施"，具体包括产品质量战略、技术创新战略、防伪打假战略与品牌秘密保护战略。

（二）品牌发展的法律维护

品牌的法律维护包括商标权的及时获得、驰名商标的法律保护、证明商标与原产地名称的法律保护，以及品牌受窘时的反保护。"原产地名称的法律保护"有类似情况，而"品牌受窘时的反保护"不仅因企业和产品不同而措施各异，而且使用的法律条款繁多。因此，将法律维护定义为主要通过商标的注册和驰名商标的申请来对品牌进行保护。

加强品牌商标的注册工作，使品牌获得法律保护，这是保护品牌最为有效的手段之一。根据注册在先的原则，任何创品牌的企业都必须及时注册自己的商标，切勿等产品出名之后再行注册以免被他人抢注。随着世界市场的进一步一体化，商标不仅应在国内更应在国外及时注册，以使中国企业的名牌产品顺利销往国外，参与国际市场的竞争。为了防止假冒与侵权，企业还应在同类产品中将与自己产品商标相近似的文字、图形进行注册。例如，娃哈哈集团公司除把娃哈哈在商标类别上全部注册占有外，还申请注册了与之在图形、文字及读音上相近的"娃娃哈""哈娃哈""娃哈娃""哈哈娃"等一系列防护性商标来保护自己的品牌。注册的同时还应注意商标的管理工作，特别是加强对商标标识的印刷、保留、使用和专用权保护等方面的管理。一经发现他人申请的商标与自己注册的商标相同或相似时，应及时提出异议，运用法律手段保护自己的品牌。

（三）品牌发展的经营维护

品牌发展进入成熟期后，不仅要通过自我维护使产品得到不断更新以维持顾客对品牌的忠诚度，采取法律维护以确保著名品牌不受任何形式的侵犯，更应该采用经营维护手段使著名品牌作为一种资源能得到充分利用，使品牌价值不断提升。品牌的经营维护就是企业在具体的营销活动中所采取的一系列维护品牌形象、保护品牌市场地位的行动，主要包括顺应市场变化，迎合消费者需求，保护产品质量，维护品牌形象，以及品牌的再定位。

四、实施品牌维护战略

实施品牌策略可采取：提升产品形象，增加产品附加值，优化流程。

（一）提升产品形象

实施这种战略的难点在于如何维护品牌资产，尤其是品质的感知度，公司可以通过改进产品背景来实现品质感知度的维护或者提升。例如，面对激烈竞争，一家一线品牌西服制造商可定期召开时装发布会或开设品牌旗舰店，创建西服品牌领导形象维护品牌形象。

（二）增加产品附加值

公司可以让高价来反映高价值。公司有三种选择：第一，可以在改进服务的同时提高价格（多对多）；第二，可以改进服务但保持价格不变（多对同）；第三，可以改进服务但降低价格（多对少）。例如，提价的同时可以随产品附带一些额外的价值，给顾客更多的利益。公司还可以开展顾客忠诚度营销，与常客建立密切关系，从而使他们成为公司的礼仪之珠。例如，隐匿的一家移动电话经营商就组建了 GSM－XL 俱乐部来留住最好的顾客。在分销方面，公司需要使现有的营销渠道最优化，不仅要使目标顾客容易购买，而且要符合品牌的高档形象。当产品的"内容"和"背景"都改善了，顾客才会继续看好产品，才确信感知的质量很好。

（三）优化流程

公司应该集中于产品质量的提高。为了维护或提高质量，公司可以考虑流程重组，内部或外部兼并，产品革新以及战略联盟（甚至是与竞争者）。通过这些战略，公司能够保护产品和感知质量以及品牌形象。

案例4-3：麦当劳品牌综合形象维护①

（一）麦当劳社会责任感的体现

麦当劳是全球大型跨国连锁餐厅，1940年创立于美国，在世界上拥有3万多间分店。主要售卖汉堡包以及薯条、炸鸡等快餐食品。麦当劳公司拥有超过35000家快餐厅，分布在全球六大洲121个国家和地区，其中在中国地区麦当劳有超过2000家餐厅。

麦当劳作为快餐行业的龙头企业在企业社会责任感的建设上是比较出色的，2011年，麦当劳获得最具公众影响力企业社会责任事件奖以及环球慈善企业奖；2012年，麦当劳获得最具公众影响力企业社会责任事件奖、企业社会责任（CSR）十佳案例奖、人民微公益奖。麦当劳将回馈社会视为企业核心价值观之一。麦当劳坚信：以严谨而积极的态度对待企业社会责任，是企业持续发展之道。

麦当劳将其企业社会责任的建设分为五大板块：中国麦当劳叔叔之家慈善基金、诚信经营、推动本土经济发展、可持续发展的供应链、节能环保的餐厅运营。这五大板块正是从我们消费者所关心的几个角度去建设的。

麦当劳叔叔之家主要是为在外地就医的儿童及其家庭提供一个暂时的家，40年来，在全球的35个国家和地区已设有超过337个麦当劳叔叔之家，每天为8000个家庭提供服务。迄今为止，麦当劳叔叔之家已经服务全球超过500万个家庭，为病童家庭提供一个距医院只有数分钟路程的"家以外的家"。在中国大陆，2006年，麦当劳（中国）有限公司和中国宋庆龄基金会共同发起成立了"中国麦当劳叔叔之家慈善基金"（简称"中国麦基金"），通过可持续的筹款机制以及设立、寻找并资助直接改善中国儿童的健康和福利的项目，促进中国儿童的健康和福利事业；中国麦基金还致力于进行灾害的救助，2008年5月12日，四川地震灾情发生后，中国麦基金为灾区提供了超过2100万元人民币的资金和物资支持。

诚信经营是麦当劳企业核心价值观之一。麦当劳的《商务行为标准》以清晰、明确的规范，将保持公正、诚实和正直的态度视为每一位麦当劳中国员工的共识。同时，麦当劳在全球及各地设立了合规团队，确保公司和员工的各项业务往来符合诚信原则。

作为社区的一分子，麦当劳很荣幸能为所在社区服务，并为其带来积极的

---

① 资料来源：王洁. 麦当劳在中国地区的社会责任感表现［J］. 合作经济与科技，2015（10）：89-90.

影响。他们不遗余力地推动公司的本土化发展，力求最贴近当地消费者的需求。麦当劳在中国提供的 10 万多个工作岗位，绝大多数（99.9%）是本地员工，而中国 95% 以上的产品原料也来自本土，对中国的农业产生了积极的影响。

作为环境保护的积极倡导者和推动者，麦当劳中国在餐厅内采用多种节能方式，如广泛运用节能厨房设备、高效 LED 照明系统、高效节能空调系统和节水龙头，尽可能地提高餐厅的能源利用率。麦当劳中国是行业内率先采用全新节能厨房设备的餐厅品牌，通过节能制冰机、高能效炸炉和节能汽水机三大设备的技术升级，节能效果相比普通版本平均提升 44%。在中国，麦当劳早在 2006 年就在餐厅推行纸袋包装，并在 2008 年成立了跨部门的节能减排团队。

从创立"麦当劳叔叔之家慈善基金"到建造节能环保餐厅、从诚信经营到积极推动本土经济发展、从建立可持续发展供应链到为员工提供良好的职业环境和发展，一切都源于一个清晰的目标——齐心协力，打造一个更美好的社区。如麦当劳创始人雷·克洛克所言："取之社会，用之社会。"

（二）麦当劳社会责任感的建设效果

麦当劳的这些具有社会责任感的行为使得消费者对于麦当劳的认可度与信任度有很大的提高。在激烈竞争的市场中，企业产品和服务越来越同质化，企业社会责任作为企业开展差异化战略的手段，可以帮助企业获得竞争优势。而在人们对企业承担社会责任的要求不断提高的今天，消费者的压力也是企业采取企业社会责任行为的重要因素。因此，如何提高消费者对企业社会责任行为的满意对企业营销和企业声誉具有重要的意义。提高企业社会责任行为的满意，首先要让消费者知晓企业的社会责任行为。

麦当劳无论是中国麦基金的活动还是在为灾难捐助方面都吸引了大量媒体的报道，这使得麦当劳的曝光率大大增加，因此企业在进行企业社会责任建设时应该更多地通过第三方机构和媒体来发布其社会责任信息。企业从事社会责任的出发点应该是真诚的而不是迫于社会压力。这需要企业不断提高自身的道德水平，使企业行为符合作为社会成员的要求，减少消费者对企业行为动机的怀疑。企业应该将其承担的社会责任纳入战略规划，使企业社会责任成为适应动态环境的主动行为，而不是简单地对社会问题的被动反应。

（三）麦当劳面对的挑战

企业在进行社会责任建设时候要注意与当地文化相融合，且最好与当地政府相结合才能将其发挥到最好。麦当劳在中国已出现几次食品安全问题，2013 年的问题鸡事件，使得麦当劳再次陷入旋涡。食品安全的问题使得麦当劳在欧美等发达国家用料十分谨慎。

除此之外，2014 年的招远事件使得麦当劳对其社会责任的建设有了新的难度。在"5·28 招远血案"中，麦当劳餐厅先后发出三条微博，均是发表对于事件发生的痛心及表示会努力配合警方调查。在民愤沸腾之时，麦当劳遭到舆论的抨击，呼吁不去麦当劳就餐。指责麦当劳冷漠，不满麦当劳推脱责任等成为舆论主要观点。事实上，最高人民法院在《关于审理人身损害赔偿案件若干问题的解释》第 6 条中规定：从事住宿、餐饮、娱乐等经营活动或者其他社会活动的自然人、法人、其他组织，未尽合理限度范围内的安全保障义务致使他人遭受人身损害，赔偿权利人请求其承担相应赔偿责任的，人民法院应予支持。也就是说，麦当劳餐厅的员工和顾客虽然同是旁观者，但义务不同，前者应负有"安全保障义务"。麦当劳的回应没有满足民众的利益诉求。舆论事件发生之后，企业形象受到一定程度的损害，但是，舆论事件的结束并不代表着企业舆论应对工作的完结，反而恰恰是企业形象修复工作的开始。

对于企业社会责任的建设是多方面的，首先从国家角度看，每个国家应该制定相应的法律法规，使得在该国经营的企业能够有法可依，对它们的行为进行一定的限制和指导；其次，作为企业，社会责任的建设不是面子工程，而是要将其深入当地的人民生活中，要表达对消费者真诚的关心，建立消费者的信任感和好感，进而培养消费者的忠诚度，为企业的发展奠定扎实的基础。

第四节　品牌资产管理

品牌资产（brand equity）主要包括 5 个方面，即品牌忠诚度、品牌认知度、品牌感知质量、品牌联想、其他专有资产（如商标、专利、渠道关系等）。品牌资产也称品牌权益，是指只有品牌才能产生的市场效益，或者说，产品在有品牌时与无品牌时的市场效益之差。品牌资产是指与品牌的名字象征相联系的资产（或负债）的集合，它能够使通过产品或服务所提供给顾客（用户）的价值增大（或减少）。

一、品牌资产的构成

品牌资产是由品牌名字与产品类别、产品评价和关联物的联想构成的。

品牌名字与产品类别的联想比较具体，是其他联想建立的基础。

在品牌名字与关联物的联想中，关联物可以分为三类，即有利的、不利的和中性的。

在品牌名字与关联物的联想中，也可以将关联物分为独特的或共同的。

品牌资产与产品类别等概念之间的联想是双向联想关系，而且这种双向联想关系常常是不对称的。

二、品牌资产形成

品牌命名是名牌资产形成的前提；营销和传播活动是品牌资产形成的保障；消费者的产品经验是品牌资产形成的关键。品牌资产与产品类别等概念之间的联想是双向联想关系，而且这种双向联想关系常常是不对称的。

三、品牌资产管理策略

（一）提升品牌资产价值的策略

第一，提高品牌资产的差异化价值；

第二，通过理性行品牌延伸扩张、走外延提升品牌资产之路；

第三，通过品牌叙事提升品牌资产价值。主要体现在以下三个方面：（1）完美地体现品牌的核心价值理念。品牌核心价值理念是品牌带给消费者利益的根本所在。品牌叙事就是通过形象化、通俗化的语言和形式，将之传递给目标受众。不同行业或是同行业中的不同品牌，由于其经营方式、追求目标的不同，它的核心价值理念也是迥然不同的。（2）增进与消费者的情感交流与心灵共鸣。品牌叙事通过娓娓道来、形象生动的故事讲述，消除目标受众对品牌的陌生感和隔阂感，达到增进与密切目标受众的情感交流，进而实现品牌与目标受众的心灵共鸣。（3）形象巧妙地传递品牌信息。

第四，加强企业内部管理来提高品牌的资产价值。（1）要切实转变观念，真正树立起品牌意识。（2）品牌资产价值的提升需要不断地投入。（3）通过个性化的定位来提升品牌资产价值。

（二）品牌资产管理的一般方法

1. 建立品牌知名度

（1）创建独特且易于记忆的品牌。给产品或服务起个好记的名字。这就是广告存在所遵循的基本原则。

（2）不断露出品牌标识。除了声音之外，品牌名、品牌标识，标准色也具有很强的沟通能力。目标物重复暴露出现，可以提高人们对目标物的正面感觉，使消费者不论走到哪里，始终看到一样的视觉影像。如可口可乐的红色，百事可乐的蓝色。

（3）运用公关的手段。广告效果显著，但相对代价昂贵，且易受其他广告的干扰。但是，运用公关的传播技术，塑造一些话题，通过报刊来引起目标消费者注意常常可以取得事半功倍的效果。

（4）运用品牌延伸的手段。运用产品线的延伸，用更多的产品去强化品牌认知度，即所谓的统一式识别。

2. 维持品牌忠诚度

（1）给顾客一个不转换品牌的理由。

（2）努力接近消费者，了解市场需求。提高消费者的转移成本。

（3）塑造强势品牌价值。强势品牌的价值分为三个方面，分别是环境价值、潜在价值与执行价值，见图 4-2。

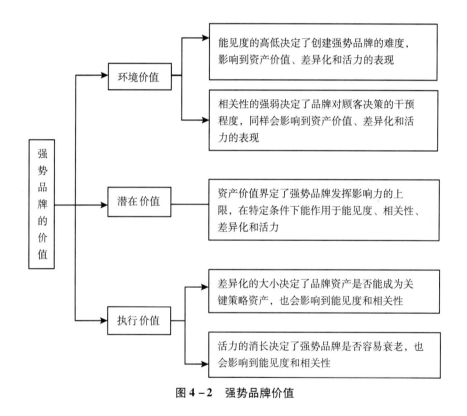

图 4-2　强势品牌价值

3. 建立品牌认知度

（1）锁定目标受众。品牌宣传应将精力集中在特定的群体。确定目标受众，持续向目标受众推广产品；了解目标受众的喜好，引起共鸣，他们才会追随于你。举个例子，他们可能访问过你的网站，并且在登录页面留下他们的联系方式，也可能是被确定为理想目标受众的群体。

（2）建立社交媒体。社交媒体对于提高品牌认知度、与用户的直接互动和用户黏性至关重要。在社交媒体上推广品牌需要注意以下几个方面：①选择恰当的平台；②制定品牌价值策略，确保内容以用户为中心；③充分利用分析工具确保营销宣传的效果。

4. 建立品牌联想

联想集团有一句很有创意的广告词："人类失去联想、世界会怎样?"同样，建立品牌联想对于品牌资产管理非常重要。品牌联想是指消费者想到某一个品牌的时候所联想到的内容，然后根据内容分析出买或不买的理由，这些联想大致可以分为几类：产品特性、消费者利益、相对价格、使用方式、适用对象、生活方式与个性、产品类别、比较性差异等等。

案例 4-4：宝洁公司全球品牌资产管理五维分析[①]

品牌资产并非品牌或产品本身，它与品牌忠诚度、品牌知名度、感知质量、（除感知质量外的）品牌联想及其他品牌专属资产密切联系，能够为企业带来价值，属于无形资产。如果品牌资产的五个维度有任何一个发生变化，企业财务报表中有关的内容也会随之变化。管理品牌资产，就是要求品牌管理者不断地建立并提升品牌资产的五大要素，不断丰富其内涵，使其在内部形成有机的结合，丰富品牌的整体形象，从而提高品牌资产的价值，为企业带来实质性的收益。

（一）基于品牌忠诚度的分析

1. 创造品牌概念

纵观宝洁旗下各品牌的广告宣传不难发现，宝洁为每一个品牌赋予了不同的概念与含义。以洗发用品为例，"海飞丝"强调去屑，"飘柔"强调柔顺，"潘婷"强调营养修复，"沙宣"强调生命活力等。每一个品牌背后都有自己的特点，针对不同诉求的客户人群提供了很好的适用产品。当顾客希望获得某种功效时，宝洁都能够提供具有针对性的产品，从而大幅度提升了顾客满意度，继而加强了品牌忠诚度。

2. 注重情感诉求

虽然宝洁公司对于每一个品牌都赋予了含义，但这种含义有时候过于宽泛，因此宝洁公司更加注重结合具体消费者的情感诉求，赋予品牌更丰富的含义，拉近与消费者的距离，提高顾客对其品牌的忠诚度。例如，"飘柔"的特点在于柔顺，而宝洁公司通过市场调研发现消费者对于"自信"有情感诉求，因此宝洁在之后的针对"飘柔"的宣传中，将"自信"这一元素赋予"飘柔"

① 资料来源：贾凡. 宝洁公司全球品牌资产管理研究 [D]. 武汉：华中科技大学，2016.

品牌，从而在消费者心中建立起自信的形象。又如，2002～2005年，宝洁公司针对中国市场推出"润妍"和"激爽"品牌，但均失败。通过调研发现，彼时消费者对于品牌的情感诉求不再局限于日常的护理，而希望能够通过品牌的使用获得更好的体验，并且随着生活水平的提高，消费者对于日常护理用品的要求也在发生变化，他们更加注重个人保健、美容护肤等。因此，宝洁将"蜜丝佛陀"等中高端品牌引入中国市场，同时收购伊卡璐、威娜、吉列三大品牌，将公司的经营重点向彩妆、保健、美容等方面倾斜。

3. 以顾客为中心

宝洁公司非常注重对市场的调研，获取第一手的顾客反馈，其每年都会运用多种市场调研工具与全球超过1000位的顾客进行沟通。宝洁采取很多接触消费者的方式，例如与消费者进行座谈、问卷调查、电话反馈等，从而建立起消费者信息反馈数据库，及时获取反馈信息并据此对产品予以改进，从而大幅度提高消费者的品牌忠诚度。

4. 重视产品命名

宝洁公司对于产品的命名也非常用心，一个好的产品名称会给消费者快速留下深刻印象并更容易被其接受。例如"帮宝适"贴切地说明了产品的用途及功效，其英文含义为"纵容、使满足"，将母亲对于孩子的爱非常直白地体现出来。又如"舒肤佳"强调产品的亲肤性，而英文强调"杀菌、保护"。这些命名可以充分激发顾客对于品牌的联想，并且能够体现产品的功能及定位，从而消除品牌与消费者之间的屏障，对于吸引新的消费者并保有老顾客的品牌忠诚度都大有裨益。

（二）基于品牌知名度的分析

1. 与众不同的品牌传播方式

顾客在日常生活中会接触到各种各样的产品信息，如何在众多的产品信息中给顾客留下深刻的印象是品牌经营者们不断需要解决的问题。最好的方法就是传播方式能够与众不同，快速吸引消费者，给他们留下深刻的印象。

以"舒肤佳"为例，宝洁公司的品牌传播中，广告宣传是最常用的方式，而在琳琅满目的广告宣传中给消费者留下深刻的印象，"舒肤佳"是一个非常好的范例。"舒肤佳"强调一种区别于以往香皂的新的皮肤清洁的概念，即去污与杀菌双重作用，并通过在显微镜下显示使用前后细菌的数量这种科学方法及"唯一通过中华医学会认可"的权威概念在众多香皂广告中脱颖而出，独树一帜。当消费者在面对众多品牌进行抉择时，会认出"舒肤佳"这一品牌，这已经达到了品牌知名度的第一个级别，即认出某一品牌，这就说明此时这一品牌已经具有一定的知名度。当被反复宣传以使得"舒肤佳"这一品牌可以在顾客脑海中自主回想时，就达到了品牌知名度的第二个级别。最高程度的，如果一提到香皂，特别是杀菌香皂，顾客只能想到"舒肤佳"，那么该品牌无疑具有巨大的市场优势，"舒肤佳"的品牌知名度也就达到最高级别。

2. 口号式宣传

"有汰渍，没污渍。"这一口号已经深入人心，并且运用了押韵的处理手法，使得口号更加朗朗上口，从而创造了一定的品牌知名度。口号（尤其是押韵式的口号）可以极大地改变宣传的效果，简短有力的口号中往往包含着非常直观的产品特征，不仅可以给顾客留下深刻的印象，也使得顾客能够产生丰富的品牌联想。因此，一个为大众熟知的朗朗上口的口号对于提高品牌知名度来说是一个强有力的武器，它可以极大地提高顾客对于产品的回想程度。

3. 反复宣传

品牌必须经过反复的宣传才可以建立起明确的回想。以宝洁的"潘婷"洗发水为例，从20世纪40年代产品出现开始，"潘婷"不断地改良产品，也在不断地进行宣传。"潘婷"所塑造出的品牌形象是具有气质及风格的年轻女性形象，它主打修护、焕发健康光彩，广告词为"潘婷相信，每一个你都是最独特的自己，拥有无限的美丽潜能"。同时，"潘婷"在广告代言上不断更新换代。以中国地区的广告为例，潘婷近几年先后邀请女星徐熙媛、杜鹃、林心如、杨采妮、林嘉欣、周慧敏、刘亦菲、章子怡、周迅、林志玲、汤唯等代言产品，这些明星有一个共同特点，就是气质优雅，美丽大方。这种反复的宣传塑造出了"潘婷"独特的品牌形象，也满足了广大消费者希望能够追求品质生活、拥有优雅气质的需求。当顾客具有这一诉求时，"潘婷"的反复宣传就表现出其巨大的优势，它既可以使顾客在需要购买产品时回想起品牌，也可以在顾客犹豫不决的时候阻止顾客回想起其他的品牌。

又如宝洁的"象牙"皂，宝洁公司最初对其的广告描述为"漂浮在水面""纯度高达99.44%"的肥皂，广告中处处充斥着宝宝、白色、漂浮的场景。自此，白色、象牙、纯正、漂浮、宝宝这些形象逐渐构成了"象牙"肥皂的品牌联想，从品牌名称到产品颜色再到广告宣传，"象牙"肥皂都传递一种纯正温和、可漂浮的理念，适合于宝宝，这也正是其定位基准。在随后的很多年中，宝洁一直通过"生活片段式的广告"在重复强化这个联想，持续的宣传而形成顾客的回想，对于提高"象牙"品牌的知名度起到了不可小视的作用。

（三）基于感知质量的分析

1. 提高质量

（1）质量控制。宝洁公司对于质量的控制，主要分为五个阶段。第一、第二阶段为前期的市场调研及新产品的开发与设计，当市场条件允许并对新产品有一个基本的设计后，宝洁公司会进入第三阶段，对产品进行可行性研究。可行性研究主要考察拟生产产品与制造工厂的定位是否符合，是否有新材料或新工艺能够支持新产品的生产，生产厂商的生产设备是否符合生产标准，厂商是否具备一定的生产能力及拟生产产品是否符合法律法规的规定等。在对新产品进行可行性研究并确认可行后，宝洁公司会进入第四阶段，对新产品进行稳定性测试，这主要是把控实验样品是否能够转化为产品实物，主要测试对象为新产品的生产过程及半成品。在这一阶段，主要测试生产技术水平是否能够满足产品所需的质量要求、生产设备是否具备满足关键工艺的能力、不同原材料的投放顺序及投放数量等。当产品经过稳定性测试后，进入质量控制的最后一个阶段，即试生产及生产准备阶段测试。在此阶段再次考察技术条件是否具备，以及生产条件是否成熟。生产条件又分为人员培训、设备维护、生产环境等。在人员的培训方面，宝洁设立有自己的研发中心，公司每年最主要的资金投入为研发资金，除此以外，对于相关工作人员，宝洁自 2011 年设立了宝洁学院，专门对员工进行质量培训，使每一个员工重视质量管理，从整体上更好地进行质量管理。

（2）质量保证。质量控制的主要目的在于监控整个新产品项目的执行过程，及时发现并排除导致不符合质量标准的因素。这是从生产层面对于产品的质量进行严格的把控，当质量控制的结果能够满足所预计的质量时，还需要依靠完善的组织架构及相应制度对产品的质量进行保障，从而确保最终的产品质量能够达到预期的结果。

首先，在组织结构上，宝洁公司对于新项目采取矩阵型的结构。即新项目立项后，管理层会指派一个项目负责人，之后再具体确定项目实施过程中所需要的各部门各专业人选，如技术工程师、生产工程师、采购工程师、财务人员、物流人员等，这些人员分属不同的部门，又统一接受项目负责人的调配。项目负责人领导整个项目的进展，对产品的质量及最终的结果负责。

有了确定的组织结构后，还需要有规范的制度，才能对产品的质量予以坚实的保证。宝洁公司通常采用的制度有变更制度，即项目在执行过程中总会出现与预期结果不同的偏差，为了最终的结果能够达到预期目的，需要建立完善的变更制度从而对于项目执行过程中可能出现的变化采取控制措施。第二项制度为质量管理制度，针对不同的产品类型，使用不同的质量管理制度。例如在生产牙膏时，宝洁公司采用 GMP（Good Manufacturing Practice）管理制度，这表明宝洁公司在生产牙膏时对于产品的质量与卫生安全予以高度重视，从而保障产品能够适用于预定用途并达到预期效果。第三种制度为质量审核制度，宝洁公司的质量审核分为内部审核和外部审核。内部审核即在宝洁公司内部形成质量审核小组，对于拟投入市场产品进行全面的核验，频率为每年一次。外部审核为宝洁公司在全球范围内挑选不同的质量、技术、生产等方面的专家，对于宝洁公司产品质量进行全面评估。

2. 将质量转化为感量

（1）提高性能。产品的性能即产品最基本的功用。对于宝洁公司来说，在其发展历程中一直在不断地增强产品的性能。以"潘婷"为例，从最初的将维他命原加入产品，到 20 世纪 70 年代发明出护发素产品，再到 2002 年推出富含维他命原 B5 的修护产品，再到将维他命原与蚕丝蛋白结合，对头发进行更深层次的养护，"潘婷"不断进行着产品革新，提高产品性能。

（2）向消费者提供信号或指标。由于产品的感知质量可以直接转化为企业未来的收益，当品牌提高了自身的产品性能后，最快速的提高收益的方法就是将"产品质量提高"这一信号传达给消费者。"潘婷"在不断提高产品质量的同时，不断通过广告等宣传形式将这一信息传递给顾客，使顾客对于新产品赋予更多的期待，从而产生购买行为。又如"舒肤佳"所传递给受众的"唯一通过中华医学会认可"这一信息，极大地丰富了产品的权威性，使消费者认为"舒肤佳"具有生产杀菌香皂资格并已通过认证，从而提高消费者对于"舒肤佳"产品的感知质量，继而转化为购买行为。

（四）基于品牌联想的分析

1. 宝洁公司品牌联想类型

在产品特征方面，宝洁公司通过多品牌策略进驻细分市场，为每一种产品赋予其独有的特征，每一个品牌都有其清晰的定位。例如"海飞丝"去屑、"潘婷"修复等。这种特征是最普遍的品牌联想，当顾客对此类产品特征具有需求时，便有充分的理由购买宝洁的产品。在无形特征方面，顾客在购买宝洁公司产品时，并不会对洗发水添加了某种具体的营养物质、电动牙刷的具体转速、化妆品的具体成分赋予太多的关注，通常一个好的品牌会具有某种抽象的无形特征，这种无形特征使得产品在顾客心中留下一个深刻的印象，从而在选购商品时倾向于该品牌。要想在顾客心中建立这种无形特征，与品牌资产的其他四个维度是分不开的，感知质量、其他品牌专属资产都可以提升或削弱顾客对于品牌的联想。

在顾客利益方面，顾客购买产品，最终关注的是自己能够得到什么样的利益。以 SK-Ⅱ品牌为例，SK-Ⅱ具有名为 Pitera 活细胞酵母精华的核心成分，并且开发者在开发最初就开始进行跟踪调查以不断改进产品，并最终经权威测试证实，多年使用 SK-Ⅱ产品的顾客肌肤年龄明显低于实际年龄，其肌肤五维数据成功超越同纬度其他地区女性。这对于顾客来说就是理性利益，顾客通过购买并使用 SK-Ⅱ的产品可以使自己的肌肤维持在一个相对年轻的状态。同时，SK-Ⅱ的高端品牌定位则会影响顾客的感性认识，顾客更容易从高端品牌中获得自信与满足感，这种感性上的认知则为感性利益。事实证明，感性利益与理性利益结合而带给顾客的体验是最好的。SK-Ⅱ将两者结合带给顾客最好的品牌联想，也就不难成为最近几年的大热品牌。

在相对价格方面，以宝洁的洗发水为例，其产品不是市场上最好的，但却是性价比最高的。这主要是因为宝洁生产的产品所用的原料很大一部分是自己生产的，并且配方合理，从而最大限度的发挥原料的功效，成本也随之降低。另外，宝洁多年来形成的巨头地位使得很多原材料供应商希望与之合作，因而宝洁可以第一时间用最优惠的价格拿到最新研发的原材料。因此，宝洁可以在一个较合理的价格区间而保有产品较高的质量。这使得宝洁具有了相对价格较低这一优势，但是质量却与相对价格较高的品牌不分上下。

除以上几点以外，宝洁旗下品牌在用途、顾客、名人、生活方式、产品门类、国家地域等方面都具有清晰的定位，使得顾客在选购产品时产生合理的品牌联想。下文将着重分析宝洁的竞争对手，某个品牌能够使顾客产生品牌联想固然是好的，但是如果不能产生同竞争对手相似区别的品牌联想，那么这种联想是不具备太大的价值及发展空间的。

2. 举例分析宝洁构建品牌联想

关于在创立品牌时如何通过构建品牌联想而形成品牌资产，下文将以宝洁旗下"汰渍"品牌为例进行分析。"碧浪"是宝洁旗下的洗衣粉品牌，主打高端市场，尽管其洗衣效果深得中国消费者的口碑，但在中国市场的销售业绩却并不理想。宝洁经过市场调研，决定推出一个中端品牌以占有中国洗衣粉市场的大幅份额。在构建这个品牌之前，宝洁公司对该品牌进行了相关的联想。首先，产品的特征为洗衣粉。其次，产品的相对价格较低，为性价比高的品牌。再次，产品所具备的顾客利益为去污、去渍。最后，产品需要具备不同于竞争对手（如雕牌等）的特殊的品牌联想，如"超凡的洗衣能力""聪明的选择"等等。随后，宝洁公司邀请目标消费者在无任何提示的情况下对备选品牌名称的联想进行测试。最终的统计结果表明，"汰渍"这一品牌名称符合前述的四大联想的定位。事实也证明，"汰渍"在后续的市场推广中取得了非常理想的效果，现在已经超过"碧浪"，成为宝洁公司洗衣粉产品的主要盈利品牌之一。

（五）基于其他产品专属资产的分析

商标可以防止竞争对手采用相像的名称、标志或包装迷惑顾客，从而保护品牌资产。一个强势的专利技术会直接影响顾客对品牌的选择。商标方面，宝洁公司拥有上百个注册商标，每个商标所代表的产品都具有自己的特色，代表着品牌自身的个性，从而使得每个品牌都能够有属于自身的发展空间。在专利技术方面，以宝洁在中国为例，截至 2012 年年底，宝洁在华申请专利 5429件，其中发明专利申请为 4454 件，发明专利、外观设计与实用新型专利的申请数分别占总量的 82.1%、17.9% 及不到 0.1%。自 1992 年向中国专利局申请第一项专利，宝洁在二十多年中平均每年专利申请数超百件，并且保持在一个稳定的状态下，表明宝洁的专利布局战略是长期且稳定的。

授权是指经专利局审查以后，决定给予申请者授权的专利。宝洁的授权率有相当年份维持在 35%～50%。另外，宝洁的发明专利存活率始终处于较高水平并逐年攀升，不难看出，自 1996 年起，宝洁至少有一半的授权专利存活至今。专利存活率反映了一项专利的技术稳定性及对公司利益的重要程度，专利存活时间主要由权利人是否主动放弃而决定。对于企业来说，若其决定放弃某项专利，主要是因为专利的技术含量不高，缺乏应用前景，也不适合作为技术储备。因此，专利的授权率与存活率能够在很大程度上反映该项专利的技术含量与应用前景。宝洁公司专利的这两项指标基本维持在较高水平，也就很大程度上能够反映宝洁公司的科研水平。目前，宝洁在全球各地都建有自己的研发中心，每年投入大量的研发资金。宝洁也曾于 1995 年获得美国颁发给技术成果卓越的科学家的国家技术奖章。这些充分说明了宝洁对技术研发的重视，宝洁强大的品牌力量的背后是源源不断的技术创新，这种创新与质量的保证不仅可以提高产品的感知质量及品牌联想，也大幅度提高了产品的知名度，进而提升顾客的品牌忠诚度，对于品牌资产的整体价值具有极大的推动作用。

在宝洁公司的无形资产中，有一项是客户关系。客户关系是指企业为了实现经营目标而建立起来的与客户之间的往来关系。建立起这种客户关系，可以节约交易成本，更加便于交易，进而为企业创造价值，形成企业的无形资产。在中国的资产评估中，客户关系往往属于商誉，其价值自然也就归属于商誉。但在国外的资产评估中，客户关系作为无形资产的一种内涵受到广泛的重视。品牌资产的第五个维度其他品牌专属资产中的渠道关系就是客户关系中的一种，例如企业与购货商之间的关系，有助于建立稳定的销售渠道，提高市场占有率，为企业带来更多的利益。客户关系的价值不仅体现在目前的盈利能力，还体现在该客户关系未来可能带来的预期经济利益的现值，企业把所有客户的价值加总就是客户关系资产价值。因此，客户关系类的无形资产是一种可以为企业带来预期可计量收益的宝贵的客户资源。

虽然客户关系可以被作为无形资产中非常重要的组成部分，但是并非所有的客户关系都可以作为客户关系类无形资产。这种关系需要同时具备以下三个条件，才能够成为无形资产：一是企业与客户之间必须存在事实关系；二是必须有对无形资产的购买方有用的、与上述关系有关的文件和数据（即历史上客户关系的文件记录）；三是必须能为拥有者带来确定的收益。

宝洁公司对于客户关系的管理，第一步是对客户进行识别。主要是通过各种各样的营销活动直接与客户进行接触，或通过购买专业咨询公司的报告等方式搜集客户信息。根据收集到的信息，判断出潜在的客户群，了解客户的需求，力图构建出客户的完整的形象，并建立其对客户关系的管理系统。有了对于客户的一个整体印象，第二步就是对客户进行差异分析，从众多客户中辨别出具有价值的客户并加以利用。宝洁通常是根据"财物价值"与"非财物价值"来区分客户，根据客户的不同需求区别对待，使得公司的资源得以最大化地利用并创造最大的收益。将客户进行细分后，第三步就是要与客户进行良性接触，根据客户价值的高低，进行不同程度的互动，了解客户所需并及时解决客户在购买并使用产品中所面临的问题。得到客户反馈后，第四步就是对产品进行调整，从而更加满足客户的需求。另外，宝洁公司还会征求前十位重要客户的意见，寻求公司是否可以为这些客户提供特别的产品或服务。宝洁公司完善的客户关系的管理不仅仅单纯依托于客户管理系统，还需要很多后台力量的支持。首先，项目组在开发产品时，需要对整个流程进行审视，例如站在顾客的角度对各种产品进行评估、选择、价格甄别，以便能够找出阻碍顾客购买产品的潜在屏障。其次，宝洁开发新项目采用矩阵型组织结构，这样在客户管理中必然要涉及跨部门业务，而为了保障项目能够顺利进展，需要有一个行政高层领导对整个项目进程进行支持。除此以外，来自高层领导的支持更容易对整个项目制定一个具体可行并有说服力的目标，同时也能够更好地鼓舞人心、激励员工。再次，客户管理并非一兵一卒可以完成，而是需要有一个团队共同协作，例如高效率的技术人员、能够对企业业务流程进行重组的业务人员、对于管理方式能够进行灵活改变的管理人员等。最后，客户关系是一个整体，管理团队需要将其整合，从而使得客户关系管理能够获得效率及有效性。

第五节　品牌危机管理

近年来，随着品牌价值的提升，在品牌经营过程中企业投入大量人力和物力资源，但品牌危机已经是企业经营过程中一种常见现象。特别是，一些受到社会公众关注和国家政府重视的企业通常更容易经历品牌危机。因而，企业经营管理过程中的品牌危机治理已经是不可或缺的构成部分。

一、品牌危机及其深层次内涵

品牌危机是指那些真实的或者虚假的品牌负面消息，这些信息会影响品牌形象，降低消费者对品牌的信任，最终对品牌造成伤害。品牌危机主要体现为对品牌形象的破坏、品牌价值的损失、品牌美誉度和信任度的降低，并由此导致的使企业陷入经营困难的状态。品牌危机具体表现为消费者与品牌关系的逐渐恶化，品牌一旦发生危机就会造成许多负面影响，例如消费者对品牌声誉和形象评价降低，对企业产品或后续服务的认可度和信任度下降，品牌市场占有率不断下滑，严重时则会直接影响企业后续品牌产品的推广和销售。危机是一种很可能对组织、公司、行业及其公众、产品或声誉带来负面结果的状态。随着品牌危机在全球范围内的频繁发生，品牌危机还可能产生类似于溢出效应的影响，即某品牌被曝光的危机信息还能够影响消费者对该危机信息并未提及的同类其他品牌的看法。因此，解决品牌危机对于一家存在危机的企业来说是一项至关重要的任务。

二、品牌危机产生的缘由与负面影响

（一）品牌危机产生的缘由

任何品牌危机的产生都会有相应的源头，品牌危机的发生是一个渐变的过程。通常品牌危机的演化过程是由"品牌事件的发生"到"品牌事件的发展"最终到"生成品牌危机"。一家企业一旦发生了品牌危机，通常是由于这家企业在品牌事件发生之时没有做好积极的应对，而使事件的发生不断蔓延，最终才酿成危机。

（二）品牌危机产生的负面影响

（1）影响企业声誉，损害企业信用。让客户怀疑企业产品的性价比和诚信问题。

（2）使企业销售额下降，利润减少，经营环境恶化。任何一家企业出现丑闻都会影响经营情况，最终导致销售额下降，从而影响公司的经济财务状况。

（3）员工士气低落，对管理层产生不利影响。

（4）对同行业的其他竞争品牌产生负面影响。在激烈的现代商业竞争中，品牌信任如此重要又如此脆弱，不仅受到品牌自身危机的影响，还要面临来自品牌竞争者的危机的威胁。当消费者认为竞争品牌之间更接近时，消费者就更倾向于用其中某一品牌的危机信息来"诊断"其他竞争品牌。当竞争品牌和负面信息曝光的危机品牌具有较高的联系重合度时，消费者将倾向于对竞争品牌做出负面评价。

三、品牌危机公关

(一)危机公关定义

任何企业都有发生品牌危机的可能,尤其是近年来受到移动互联网信息技术的影响,品牌危机事件被不断放大,各类行业知名企业被曝出发生品牌危机的事件层出不穷。品牌危机一旦发生就会给企业带来各种各样的损害。因此,无论是大型企业还是中小型企业都要正确看待危机,有计划、有组织地应对危机,运用有效的措施解决品牌危机,这就是危机公关。

当出现品牌危机后,企业的反应会决定最终品牌被拯救的程度。危机公关应对策略并没有标准化的定式,不同的企业都有适合其修复危机的方式。但是,绝大部分企业都会采取一系列措施进行积极应对,修复品牌危机,减缓危机给品牌带来的负面影响。

(二)危机公关类型

(1)组织的产品与服务缺陷所造成的危机公关。

(2)意外灾难事件而引起的危机公关。

(3)舆论的负面报道引起的危机公关。

(4)竞争对手或隔壁敌对公众的故意破坏而引起的危机公关。

(5)洋品牌广告伤害国内民族尊严引起的危机公关。

(三)品牌危机的成因

美国危机管理专家诺曼·奥古斯丁形容说:"危机就像普通的感冒病毒一样,种类繁多,难以一一列举。"其中,危机的成因往往可以追究至组织内部和组织外部。

1. 组织内部原因

(1)缺乏危机意识,没有做好应对危机或风险的保障措施。

(2)组织素质低下,组织或个人言行不当。例如,1993年,西安香格里拉大酒店丹麦总经理在饭店大堂当中殴打一位中国顾客而引发企业形象危机。

(3)经营决策失误,违背"与公众共同发展"。投机心理、短期行为、欺诈行为。组织自身决策违背了"与公众共同发展"的公关理念。

(4)没有建立正常有序的传播沟通渠道。

(5)法制观念单薄。

(6)纠纷处理不当。

2. 组织外部原因

（1）不可抗力因素。例如 2020 年的新冠肺炎疫情冲击我国各行各业，其中零售业、餐饮业和旅游业的受损最为严重。

（2）体制和政策的因素。

（四）危机公关处理原则

1. 及时主动处理原则（迅速反应）

第一时间做出迅速恰当的反应是防止危机事件继续恶变的"第一法宝"。

危机处理的目的在于尽最大努力控制事态的恶化和蔓延，把因危机事件造成的损失减少到最低限度，在最短的时间内重塑或挽回企业原有的良好形象和声誉。高效率和日夜工作，赢得时间就等于赢得了形象。品牌危机程度与时间关系详见图 4 - 3，它会随着时间经历 4 个时期：突发期、扩张期、爆发期和衰退期。

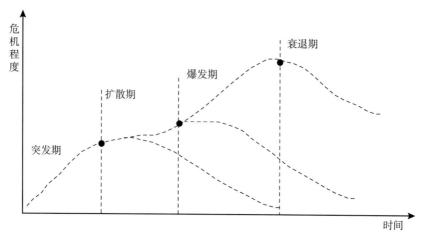

图 4 - 3　品牌危机程度与时间的关系

资料来源：曹金华，赵瑞峰. 品牌危机管理研究［J］. 企业活力，2007（12）：30 - 31.

2. 勇于承担责任，消费者利益至上原则

如果发生品牌危机，企业要以消费者利益至上为原则，站在消费者的角度去处理问题，勇于承担相关责任。

（1）认真了解消费者的情况，诚恳地向他们道歉，并实事求是地承担相应责任；

（2）耐心而冷静地听取消费者的意见，包括他们要求赔偿损失的意见，了解、确认和制定有关赔偿的文件规定与处理原则；

（3）避免与消费者及其家属发生争辩与纠纷，企业自身也避免出现为自

己辩护的言辞，但要真正地站在消费者的立场上思考问题。

3. 真诚坦率原则（透明原则）

任何危机的发生都会使公众产生种种猜测和怀疑，有时新闻媒介也会有夸大的报道。在现代信息化的社会空间中，一个组织很难隐瞒信息，及时透明公布信息，可能避免流言蜚语、小道消息所造成的负面影响。

4. 统一原则

统一原则包括信息发布口径的统一，避免多种不同声音的出现，造成外界更大的猜疑和混乱，做到行动统一、目标统一和整个组织反映协调活动的统一。

5. 配合媒体原则

积极配合媒体可以抓住事态发展的主动权，可以将损失控制在最小范围内，使形象免受更大的损害，可以通过开诚布公的方式与公众坦诚相见，维护良好形象，可以借助媒体在公众中树立公正的形象，说服公众，便于以后开展工作。

6. 巧妙接招原则（灵活创新原则）

由于危机多属于突发性的，不可能有既成的措施和手段。危机处理既要充分借鉴成功的处理经验，也要根据实际情况，借助新技术、新信息和新思维，进行大胆创新。

（五）危机公关三阶段

1. 危机公关准备阶段

（1）建立危机管理小组；

（2）首先要明确问题，挖掘出危机爆发的缘由；

（3）安排调查组深入现场，尽快做出初步报告；

（4）制订或审核危机处理方案，尽快遏制危机的扩散；

（5）要统一信息发布口径，指定新闻发言人；

（6）决定是否聘请外部公关专家协助指导。

2. 危机处理阶段

（1）企业内部对策。迅速成立处理事件的专门机构；判明情况、制定对策；通告全体人员、统一口径，协同行动，共渡难关；安抚受损人员及相关人员；奖励有功人员。

（2）针对受害者的对策。认真了解受损情况，实事求是地承担责任，并诚恳道歉；冷静听取受害人的意见，做出赔偿损失的决定；避免发生不必要的争执；给受害人以同情和安慰；派专人负责受害者要求，并给予重视。

（3）针对新闻界的对策。统一新闻传播口径，说明事件要简明扼要；主动向新闻界提供事实真相和相关的信息，并表明自己的态度；在事实结果没有明朗之前，不对事件作推测性的报道。

（4）对上级主管部门的对策。及时、主动向组织的主管部门定期汇报事态的发展情况，求得上级主管部门的指导和支持；事故处理后，对事件的处理经过、解决方法和今后的预防措施要及时总结并向上级详细报告。

（5）对消费者及其团体的对策。要及时通过各种可以利用的渠道，如零售网络、广告媒介等，向消费者说明事件的经过、处理办法及今后的预防措施；热情接待并慎重接触消费者团体及其代表。

（6）对业务往来单位的对策。要尽快传递事件发生的信息，以书面形式通报正在采取的对策。在事件处理过程中，定期向各界公众传达处理经过，对于由事件给业务往来单位造成的损失表示诚恳的歉意。

3. 重塑企业组织形象阶段

"危机"，危险和机遇。美国危机管理专家诺曼·奥古斯丁说："一次危机既包含了导致失败的根源，又蕴藏着成功的种子。发现、培育、进而收获潜在的成功机会，就是危机处理的精髓；而错误地估计形势，并令事态进一步恶化，则是不良危机处理的典型特征。"

（1）恢复社会组织及声誉和形象。第一件事便是重新恢复组织及产品形象，挽回组织和产品的声誉。如果是产品出现的问题，除了确保产品的品质之外，还应做出相应的承诺。

（2）继续关注、关心、安慰受害人及其家属，不要以为赔偿就万事大吉了。因为危机的发生，受害人及其家属遭受的不仅是经济的损失，可能还有情感上的伤害。

（3）重新开始广告宣传。危机过后要重拾公众信心，通过广告策略调整等办法，开始新的广告宣传。

（4）开展重建市场的工作。公共关系危机带给企业的直接后果：一是形象受损，二是市场崩溃。

（5）强化、教育员工树立危机管理意识。

（6）充分协调社会组织与公众的关系。

①利益协调是公共关系协调的基础。重视三个环节：认清各自的利益需求；把握相互利益的结合点；调整利益目标。

②态度协调，一般应当从认知、情感、意向三个方面入手，防范和克服不利于相互合作的某些消极情绪。

③行为协调指社会组织及其公众自觉地对自身的行为进行的调整和调节，使双方相互支持、互助合作。

（六）公共关系危机

1. 公众关系危机的识别

显性状态下的公关危机比较容易被发现。但是对于危害程度的认识和判断却需要很多的公关经验和很高的判断水平，因为它涉及对危机处理的决策和处理手段的制定，以及处理措施的实施。

2. 公共关系危机的预防

（1）危机是不可避免的。张瑞敏说过："永远战战兢兢，永远如履薄冰。"比尔·盖茨也说："我们离破产永远只有 18 个月。"

（2）设立应付危机的常设机构，人员组成：企业决策层负责人、公关负责人和公司一些其他主要部门的负责人。

（3）建立危机预警系统，包括了危机迹象的检测、危机迹象的识别、危机迹象的诊断和危机迹象的评价。危机的预控机制包括思想准备、组织准备、物质准备、基础设施准备和危机迹象的评价。危机发生后的危机救治机制包括危机发生后的积极的强制干预措施、稳定民心及全员参与。

（4）制订危机管理方案。检查所有可能造成公司与社会发生摩擦的问题和趋势；确定需要考虑的具体问题；估计这些问题对公司的生存与发展的潜在影响；确定公司对各种问题的应付态度；决定对需要解决的问题采取的行动方针；实施解决方案和行动计划；不断监控行动结果；根据需要修正具体方案。

第五章　品牌影响力评价

第一节　品牌影响力评价作用和意义

一、品牌影响力评价的作用

品牌影响力评价，指的是基于一定的评价体系，全面分析和描述品牌的发展特征，包括品牌战略的合理性、品牌与消费者的关系、品牌管理体系的效率、品牌营销的投入产出比等若干方面，并依据具体的评分标准对品牌的实力进行量化评分，使品牌评价的结果能够成为跨越多个经营周期考核品牌管理绩效、了解品牌发展趋势的参照系。

品牌影响力包括品牌知名度、品牌认知度、品牌美誉度、品牌偏好度、品牌占有率、品牌满意度及品牌忠诚度七项评价指标，都来源于消费者对品牌的直接评价和认可，其中，品牌忠诚度为核心指标。因为品牌忠诚度决定着顾客对品牌的选择偏好，更重要的是品牌忠诚度决定着关注程度，会引发对相关背景的主动探究或了解。品牌影响力指标体系多为围绕上述七项指标有倾向性和侧重性的延伸和拓展得出评价对象各方面特性及其相互联系的若干个指标，再进而构成具有内在结构的有机整体。按特定频率进行系统搜索的网络媒体和报纸媒体、广拓受众反馈渠道或直接运用品牌影响力的测算公式都是应用品牌影响力指标体系得出品牌影响力评价的方式之一。

"品牌影响力评价"与"品牌价值评估"不同，它只为品牌管理服务，不为经济交易服务，因此并不衡量品牌作为一种资产所具有的经济价值。品牌影响力评价的成果与品牌资产评估结果相结合，可以更完整地体现品牌的"内在价值"和"交易价值"，弥补了一般只采用无形资产评估方法评估品牌价值的不足之处。在品牌影响力评价的基础上，可以有针对性地提出改进品牌管理、提升品牌价值的解决方案，从而对企业改进品牌管理产生直接作用。

品牌影响力评价是开展品牌管理的基础性工作，是品牌引入退出和实施品牌维护的主要依据。品牌影响力评价是指根据设定的指标体系，定期对经销的所有品牌（包括引入新品牌）进行评价，以衡量各个品牌市场拓展能力、获利能力、发展潜力等方面的表现，科学评价品牌的竞争能力，为判断产品生命周期的不同阶段、实施品类管理、调整品牌营销策略提供依据。

品牌影响力评价要遵循市场导向、客观公正、动态调整、当前与长远相结合的原则，一般半年评价一次，为下一阶段的货源组织和计划签订提供依据。评价指标要综合当前稳定市场的需要和未来发展的要求，体现客户的意愿和品牌发展战略的导向作用，指标尽可能量化，评价的结果要与品牌培育工作相结合。

在各行业发展都更加完善的今天，提高品牌的影响力是企业和经营者经营品牌的重要目标和实现自身价值的重要手段，通过了解分析，对品牌影响力评价可以从品牌的重要性、成长性、盈利性、稳定性及协同性五个方面做如下总结：

（1）品牌的重要性，主要衡量该品牌是否符合国家局品牌发展战略和省局（公司）品牌发展规划的要求，侧重于品牌的行业地位和影响力，具体包括重点品牌和销售规模、位次等指标。

（2）品牌的成长性，主要衡量该品牌的发展潜力，在市场的现实表现和竞争能力，以及市场与品牌间的依存程度，具体包括市场覆盖率、订单满足率、销量增长率、市场份额、在同类产品中的销售比重等指标。

（3）品牌的盈利性，主要衡量该品牌的盈利能力，具体包括销售毛利的贡献度、调批环节的盈利水平和批零环节的盈利水平等指标。

（4）品牌的稳定性，主要衡量品牌在货源、品质、价格方面的稳定性，评价异动因素对市场投放的影响程度。

（5）品牌的协同性，主要衡量工商企业间协同机制的运行水平和产销环节的相互配合程度，以及企业在市场推广、品牌培育、售后服务等方面的能力表现。

二、品牌影响力评价意义

完整的品牌影响力评价可以填补短期财务评估和长期策略分析间的落差，取得一个平衡点。而品牌影响力评价热潮之所以兴起，主要还是因为市场激烈的竞争和企业面临各方面的压力发生了变化。随着经济全球化的发展，企业生存的环境和市场发生了变化，企业面临新的威胁，随时会受到来自全世界其他市场或其他产品中的品牌和企业的冲击。而科技的发展又使得规模化经济和营销效率的需求开始促使很多企业向全球竞争态势迈进，于是，全球性的品牌兼并、收购和合资热潮兴起。同时，随着社会经济的发展，产品差别化缺乏可靠性，这就意味着即使是那些提供传统包装产品以外的企业也开始寻求产品差别化的其他有效途径。凡此种种，使得人们不得不越来越重视品牌的评估。

若能切实实施品牌影响力评价，则会使得企业资产负债表结构更加健全，通过将品牌资产化，使得企业负债降低，贷款的比例大幅降低，显示企业资产的担保较好，获得银行大笔贷款的可能性大大提高。从而也就更能形成金融市场对公司的价值有较正确的看法，以此激励投资者信心。对公司各个品牌价值作出评估后，有利于公司的营销和管理人员对品牌投资做出明智的决策，合理分配资源，减少投资的浪费。品牌影响力不但向公司外的人传达公司品牌的健康状态和发展，而且还向公司内所有阶层的员工传达公司的信念，激励员工的信心。品牌影响力评价的最大作用则是可以提高公司的声誉。品牌经过评估，可以告诉人们自己的品牌值多少钱，以此可以显示自己这个品牌在市场上的显赫地位。

品牌影响力评价热潮兴起的背景是因为市场激烈的竞争和企业面临各方面的压力发生了变化。主要表现在以下 8 个方面：

①企业面临新的威胁。随着经济全球化的发展，企业生存的环境和市场发生了变化，以往世界上每个产品类别和地理市场作为一个独立的系统运作着。随着经济的发展，企业受到了来自全世界其他市场或其他产品中的品牌和企业的冲击。

②制造效率提高。科技的发展推动生产力的大发展，规模化经济和营销效率的需求开始促使很多企业向全球竞争态势迈进。

③品牌的延伸。持续增长的品牌创建费用，以及新产品推出失败率的提高，促使许多公司试图通过产品线延伸、好—较好—最好系统、品牌/副品牌关系等方法，尽力扩大品牌价值。

④品牌兼并、收购和合资。近期兴起的品牌兼并、收购热潮，使得许多企业意识到对现有的品牌资产的价值进行更好的掌握是必需的，对兼并、收购的企业品牌价值掌握也同样重要。合资企业的不断出现产生了传统上认为不能联合的联合品牌名称。

⑤传统媒体的低效。互联网的飞速发展，信息快速的传播，不断增加的传播噪声和媒体渠道的零细化，导致了接踵而来的媒体效率降低。

⑥产品差别化缺乏可靠性。市场的成熟，企业取得并保持一项技术或产品的真正优势变得十分困难。这意味着即使是那些提供传统包装产品以外的企业也开始寻求产品差别化的其他有效途径。

⑦拉动消费者的需求。由于市场的竞争和人们物质文化生活的不断提高，许多公司已经感觉到有必要转移到"食物链的顶部"，意识到需要相应地拉动

消费者。就连那些无意向普通大众出售产品的企业也开始意识到在最大范围内拥有自己的正面的社会形象的价值。

⑧企业改变支出结构。广告预算的压力，削弱了许多传统品牌的忠诚度。那些处于这种双重压力中的公司开始寻找新的、非传统的建立品牌形象的方法。

做品牌不是企业正常的经营活动之外的行为，它从一开始就是经营活动的一部分。与客户、供应商、合作伙伴、政府和社会打交道的过程，本身就是做品牌的过程。品牌没有"有与无""做与不做"的问题，只有价值高低和资产多少的问题。品牌是整个公司的战略资产，而不是营销和品牌主管可以自行打造、支配和使用的促销工具。中国企业在全球化竞争中要想完成从单纯制造产品到创造品牌转变，必须完成对品牌的世界观（品牌不是营销工具而是战略资产）和方法论（品牌是无形资产，但也是可以通过特定的方法进行量度和管理的资产）的转变。

品牌是企业的无形资产，是企业经过多年的发展积累沉淀下来的宝贵资源，也是企业实现可持续发展的重要保证。一个简单的道理，品牌，既然它是资产，那么它就和房屋、机器设备等资产一样，需要经常的投入和维护，品牌影响力评价实际上就是对企业品牌的投入和维护过程。这一点，是大多数企业所忽略的问题。在经济全球化的趋势下，品牌已经成为衡量一个企业、一个地区乃至一个国家综合经济实力的一项重要指标。目前的市场竞争，已经逐步转向"以品牌价值为核心的竞争"，拥有了品牌，才能在市场竞争中掌握主动权，有品牌价值做支撑的产品，才能有效占领更大的市场，在市场中更加具有竞争力。需要做到以下几点：

（1）宣传战略。宣传战略是以品牌宣传、品牌传播为核心，宣传战略的制定，是在资金条件允许的状态下，从互联网、广播、广告等多种渠道，对品牌的功能、性价比、特点等方面进行宣传，在注重品牌宣传的前提下，利用各地区的交流平台、购物平台，对品牌的个性化、特色化进行宣传。此外，在落实宣传战略的过程中，以同行业的产品宣传为参考，可以以广告本土化的方式进行策划，利用海外地区的素材及背景，环境广告和产品整合提升消费者对企业产品的认知度。宣传战略的制定及实施，需要以资金做支撑，所以，在明确品牌产品的前提下，需要从品牌定位、品牌管理的角度进行完善，以此实现广告效应的最大化利用。在注重海外市场拓展以及落实农村包围城市这一发展理念的过程中，品牌的海外市场经营，仍然需要与地方政府以及媒体等方面构建良好的合作关系，避免技术侵犯隐私、盗取机密等情况的出现。

（2）优化管理。跨境投资的中国公司成功的并不多。在许多情况下，投资本身并不存在问题，是企业在作出投资行为后，不符合国际治理机制和管理方式。结果，公司在海外运营过程中不能适应；同时，由于运营规模扩大后，管理协调问题也随之增加，如果没有管理机制的合理化，企业就容易出现成本效率低下的现象。治理优化和管理变革一直与国际化相辅相成，管理和服务上的提升对于品牌国际化来说，加大投资额不仅不会拖企业后腿，反而能成为有效的国际竞争力之一。

要成为一家跨国公司，企业应根据跨国公司的要求，尽快完善公司的内部管理架构。中国正处于经济快速增长和工业化发展的过程中。公司治理机制的有效运作和治理结构的完善将在转型过程中发挥重要的作用。

（3）注重创新。创新战略是从产品生产创新、产品功能创新、品牌传播创新、价格战略创新、商业模式创新等方面进行改进，实现品牌国际化的快速发展。产品生产创新是从生产流程、生产方式、库存方式、运输方式等方面进行调整，在保证产品质量的前提下，对生产流程、生产方式等方面进行调整，例如，在产品对外贸易时，可以利用国家现有政策，调整进出口贸易方式，根据市场需求，简化生产线，调整运输方式，降低企业成本。

只要现代企业想获得更多的经济效益，而且想要在竞争中获得先手，就必须进行技术创新。技术创新包括研发技术和技术改造，企业可在技术创新取得核心技术优势。核心技术优势决定在市场的普及度及广度和深度。技术创新已成为企业赢得市场的根本途径和有力的武器。对企业自身而言，建立有效的激励机制和稳定的技术支撑体制，形成自主知识产权的技术创新能力，拥有核心技术项目，同时对该项目有控制力。

（4）塑造差异。企业的差异化营销，使企业形象、产品、服务等与竞争对手要有明显的区别，才能获得竞争优势。该战略的重点是创建行业和客户认为独特的产品和服务。差异化战略的方法有好多种，例如产品的区别、服务更优、有特色和形象差异化等。实现战略后，使客户形成依赖，可以培养用户对品牌的忠诚。差异化战略是根据不同地区的消费水平、文化背景、法律环境、消费需求等方面的不同，结合产品本身的特点，实施营销的差异化管理策略。从差异化管理的角度进行分析，在实现本土化经营的过程中，各地区是以本地人为主流人员，所以，在落实差异化管理的过程中，需要从文化差异、人员需求等角度进行分析，以此提高内部管理效果。从差异化营销的角度进行战略体系构建，是从逆反营销、4C营销、个性化营销等不同模式进行调整，以此提高品牌产品的国际化营销效果。此外，实现品牌国际化，针对不同地区的产品市场情况，对品牌传播方式、宣传方式进行差异化设计，例如，欧美地区的手机市场相对饱和，品牌宣传的侧重点是独特性及个性化。在强调产品质量以及市场需求的前提下，以思维差异、功能差异、质量差异等方式，实现自身产品的市场竞争力提升。结合产品质量以及市场需求，发挥产品的功能效用，并逐步提高产品质量，发展自身的目标顾客群体，提高产品质量。

（5）完善服务。在品牌影响力和市场份额提高的同时，从创新、服务、变革等多个流程入手，提升用户体验。保障并优化提升消费者的使用体验，使客户获得更好的体验感知。为打造国际高端品牌奠定基础能力。

服务战略是基于消费者服务的核心概念。对消费者需求方面进行服务，在落实人性化、个性化服务的前提下，培养消费者忠诚度，增加品牌的市场销售额。服务战略体系的构建，是以消费群体定位为依据，并针对不同消费群体的需求，结合品牌，以此满足目标消费群体的消费诉求。构建健全的网络营销服务体系是维护消费者利益、实现移情管理模式的主要途径。

从消费者的角度分析，品牌是消费者对某类商品形成的主观印象，它可以使消费者在选购该类产品时产生某种偏好。长久以来，品牌价值的发展状况成为了评价企业的市场营销效果的重要参考指标，在一个企业收购与兼并的经济活动中品牌价值的高估或低估及其评价的合理性也成为了交易中双方谈判的重点内容。国际上的会计准则倾向于把无形资产像有形资产一样列入公司的总资产之中。与此同时，进行品牌价值的评估可以给企业出资者或企业的内部管理者提供一个清晰的可以量化的关于管理的实施效果的指标体系。与品牌相关的诉讼和并购案例不断增加，使得企业对品牌价值的评估需要不断增加，在现代企业中产品相似度很高，行业竞争日趋激烈，品牌产品往往代表高质量。随着品牌价值在市场中的作用日益凸显，考虑和研究如何拥有品牌优势可以使企业在激烈的市场竞争中处于有利的地位，获取强有力的竞争优势。因此，对品牌价值的评估的研究具有很重要的现实意义。

第二节 品牌影响力评价基础和原则

品牌是尚未得到充分认知的最具价值的资产。品牌用于区分不同实体及其产品、服务。品牌的载体可包括实体、产品和（或）服务、产品线和（或）组合、城市、区域等。品牌拥有者可以是商业组织或非营利机构。品牌能够彰显实体及其产品和（或）服务的独特属性和利益，这些属性和利益可包括产品的功能、性能、情感因素及社会因素。与此同时，也需要通过体验建立品牌认知，从而在利益相关方意识中逐步构建品牌形象。

品牌不仅对其持有人具有价值，对其他利益相关方也同样产生价值。品牌能增加品牌持有人的经济价值，降低经营风险，并实现可持续发展。尽管品牌各有不同，但优势品牌对经济利益的贡献是毋庸置疑的。优势品牌能够吸引顾客，可通过提高价格、增加销售量、提高忠诚度降低运营成本，从而确立影响收入和盈利能力的竞争优势，提升经济价值。

优势品牌是实体价值的一种资产，它的价值根本上取决于品牌对利益相关方的贡献。因此，品牌评价有两种途径，即财务途径和非财务途径。ISO 10688《品牌评价——品牌评估要求》提供了财务途径的品牌评估方法。

对于品牌评价的基础和原则需要首先明确以下几个方面：

（1）品牌强度和品牌绩效。品牌强度指品牌对顾客和其他利益相关方产生积极或者消极影响的程度。品牌强度可采用多种方式，通过法律、顾客等不同维度测算，每个维度均包含多个指标。

在评价具体品牌的价值时，须选取与该品牌相关的适宜指标。评价不同类型的品牌，诸如快速消费品、奢华服务、工业品以及目的地城市品牌，可使用不同的指标和权重。

品牌绩效反映品牌在市场中的影响程度。例如，当其他因素比品牌对购买决定更具影响力时，即使优势品牌，其在市场中的影响程度也可能较弱。反之，当其他因素对购买决定的影响较弱时，非优势品牌也有可能产生较大影响（竞争水平可视为对购买决定产生影响的其他因素之一）。

通过市场比较分析或模拟市场测评，测算品牌强度对销售量或者接受度的影响程度以评价品牌绩效。品牌绩效与品牌强度存在关联关系，需在该品牌所处的市场中进行测评。换言之，品牌绩效可用于评估品牌强度对目标顾客和（或）利益相关方的影响程度，也可包括反映财务表现上的量值。

（2）持续改进。不同时期品牌评价结果的变化能体现持续改进的效果。目前，品牌投入往往被认为是为了拥有名称、标志或商标的利益。事实上，积极开展品牌管理并至少每年进行一次品牌评价，将有助于提升实体价值。开展品牌管理，并通过品牌强度、品牌绩效以及财务指标的改善反映实体价值的提升。

对于追求品牌价值提升的组织而言，品牌评价为品牌持续改进建立了反馈环路，进而通过持续改进创造更大价值。根据反馈改变品牌投入要素的构成和水平可以提升品牌，从而为顾客和其他利益相关方带来更多的利益和更好的体验，为拥有和使用该品牌的实体带来更大回报。因此，本标准提供了企业高水准规划和治理（包括品牌管理最佳实践）的基础或起点。

品牌评价框架也适用于外部投资者和债权人。通过品牌强度、品牌绩效和财务结果的评价，不仅可用于明确内部规划目标，也可用于相关投资者和债权人明确相应目标。

品牌评价框架表明品牌评价是复杂的、多维度的，该框架可用于多种用途。有时也仅用品牌强度来呈现品牌评价结果。可通过持续评价品牌投入要素、输出维度及其关联关系，反映品牌强度的改进程度。品牌强度是决定品牌绩效即品牌市场影响力的首要因素，竞争程度等其他因素也会对品牌绩效产生影响。品牌绩效也是确定品牌货币价值的因素之一。

在对品牌影响力进行评价的时候，评价人员使用相关的指标从要素和维度方面评价品牌，并确认各指标与品牌的相关性以及包含关系。

评价人员须判断指标的强度、数据来源、数据可访问性的频率，以及该指标在反映相关维度对品牌价值所作贡献方面的局限性。

必要时，宜邀请独立专家协助对指标进行客观审查。

一、品牌评价的原则

进行评价宜体现以下原则：

品牌评价人员宜知晓各要素和维度对于不同利益相关方而言其重要性和权重会有所差异，针对特定利益相关方进行评价时会采用差异化的、具有代表性的指标。

进行品牌评价时宜从不同角度采用多个要素和维度加以认识。不同要素和维度需采用不同方法来评价其对利益相关方的影响。品牌评价宜采用定性分析和定量分析相结合的方法。

此外还需遵循以下三个方面的原则：

（1）透明性。品牌评价过程宜公开透明。包括对评价输入、输出、假设和风险的披露及量化处理。

（2）一致性。品牌评价所采用的方法宜保持一致以便使评价结果具有可比性。如需改变方法，须对改变进行明示并对结果可比性进行解释说明。

（3）客观性。品牌评价宜公正无偏。

二、品牌影响力的评价基础

品牌评价基础主要说明应同时使用要素和维度进行品牌评价，进而确定品牌强度、品牌绩效和财务结果。要素是指品牌运营组织对于品牌的各类投入，而维度则衡量外部对品牌的反应。

适宜的指标可根据公司规模、品牌类型、评价目的、外部监管环境等因素来确定。每个指标可能需要不同方法进行分析，并可将其与主要竞争对手或其他可选品牌进行比较。

品牌价值评价要素是指内部为影响品牌价值所分配的活动或资源，主要包括有形要素、质量要素、服务要素、创新要素和无形要素。

（1）有形要素。有形要素是指由实体控制的可识别并且可直接测量的资源。该要素的指标包括但不限于物质资源和财务资源等。

（2）质量要素。质量要素是在质量承诺、质量管理和感知质量方面所投入资源。该要素的指标包括但不限于质量管理体系的实施、过程归档以及有资质的质量管理人员等。

（3）创新要素。创新要素是对创新活动所投入的资源。该要素的指标包括但不限于创新活动的能力、可持续性以及有效性等。

（4）服务要素。服务要素是指为满足顾客需求并加强品牌感知和参与所开展的活动。该要素的指标包括但不限于服务能力和服务有效性等。

（5）无形要素。无形要素是指知识的、战略的以及文化等方面的资源。该要素的指标包括但不限于品牌历史、文化传统和（或）遗产、品牌定位和个性、品牌形象、人力资源以及知识管理等。

品牌价值评价所涉及维度包括以下五个维度。

（1）法律维度。法律方面主要是指品牌地位的保护、品牌权利的范围及其所有权。法律维度的指标包括但不限于：商标评价、商号、版权、专利、互联网域名以及其他与知识产权相关的内容。

（2）顾客和（或）其他利益相关方维度。顾客和（或）其他利益相关方维度包括心理和行为两个层面的感知和反应。除顾客外，其他利益相关方在品牌评价中具有重要作用，例如雇员、贸易和（或）供应链伙伴、投资人、银行、监管部门、媒体以及社区等。

这一维度的指标包括但不限于，顾客和（或）利益相关方如何思考和感受品牌，如何对品牌进行积极或消极的讨论，如何对品牌做出积极或消极的行为反应。这些指标通常需通过市场调研对顾客进行直接测量，调查内容包括与品牌相关的功能性、情感性、和（或）体验性特点。

（3）市场维度。市场维度是指品牌建设所面临的实际市场地位和机遇，以及可能暴露出的市场条件的结构性局限。该维度的指标包括但不限于，市场容量、竞争者数量、竞争激烈程度、有竞争力的创新、分销渠道、特定市场条件下影响品牌的有利或不利市场力量或趋势、市场潜力以及国际化等。

（4）经济和政策环境维度。经济和政策环境是指品牌运营所处的宏观环境。这一维度的指标包括但不限于有利或不利的市场外部力量或事件，可对品牌绩效产生积极或消极的影响，具体指标例如贸易协定、政府货币政策等。

（5）财务维度。财务维度是指品牌的财务状况和财务潜力。这一信息主要从企业、城市或地区的损益表、资产负债表或其他财务报告中获取。该维度的指标包括但不限于利润、成本结余、毛利、收入、品牌投入、波动性、年收入、现金流、国民生产总值、投资回报率和投资回收期、渠道投入以及风险率等。

品牌经理或品牌评价人员独立承担评价责任之前，须具备有资质的相关专业工作经验。

品牌评价人员负责开展以下工作：识别要素和维度的相关性，以及监视和测量其所需的指标；识别有效指标和无效指标；说明选择或排除可测量指标及指标集时所依据的原理；说明用于计算指标的特定公式的原理，适当条件下要对评价模型中所使用的主要参数进行敏感性分析；确定监测指标、报告指标的性质和频率；说明当某指标无法测量时所采用的假设条件；描述实施评价的背景信息。实体宜保留相关文件信息作为评价结果的证据支持。

品牌评价审核旨在建立或验证对特定实体进行品牌评价的最低实践要求。相关实体可以按计划的时间间隔进行审核，或者根据要求开展审核。

品牌评价审核人员要确认品牌评价体系的完整性、与本标准的一致性，和（或）被评价实体的品牌评价工作是否得以有效落实和维护。品牌评价的结果可被看作某时间点上基于适当和相关指标所得的品牌强度。

正如维度部分所示，建议在更广泛的市场和竞争品牌背景下进行品牌评价报告。可以通过对数据进行直接比较然后将信息进行小规模的标准化，例如标准化为一项品牌强度指标，或者是评价人员和品牌使用实体共同接受的方式，对结果进行审视和应用。

品牌评价的潜在应用形式包括但不限于：指标记分卡、场景分析框架、品牌跟踪程序，或者作为对品牌绩效和品牌评估分析的输入。此外，它还可以用于评价人员和品牌使用实体认为有用的其他目的。

品牌评价报告的受众包括但不限于：品牌使用实体的管理层、雇员、股东、投资人、被许可人、公众披露等。

案例 5 - 1：从《麦当劳品牌影响力评价报告》
看基础和原则①

麦当劳是由麦克和迪克两位犹太兄弟与 1937 年创建的，前身是两兄弟在洛杉矶东部经营的汽车餐厅，名为麦当劳餐厅，是世界最大的餐饮服务集团之一。它不单单是行业龙头，更是世界一流的特许经营领导品牌。迄今为止，麦当劳在超过 100 个国家拥有超过 32000 家餐厅，创造了全球每天 5800 万名顾客享用麦当劳物超所值的美食，共同分享着快乐的用餐体验。有 75% 是由独立的企业家经营的麦当劳特许餐厅——极其成功的共赢模式。

① 资料来源：薄蕙远. 麦当劳的品牌塑造策略与服务质量保证 ［J］. 现代商业，2016（20）：89 - 90.

随着经济全球化的深入发展，各市场领域的竞争已逐渐表现为品牌竞争。根据 2018 年中国互联网络信息中心（CNNIC）公布的数据显示，中国网民规模已达 8.02 亿，互联网普及率 57.7%。而网民规模增长的推动力正是由于互联网商业模式的不断创新以及线上线下服务融合的加速，因此，互联网时代的到来也意味着网络品牌标识的价值提升。本案例通过梳理麦当劳的品牌影响力评价报告，列举时间里体现品牌影响力评价的基础和原则，麦当劳的品牌分析报告如下：

（一）企业的视觉识别

（1）金色拱门。麦当劳的英文名为 McDonald's，颜色鲜明的黄色为标准色，衬以稍暗的红色为辅助色，给人以强烈的视觉冲击。金色的拱门线条柔和，与麦当劳的整体形象设计相辅相成，使人产生想走进去的感觉。

（2）吉祥物——麦当劳叔叔。麦当劳叔叔作为麦当劳餐厅的人物偶像代表的是友谊、风趣和祥和，表示麦当劳永远是大家的朋友。它的形象是传统的美国小丑形象——黄色连衫裤、红白条的衬衣和长袜、黄色的手套、红色的头发和皮鞋。

（二）企业行为识别

（1）严格的制度规定。麦当劳公司制定了营运手册，以规范和统一世界各地的麦当劳连锁店。在运营手册中详细地阐明了麦当劳的各项政策与规定，以及餐厅各项工作的流程。

（2）麦当劳将餐厅分为 20 多个工作段，每个工作段都制定了相应的岗位工作检查表，详细说明了各个岗位的职责、工作要求和方法。每个员工都要逐步学习各个 SOC，逐步升级。

（3）家庭式管理（团队管理）。麦当劳在内部建立家庭式的工作环境。这一方面可以加强企业内部的凝聚力；另一方面，也可以促进企业员工的责任心，激发员工的工作热情。

（三）企业经营理念——QSCV

Q——（Quality）即质量、品质。麦当劳的每家连锁店都要遵守世界统一的而且严格的标准。麦当劳的每种食品都有其严格的质量把关。

S——（Service）即良好的服务，这不仅仅是要求服务人员的高品质服务，同时也要求店面硬件设施的合理化、人性化和便捷化。

C——（Cleanliness）即卫生、清洁。麦当劳的员工在进入工作岗位之前必须进行严格的消毒环节。在消毒过后，如果接触了与食品部相关的物品之后便要重新进行消毒。麦当劳所使用的一切物品也经过严格的消毒。

V——（Value）即价值。麦当劳的每一种食品都要符合严格的营养配比，麦当劳将最有营养价值的食品奉献给每一位顾客。

（四）企业的连锁制与检查制

麦当劳在成立之初仅仅是一家简陋的汉堡快餐店，以外卖的形式开始的。麦当劳之所以能够成为像现在一样的国际大公司，是因为麦当劳兄弟敢于提出连锁经营的新构想，并在全世界统一标准来进行连锁销售。1952 年麦当劳跨出了连锁经营的第一步，在那一年，麦当劳拥有了第一位连锁人。也正是这个连锁人的加入才催生了全世界知名的"M"商标的诞生。

为了贯彻麦当劳的经营理念和统一的连锁模式，麦当劳的芝加哥总部会不定期地派出"巡回检查团"到各地的经销店、直销店进行巡视。巡视后所得到的结果将汇报到总公司或当地总部。结果直接关系到店长的考核成绩。

（五）树立麦当劳品牌形象

（1）塑造麦当劳在儿童中的品牌形象。创立了世界性的"麦当劳游乐园"和将麦当劳叔叔的形象推出并国际化。

（2）树立自身的快餐文化。麦当劳在创业初期便宣称它所经营的食物是富裕社会中产阶级的食物，这种宣传使吃汉堡成为中产阶级的时尚。到了 20 世纪 60 年代，麦当劳的宣传形成了"汉堡文化"，在麦当劳走向国际市场之际，也是由于麦当劳自身的品牌文化为麦当劳的国际化打开了广阔的市场。

（六）勇于创新的企业精神

（1）在人员培训上的创新。1968 年麦当劳的"汉堡包大学"成立。"汉堡包大学"教授食品烹饪、原料配比、营销知识、人事管理……现今，"汉堡包大学"已经培养了 150 余名汉堡包专家，4.5 万名毕业学员。

（2）在人员启用上的勇于创新。现如今的麦当劳接班人弗里德·特纳就是从一个店员一步步成长起来的。1967 年 35 岁的弗里德·特纳便被提升为麦当劳的执行副总裁，一年后被任命为总裁兼首席执行官。

（七）麦当劳的特许经营

（1）理念。在整个商业环境体系中，麦当劳商标持有者、管理团队、特许经营商、员工都是平等的。

（2）实现。为了让理念成为现实，麦当劳在每一个与特许经营商打交道的时候，坦诚相待每一个环节，保持其沟通渠道畅通且无贪腐现象发生。在特许经营商与麦当劳之间形成透明且可信任的关系。这也是很多企业无法做到的，无法跨越彼此更信任的合作。

（3）远景。即使我们站在同一个平台上，未必能够看到同样的远景，但作为麦当劳与特许供应商而言，我们必须要看到同样的远景——与麦当劳合作前途光明，但责任重大。于是，特许经营商会把既得利益放在长远期发展。

（4）成长。每一间公司都希望成为百年、千年好品牌，成为人们永久可信赖的公司。那么它的新陈代谢非常重要，因此这个平台被赋予各种不同的文化，特许经营商认同这种文化，也要学习这种理念。这个时候，培训成为沟通与理解的渠道，当然，这样我们更信任这家前途光明的公司。

（5）监督。正如麦当劳公司所表示的，我们不知道未来怎么样，所以，现在的每一步都很谨慎，原因是要为全世界每天几千万人口提供安全、卫生、可信赖的食物与环境，为几百万员工在全球各地能够长期稳定工作提供更好的平台，为投资麦当劳品牌的持股人创造价值。"所以，麦当劳会遵守法律文本而进行自我约束。当然也会有顾客，还有第三方公平机构会对之进行不间断的访问、调查。"

通过上述对麦当劳的品牌影响力评价分析过程可以看出，在品牌影响力评价的一致性、透明性、客观性等原则，同时体现了评价过程中所需要的强度、绩效等评级基础。

第三节　品牌影响力评价内容与步骤

一、品牌影响力评价内容

英国伦敦的 Inter Brand 公司所倡导的 Inter brand 方法在品牌影响力评价实践中被广泛运用。它在进行品牌影响力评价前存在一个基本假定品牌的价值，并不完全是因为创造品牌所付出的成本，也不全是有品牌产品比无品牌产品可以获得更高的溢价，而是在于品牌可以使其所有者在未来获得较稳定的收益。就短期而言，一个企业使用品牌与否对其总体收益的影响可能并不很大。然而，就长期看，在需求的安全性方面，有品牌产品与无品牌产品、品牌影响力大的产品与品牌影响力小的产品，会存在明显的差异。比如在饮料市场，可口可乐、百事可乐等知名品牌会较一些小品牌具有更为稳定的市场需求。原因是这次购买这些知名品牌的消费者很可能下次还会继续选用这些品牌，而购买那些影响力较小的品牌的消费者则更有可能转换品牌。需求稳定性越大，意味着知名品牌的未来收益也就越高，由此，不难看出知名品牌与非知名品牌在价值上的区别。

由此，不难看出在品牌影响力评价中，品牌开创成本与其未来收益的不对称性以及大量的品牌投资并不必然带来品牌影响力同步增大的事实，使成本法在品牌影响力评价方面具有不可克服的内在局限。溢价法在品牌影响力评价实践中虽然也有人倡导，而且溢价大小确实是品牌强弱的指示器之一，但这种方法的基本假定似乎是企业创立品牌主要是为了获得溢价，而实际情况并非如此。很多企业是为了使未来的需求更加稳定和具有保障，并提高资产的运用效率。溢价法的另一局限是需要找到一种不使用品牌的参照产品，以确定使用某一品牌后，消费者愿意为品牌支付多少溢价，这在实际操作中是很难做到的。

因此，应该以未来收益为基础结合收益来评估品牌资产。确定品牌的未来收益的办法，主要是进行相关的财务分析和市场分析。由于品牌未来收益是基于对品牌的近期和过去业绩以及市场未来的可能变动而做出的估计，品牌的强度越大，其估计的未来收益成为现实收益的可能性就越大。因此，在对未来收益贴现时，对强度大的品牌应采用较低的贴现率；反之，则应采用较高的贴现率。结合品牌所创造的未来收益和依据品牌强度所确定的贴现率，就可计算出品牌的现时价值。

首先，应着重进行市场分析，以此来确定品牌对所评定产品或产品所在行业的作用，以此决定产品沉淀收益中，一部分应归功于品牌，另一部分应归功于非品牌因素。对于某些行业的产品，如香烟、饮料、化妆品等，品牌对消费者的选择行为产生的影响较大，其沉淀收益的大部分甚至应全部归功于品牌的影响。对于另外一些产品，如时装、高技术产品和许多工业用品，品牌的作用相对较小，此时，产品沉淀收益中相当一部分可能应归因于像专利、技术、客户数据库、分销协议等非品牌无形资产。对非品牌无形资产所创造的未来收益，无疑应从沉淀收益中扣除。Interbrand公司是采用一种叫"品牌作用指数"的方法来决定非品牌无形资产所创造的收益在沉淀收益中的比重。其基本想法是从多个层面审视哪些因素影响产品的沉淀收益，以及品牌在多大程度上促进了沉淀收益的形成。"品牌作用指数"虽然带有一定成分的主观和经验的因素，但Interbrand公司认为，它仍不失为一种较系统的品牌作用评价方法，对于综合品牌在业务中的作用和业务所产生的沉淀收益加以分析，对品牌的评估就很容易得到一定程度的量化。

其次，要进行的是财务分析，它是为了估计某个产品或某项业务的沉淀收益（residual earnings），即产品或业务的未来收益扣除有形资产创造的收益后的余额。很明显，沉淀收益反映的是无形资产，其中包括品牌所创造的全部收益。估计沉淀收益，需特别注意考虑如下因素：

①限定使用品牌所创收益的范围，为此，应将非品牌产品或不在该品牌名下销售的产品所创造的收益排除在外。实际上，企业所销售的产品中，可能大部分使用该品牌，也有一部分不使用该品牌或使用副品牌，因此，若不这样做，就很容易夸大品牌所创造的未来收益，从而使得品牌影响力评价的指数过高。

②限定有形资产所创造的收益。对与产品或业务相联系的有形资产如存货、分销系统、工厂与设备投资等应合理界定，对这些资产所创造的收益作出

估计，并从总收益中扣除。

③应用税后收益作为沉淀收益。这样做一方面可使品牌收益计算具有一致的基础，另一方面也符合品牌作为企业资产的本性。

再次，所进行的品牌分析，就是确定被评估品牌与同行业其他品牌所比较出来的地位。其目的是衡量品牌在将其未来收益变为现实收益过程中的风险，用 Interbrand 公司所用的术语就是据此确定适用于将未来收益贴现时的贴现率。如果两个品牌创造的未来收益相同，但其中一个是老字号，在其所属行业居于领导地位，而另一个是近些年发展起来但受到广泛欢迎的品牌，前一品牌的价值通常比后一品牌的价值高。

最后，基于上述思路，对于一个品牌，对其进行评价应主要包括下列内容：

（1）品牌寿命。存在时间长对品牌形象力大有帮助，如果是同类产品中的第一个品牌则更加重要。许多排名前 100 位的品牌在一定市场领域内已存在 25～50 年，甚至更长，品牌资产如同经济上的资产一样，是随时间而建构起来的。

（2）品牌名称。品牌名称是赋予商品的文字符号，它以简洁的文字概括了商品的特性。评价一个品牌是否一个好的名称，应主要考虑几点：该品牌是否能引起消费者的注意和兴趣；是否能使消费者感到有魅力、有特征、有新鲜感；是否能刺激消费者的好奇心；是否能使消费者容易理解、易读、易懂、易分辨；是否能使消费者对之产生好感；等等。

（3）商标。商标是用来帮助人们识别商品的几何图形及文字组合，它以简洁的线条组合，反映公司和商品的特性，起到明示和凸显商品特点的作用。判断一个商标是否价值较高应考虑：是否能引起消费者注目，能适合社会的消费潮流，反映商品的特性；是否有欣赏价值，使人看了能产生一种愉快、轻松的感觉；其设计的具体性和整体性是否能明显体现出来；该商标是否能使人产生好感，是否能满足商品持有者的各种心理需要，等等。

（4）个性和意象。一个品牌不仅仅只有识别产品的作用。许多强有力的品牌几乎成为产品类别的代名词，甚至人们可以仅仅通过品牌名称来识别它们的产品或服务。

（5）产品类别。一些产品类别更容易引起消费者关注。它们趋向于为产品制造更高的知名度和推崇程度。因此，一个品牌的产品或服务类别在很大程度上对品牌形象力的等级起到帮助或妨碍作用。娱乐、食品、饮料和汽车等类别都有使品牌形象力排名靠前的趋势。

（6）产品功能。使用该品牌的消费者对其产品的功能了解多少，知道而未使用该品牌的消费者对其产品功能了解多少，如果对产品品质功能有了解，在其产生需要时，可能会产生指名购买。以及品牌下产品的使用功能、特点、外观如何都是影响品牌创立的重要因素。

（7）产品质量。虽然这个因素似乎很明显，但质量和可靠性是每个品牌建立大众信誉的基础。无论公司或产品代表什么，它首先必须"如它所期望的那样"。这就要考虑品牌的质量信赖度如何，产品的耐用度如何等因素。

（8）消费者态度。消费者通过有关媒体对该产品的介绍，通过亲属和朋友的推荐，以及自己使用该产品，会对该产品形成一种态度。这种态度对产品市场表现影响很大。对之的评价主要注重：消费者对该品牌产品在技术水平、质量和价格比、功能和价格比等方面的产品认识；对该品牌所代表产品的情绪体验，包括在以往使用该产品过程中的情绪体验，该产品带给消费者心理上的满足，对群体心理的适应，其售后服务对客户要求的满足程度，等等。

（9）品牌认知。品牌认知是用来衡量消费者对品牌内涵及品牌价值的认识和理解度的标准，是品牌资产的重要组成部分。品牌认知是公司竞争力的一种体现，大众消费品市场会成为一种核心竞争力，特别是当不同厂家提供的产品和服务的品质差别不明显时，消费者会更加倾向于根据自己对某品牌的熟悉程度来做出最终购买决定。因为按照一般人的购买习惯，在购买商品时，总是先在自己叫得出名字、外观包装也舒服的品牌中选购自己所需要的产品，所以，好名字、设计美观的商标就是一项无形资产。对于这项指标还有一些具体的衡量标准，如：品牌认知度在其知名度不同的消费者中现在处于何种状态；相竞争品牌的品牌认知度如何。造成目前品牌认知度的办法及其主要原因。竞争品牌提高认知度的办法主要是什么？如建立与目标消费群的沟通机制。该品牌在建立其认知度中应主要倡导什么、表达什么。消费者一般从什么渠道获取关于品牌认知度的信息。

（10）品牌连续性。即便一个品牌已经有长达100年的历史，连续性对一个品牌保持时间发展上的相关性仍是必要的。关键是信息的连续性，而非执行的相同性。

（11）购买倾向。经过各种影响过程，如果形成了消费者对该品牌产品的依赖性，那么，一旦感到需要，就会去购买该品牌产品，这就是说，消费者对该品牌形成了比较稳定的购买倾向。总的来说，就算消费者的购买行为是无计划性的、无预期性的，也仍将在较大程度上受到心中既有的品味与偏好所影响。更准确地说，这种既有的品味与偏好就是一种对于品牌的情感，它既不是与生俱来的，也不是临时形成的，而是源自广大消费者在长期选择性接收信息的过程中。

（12）媒体支持。媒体的支持保证了品牌在市场上的可见性。像麦当劳，由于它在一些人流大的地理位置设立分店，这也增加了它的可见性。有一些品牌虽然广告花费很少，但排名也很靠前。不过一般来说，品牌要保持它在市场上的影响，必须始终得到媒体的支持。

（13）市场表现。市场表现主要考虑该品牌产品近年的盈亏情况，该品牌产品市场特点及发展动向，与同行业最先进企业的差距，该品牌产品竞争能力，等等。

（14）产品的服务。品牌服务度如何；品牌对消费者在品质上有何承诺；品牌产品在品质上有何发展创新。

（15）更新程度。如同投掷一枚硬币，相反的一面也是真实存在的。这就是说，品牌除了保持连续性外，还必须时常更新自己，使自己能符合新一代消费者的要求。

（16）品牌忠诚度。品牌忠诚度是指消费者在做出最终购买决策的过程中所表现出来的对某个品牌所带有的明显偏向性的、非随意的行为反应。它不只是一种行为过程，也是一种心理上的决策和评估过程。品牌忠诚度与消费者本身的特性密切相关，靠消费者对产品的使用经历逐渐形成，不完全是依赖于产品的品质、知名度等。提高消费者对品牌的忠诚度对一个企业的生存与发展极其重要，是企业进一步扩大市场份额的保证。主要包括谁是品牌的忠诚消费者？品牌为忠诚消费者提供的差异性附加值是什么？品牌对忠诚消费者的承诺兑现如何？品牌如何与消费者沟通、建立感情？忠诚消费者的需求是什么？有何变化？是否满足了他们这种要求？忠诚消费者对品牌推出的新产品是否偏好？品牌忠诚消费者更喜欢哪种公关、促销活动？为什么？效果评价如何？发现哪些问题？品牌的转换成本如何？怎样制造转换成本？是否因产品延伸而动摇了忠诚消费者？如何挽回这种损失？品牌是否有转换惰性？现状如何？与品牌相竞争的品牌的忠诚度如何？品牌忠诚消费者对其产品有何期望？品牌忠诚消费者的分布区域如何？与区域文化有何关联？品牌的现状、忠诚度的建设有多长时间等问题都是解决之关键。

（17）品牌联想度。透过品牌，联想到品牌形象，这一形象正是消费者所需的，便会通过购买来满足需求。这个指标的因素包括：品牌首先会使消费者产生何种联想？品牌的消费者利益是什么？品牌会使消费者联想到产品什么样的价格层面？品牌会使消费者联想到何种使用方式？品牌消费者的生活方式如何？品牌属于何种产品品类？品牌与同类品牌的差异点在哪儿？品牌为消费者提供了何种购物理由？品牌的产品有何附加值？品牌附着了何种内涵？品牌内涵发掘度如何？能够对该品牌产生联想的又是什么人？占的比例是多少？能够对该品牌产生不同深广度联想的这些人在哪里，他们对此类品牌产品有什么期望？对他们的生活的影响程度如何？

（18）专利权价值。对于有的大企业，专利权是非常重要的一个环节，对其评价，应包括如下内容：

A. 产权归属。说明专利的专利证书权人、专利权所有人和本资产评价的委托方所属性质，是否有专利的使用权。

B. 名称、保护年限、已使用年份。

C. 该专利作为解决某类问题的方法或可以生产的产品的社会作用。

D. 该专利评价的目的，如用于拍卖或转让、作价入股等。

E. 该专利适用的条件。

F. 该专利的特点或替代原有专利的特点。

G. 该专利评价假定的条件。

二、品牌影响力评价步骤

品牌影响力评价是一个全新的评估体系，它虽然源于财务评价指标，但是在建立自己独特的评估体系后，应当努力去克服使用财务指标的不足。因为品牌属于长期性投资，但销售量、成本分析、边际报酬、利润以及资产回报率等指标多半是短期性数据，而且都是"自给自足"的。以短期性指标评价品牌绩效，往往会给品牌投资决策造成某种伤害。在认识上，首先要明白品牌的评估着重的是价值，而不是成本，品牌的真正价值来源于未来的市场竞争力。其次，注意的是为了克服收益现值法未来各年现金流量的不确定性因素，要以品牌现在的超额利润作为评估品牌价值的基数。同时，为了克服评估过程中漏缺价值构成要素的情况，建立品牌市场力量的指标体系，应当采取以现有超额利润与市场力量指标相结合的办法将现有的获利能力调整为未来的市场竞争力。最后，为了确保评估结果的可靠性和有效性，应进行必要的信度和效度的分析与检查。

为此，必须建立一套科学的评估体系，设定合理的评估步骤，选择适当的评估方法。

第一步，评估品牌的现时获利状况。首先，由一些专门的独立的评估师、经济师、工程师和其他专家确定品牌所标识的产品年销售收入、成本、税金，确定税后净利。具体方法是利用公式：该品牌产品销售收入 − 对应成本 − 对应的产品销售税金 − 对应所得税 ＝ 税后净利。其次，从产品的净利中扣除行业平均净利，得出品牌的现有获利能力，以 P 表示。

该法计算的指标是净利，而不是利税总额，因为我们用净利计算的品牌价值剔除了不同品牌所驱动的不同产品的不同税率的影响，才具有可比性；另外，该法计算的是产品净利，而不是企业净利，原因是品牌是用来区别产品的，而不是用来区别企业的。

第二步，建立品牌综合能力的指标评价体系。计算品牌的综合力量系数（L）。这些指标包括：市场占有率、品牌的保护情况、品牌的支持情况、品牌的市场特性、品牌本身所表示的趋势感、品牌的国际化力量、品牌的寿命。

在这一步采用的方法主要是专家打分法，即首先设各指标的现有基数值为1，然后通过专家团来评判各指标在未来寿命年内的变动率，如果某年以前评定六项指标变动率分别为 A_i、B_i、C_i、D_i、E_i、F_i，则该年的市场力量系数为 $L_i = (1 + A_i) \times (1 + B_i) \times (1 + C_i) \times (1 + D_i) \times (1 + E_i) \times (1 + F_i)$，各年市场力因子系数之和 S，即为未来寿命期内总的市场力量系数。所以，用市场力量因素来调整未来的市场竞争力，是基于市场力量指标和超额利润指标从不同的方面反映市场竞争力，由于现实因素的复杂性，二者并不一致，为提高评估结果的客观性和准确度，所以把一个问题从两个角度来评定。

对于此种方法关键的是，挑选的专家对品牌未来市场力量的各项指标有一个清楚地把握，这样评判的品牌未来市场力量指标才具有可行性。但是由于我国市场经济起步较晚，我们对市场条件下的某些经济方法还没有充分的认识。实际上在市场经济的运行中，大多数模型和信息都是由评估师、营销人员和数学家们通过判断的方式得到的。对于所设定的权重应有由相当市场经验的评估事务所来确定，因为它们对问题的规律把握要准确得多，因此，再结合经验丰富、知识渊博的专家团对预测出未来品牌市场力量指标的变化的估计，完全可以使这个评估体系很好地执行下去。

第三步，测定品牌的价值（V）。这是最关键也是最见效益但也是最简单的一步，只需用公式：$V = P \times L$ 计算出最终结果即可。

第四步，检验测试。任何一项评估结果都可能有偏差，因此为了做到真实有效、公正客观地反映被评估资产的价值，在所有评估工作基本完成之后，要进行信度和效度检验的反馈测试。多次计算如果结果相近或相同，说明评估信度较高，评估结果才可靠。按照统计资料和调整的因素进行效度验证是保证评估结果有效性、客观性的常用方法，鉴于目前我国品牌评估的历史资料很少，我们可以借鉴外国的经验，如国外品牌的价值与销售额之比是一比一，我们可以此作为验证评估工作效度的参考。该方法既注重了品牌的获利能力，又平衡了各种因素。把品牌的现有获利能力作为基数，使品牌的价值建立在客观的基础上，有了真实的现在，才会有客观的未来；通过对品牌市场力量因素系数的计算和分析，把品牌利润指标以外的价值内容（市场力量指标）反映在内，并且延伸到未来，将未来期的获利能力涵盖其中，把一个问题从两个角度互相补充地考察，保证了品牌价值的完整性，并使品牌价值体现未来的市场竞争力。全面、客观、现实，并与未来相结合，是本方法的特点。

第四节　品牌影响力评价模型与方法

一、品牌影响力评价模型

目前国内外具有代表性的品牌评价模型是 Interbrand 和 CEO brand 品牌评价模型。

（一）Interbrand 品牌评价模型

英特品牌咨询公司在 1987 年推出了 Interbrand 评估方法。经过多年的发展和检验，Interbrand 评估方法已经成为目前最具权威和影响力的评估方法之一。Interbrand 模型从企业的利润角度出发来测算品牌的未来收益，其认为企业的利润是有形资产与无形资产共同作用下产生的，而品牌又属于无形资产的一部分，因此要想确定品牌收益，就需要将品牌产品所产生的利润分割出来。确定品牌收益后，Interbrand 模型使用品牌强度指标，通过对品牌的市场状况进行主观分析、专家打分法，确定其风险状况，通过专家打分来确定其最终分值，然后利用创建的 S 形曲线将其转化为品牌乘数，最后，根据品牌收益与品牌乘数即可得出品牌价值。Interbrand 模型从客观和主观两个角度对品牌价值进行评估。品牌价值结构如图 5 - 1 所示。

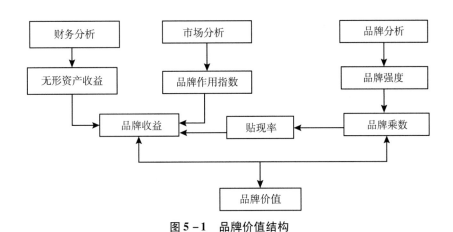

图 5 - 1　品牌价值结构

Interbrand 模型认为品牌收益是预期品牌所产生的净利润。首先需要根据相关企业的财务数据来确定营业利润总额，在此基础上扣除固定资产、流动资产等有形资产所带来的利润，从而得出无形资产所创造的利润。为计算品牌所创造的利润，Interbrand 模型引入了品牌作用力指数计算品牌资产所带来的利润水平，品牌作用力指数一般采用行业平均利润率计算。而测算未来品牌收益是根据历史收益来预测的，过去三年的品牌收益按照 1∶2∶3 进行加权平均测算。

所谓品牌强度，是指被评价对象在市场中的表现。Interbrand 评估方法先后提出了七因子加权综合法和四因子加权综合法。七因子加权综合法是将品牌强度划分成为七个维度，并通过分析对每一个维度赋予了相应的权重，再请专家对被评价对象在这七个维度中的表现进行打分，从而得出该品牌的强度。七因素权重占比如图 5 - 2 所示。

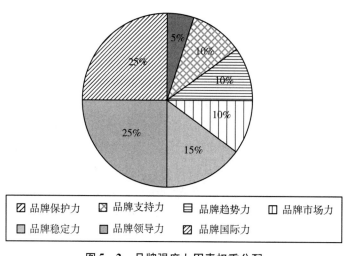

图 5 - 2　品牌强度七因素权重分配

Interbrand 模型是对收益法的改进模型，也是当前世界上权威的品牌价值评估方法之一，模型第一步计算建立在客观真实的财务数据上，评估结果具有合理性和可信性，而且模型采用七个不同因素得出品牌强度评分，表现出品牌强度的综合性，便于企业从宏观角度认识品牌价值的构成因素。通过函数关系将品牌创造的未来收益转化为现值，评估结果更具有市场意义和现实参考价值。

尽管 Interbrand 评估方法已经得到了广泛的认可和应用，但是该方法仍然存在一些不足。第一，Interbrand 评估方法是对企业未来预期收益进行预测，受到多方面的以及不可预见的风险的影响，预测的准确性有待验证。第二，运用品牌作用力这一指标将品牌收益从企业总体收益中分离出来，采用专家评分法的方式具有较大的主观性，对于评估结果的准确性有一定的影响。第三，该方法主要从市场角度来对评价品牌在市场上的表现，而没有关注消费者在其中起到的重要作用。

（二）CEO 品牌评价模型

作为一种品牌管理咨询服务的"品牌影响力评价"，是由首席执行官品牌资产管理研究院基于 CEO 品牌理论体系开发的特色产品，它的诞生是中国品牌咨询业的创举，对促进中国企业品牌管理能力的提升具有重要意义。

CEO brand 品牌评价体系，以品牌认知度、参与度、忠诚度作为评估的三大维度，通过数十项指标对企业品牌价值进行系统的定性和定量评价，将企业对品牌投入产生的品牌价值界定为一种能长期创造收益的品牌经营能力，这种能力体现为控制风险的能力、把握成长机遇的能力和可持续发展的能力。

CEO brand 评价体系是对传统品牌评价方式的一次超越。传统对品牌的评价方式包括：以销售业绩判断企业品牌的投入产出结果，以市场调查监测品牌的传播效果，以无形资产评估认定企业品牌资产的价值，这三种方法虽然被企业广泛采用，但都无法全面揭示企业品牌投资形成的品牌真实价值，也不能对提升企业品牌经营能力提供有益的帮助。

品牌影响力评价与商标评估是不同的，主要体现在以下几个方面。

第一，品牌与商标在概念上是不同的。一些专家认为，品牌与商标在内涵上有重合的地方，但外延不同。商标是法律概念，品牌是市场概念。商标是由可识别的字形、图形、颜色组成，其内涵是确定的，只要注册了就受法律保护。品牌是产品在市场通行的牌子，它的外在标志是商标，品牌更强调与产品及其相关的质量、服务等之间的关系，其外延更宽泛。商标无论是否标在产品上使用了，无论其标定的产品是否有市场，如果用成本法进行评估，都是有价值的。品牌的价值只能通过产品在市场的表现来进行评价。

第二，中国最有价值品牌影响力评价是一组群体的比较研究，商标评估是单独进行的一个商标的评估。前者强调可比性，后者强调交易性。强调可比性，必须遵循同一适用标准、同一基准时间、同一评价方法，最终研究的是比较价值。强调交易性，就要遵循与评估目的相适应的原则，无论采用什么方法，其评估结果都要满足交易的需要。按照国际惯例，其评估值与最终交易值误差在 10% 以内视为公正与准确。这种评估强调满足个别需要，接受评估的商标再多，这些商标价值之间也不具备可比性。例如，同为青岛啤酒商标，同在一年接受评估，在国内评估为 2 亿元，在香港评估为 8 亿元。

第三，单独的商标评估，是受交易或评估目的、待成交规模、交易双方接受程度等外在因素限制的。比如，评估结果需要进入注册资本，按照我国公司法规定，工业产权（包括商标）所占比重不得超过 70%，如果公司注册总规模只是 1 个亿，那么全部无形资产价值也不允许超过 7000 万元。另外，评估其实是为交易双方确定一个双方或各方股东都能接受的价值，那么，除了评估的科学性以外，它还受交易双方或权益各方的态度所限制。这是符合市场经济的，因为在国外的评估理论中，判断评估是否公正客观，最终是以能否10%的价格误差成交来衡量的。这其中，实际上是考虑了交易各方的接受程度。

中国最有价值品牌影响力评价，不是为眼前的交易目的服务的，也不是为某个具体的企业服务的，目的是研究品牌当前的市场竞争力，竞争力只能通过比较研究的方法来进行。这种比较虽然是通过品牌内在价值的量化进行的，但它与商标评估的最大区别是，不受任何外部主观因素的影响，不考虑评价对象的接受态度，完全依据体系标准下确定的客观指标来进行。因此，评价结果的绝对值并不重要，或者说不具备实际意义，真正的价值在于各个品牌之间的比较性。

第四，从评估或评价方法看，商标评估是预测未来，品牌影响力评价只承认现在。

关于商标评估，在我国有通过国家有关文件确定的方法，如市场法、成本法、收益现值法。其中收益现值法采用得比较多。所谓收益现值法，其本质是根据现在资产预测未来资产价值收益。

世界最有价值品牌影响力评价恰恰相反，它是根据已经实现的市场价值（收益），来计算你应该拥有多少资产才能获得现在的收益。减掉行业平均收益水平，其超值部分，就是由品牌所带来的。在这里，强调的是销售收益，因为用资产收益来研究品牌，距离较远。特别是我国的现状，资产流动性很差，大量的无效资产在闲置。用资产收益来研究企业的经营能力是合适的，而研究品牌就有很大的模糊性。

商标评估用现在资产和效益水平来预测未来资产价值，其实有很大的不确定性。这种评估，依据的是现在的设备能力、未来的增长能力或可能的市场潜力、近几年的利润水平，将其收益进行折现。市场竞争的程度是越来越激烈了，技术及产品的更新换代也越来越快，预期收益能否实现？

世界最有价值品牌影响力评价强调的是已经实现的东西。因此它的价值不是预测未来，表明的恰是现在的品牌市场竞争能力或影响力。

第五，从评估所具有的法律效力看，在国际上，无论是哪种需要，评估机构是独立承担法律责任的。在我国，涉及国有资产或重大项目，只有经过在国资管理部门进行评估立项和确认，其评估结果才具备法律效力，而评估的前提必须是交易需要。我们所进行的中国最有价值品牌影响力评价，从评估目的看，不是直接的交易需要；从评价对象看，除了国有企业，还有集体、股份制、中外合资企业品牌，无须立项与确认，也不需要具备法律效力。因为它完全是一种比较研究和发展研究，提供的是市场上较有影响的品牌各自的市场竞争力，及其竞争力的比较和发展状况。

二、品牌影响力评价方法

对于具体的评估方法，大致可以从企业的成本、盈利、市值等方面去考虑，总体而言，对于我国现在的企业品牌评估则可以着重参照如下几种方法：

（一）成市计量法

对于一个企业品牌而言，其资产的原始成本占着不可替代的重要地位，因此我们对一个企业品牌的评估应从品牌资产的购置或开发的全部原始价值，以及考虑品牌再开发成本与各项损耗价值之差两个方面考虑，为此，前一种方法又称为历史成本法，后一种方法又称为重置成本法。

评估品牌最直接的方法莫过于计算其历史成本，而历史成本法考虑的是直接依据企业品牌资产的购置或开发的全部原始价值进行估价。最直接的做法是计算对该品牌的投资，包括设计、创意、广告、促销、研究、开发、分销、商标注册，甚至专属于创建该品牌的专利申请费等一系列开支等。对于一个品牌，其成功主要归因于公司各方面的配合，我们很难计算出真正的成本。因为我们已经把这些费用计入了产品成本或期间费用，怎样把这些费用再区分出来是一个颇费周章的事情，而且没有考察投资的质量和成果，即使可以，历史成本的方法也存在一个最大的问题，它无法反映现在的价值。因为它未曾将过去投资的质量和成效考虑进去。使用这种方法，会高估失败或较不成功的品牌价值。因此应用这种方法的主要问题是如何确定哪些成本需要考虑进去，例如管理时间费用的计算必要、具体计算方法等都是一个难题。另外，这种方法也没有涵盖品牌未来的获利能力。

重置成本法主要考虑因素是品牌重置成本和成新率，此二者的乘积即是品牌价值。重置成本是第三者愿意出的钱，相当于重新建立一个全新品牌所需的成本。按来源渠道，品牌可能是自创或外购的。其重置成本的构成是不同的。企业自创品牌由于财会制度的制约，一般没有账面价值，则只能按照现时费用的标准估算其重置的价格总额。外购品牌的重置成本一般以可靠品牌的账面价值为论据，用物价指数计算。而成新率是反映品牌的现行价值与全新状态重置价值的比率。一般采用专家鉴定法和剩余经济寿命预测法。

重置成本法的基本计算公式为：

$$品牌评估价值 = 品牌重置成本 \times 成新率$$

其中：

$$品牌重置成本 = 品牌账面原值 \times (评估时物价指数 \div 品牌购置时物价指数)$$

$$品牌成新率 = 剩余使用年限 \div (已使用所限 + 剩余使用年限) \times 100\%$$

使用这种方法的一个最大弊端是：重新模拟创建一个与被评估品牌相同或相似的品牌的可能性很小，可行性不大。理由很简单，这样做太浪费时间。因为品牌的创建受多种因素的影响。

此外，对于评估品牌，更应注重的是其价值，而不是成本。而且，成本法没有把市场竞争力作为评定品牌价值的对象，因此，在现在，已经很少使用成本法评估品牌了。

（二）市价计量法

市价计量法又称市场法，它是指在市场上寻找与被评价对象相似的品牌作为参考对象，通过对比分析两者之间在交易价格以及成交条件上存在的差异，在相似品牌最近的交易价格的基础上改进，从而得到被评价对象的品牌价值。

市价计量法的运用要求具备两个条件：第一，要求被评价对象存在公开、活跃的市场；第二，在该公开市场上能够找到与被评价对象相似的品牌以及交易活动作为参考对象。其基本的计算公式如下：

$$M = N \times L$$

其中，M 为品牌价值；N 为参考对象的交易价格；L 为被评价对象与参考对象的品牌价值的差额。

从理论上来说，市价计量法能够较为准确地评估品牌的价值，但是从实际操作上来说仍然具有相当大的难度。首先，市价计量法要求存在一个公开、活跃的市场，在我国，品牌的发展仍然处于初级阶段，并不存在大量的品牌交易案例，其公开数据的真实性和准确性有待验证，因此也就不存在公开的活跃市场。其次，这种方法最大的困难在于执行，因为对市场定义不同，所产生的市场占有率也就不同，且品牌的获利情况和市场占有率、普及率、重复购买率等因素并没有必然的相关性。这些市场资料虽然有价值，但对品牌的财务价值的计算用处不大。同时，我国目前还没有一个品牌交易的市场，品牌交易成功只是买卖双方协商的结果搜集，而且某一个品牌的实施许可、使用权转让受其他品牌交易影响不大，被评估的资产的参照物及可比较的指标、技术参数资料也相当困难，还没有人专门从事这类工作，这些都使得用市价计量法评估品牌的价值在我国市场目前几乎很难行得通。

（三）收益计量法

收益计量法又称收益现值法，是通过估算未来的预期收益（一般是"税后利润"指标），并采用适宜的贴现率折算成现值，然后累加求和，借以确定品牌价值的一种方法。其主要影响因素有：①超额利润；②折现系数或本金化率；③收益期限。

它是目前应用最广泛的方法，因为对于品牌的拥有者来说，未来的获利能力才是真正的价值，试图计算品牌的未来收益或现金流量。因此该种方法通常是根据品牌的收益趋势，以未来每年的预算利润加以折现，具体则是先制订业务量（生产量或销售量）计划，然后根据单价计算出收入，再扣除成本费用计算利润，最后折现相加。

在对品牌未来收益的评估中，有两个相互独立的过程，第一是分离出品牌的净收益；第二是预测品牌的未来收益。

收益法计算的品牌价值由两部分组成，一是品牌过去的终值（过去某一时间段上发生收益价值的总和），二是品牌未来的现值（将来某一时间段上产生收益价值的总和）。其计算公式为这相应两部分的相加。

然而，对于收益计量法，存在的问题是：其一是它在预计现金流量时，虽然重视了品牌竞争力的因素，但没有考虑外部因素影响收益的变化，从而无法将竞争对手新开发的优秀产品考虑在内，而且我们无法将被评估品牌的未来现金流量从该企业其他品牌的现金流量中分离出来，因为它们共享一个生产、分销资源；其二是贴现率选取和时间段选取的主观性较大；其三是在目前情况下，不存在评估品牌的市场力量因素。

（四）十要素评估法

此方法是由大卫·艾克提出的，他通过对涉及品牌的诸多要素而将其分为5组10类，并作了新的综合，从而提出了品牌资产评估十要素的指标系统。该评估系统兼顾了两套评估标准：基于长期发展的品牌强度指标，以及短期性的财务指标。这5个组别，前4组代表消费者对品牌的认知，其包括品牌资产的4个方面：忠诚度、品质认知、联想度、知名度。第5组则是两种市场状况，代表来自市场而非消费者的信息。

该评估模型从消费者的角度出发，同时还兼顾了市场要素，在选取评价指标时，既考虑了消费者的主观判断，又加入了市场指标的客观数据，从多个维度对品牌价值进行更加全面的评价。而这一方法的不足之处在于，选取的评价指标并不能适用于所有的行业，在对不同行业的品牌进行评估时，需要根据该行业的特点和发展情况对评价指标做出相应的调整，另外，对于各个维度、指标之间的联系以及权重的分配没有明确的说明，也没有考虑到企业各项经营活动、投资活动等对品牌价值的贡献。

案例 5－2：2019 中国品牌影响力百强榜名单①

2019 年 12 月，中国社科院发布了 2019 中国品牌影响力百强榜，该榜单主要以中国企业 300 强（国有企业 100 强、民营企业 100 强、外资企业 100 强）和十大重点行业企业为研究样本，从知名度和美誉度两个维度评价品牌影响力，并以"负面舆情"减分项进行调整，从而对各个入围企业进行排序。具体排序如表 1 所示：

表 1　　　　　　　　　中国企业 300 强品牌影响力

序号	品牌名称	品牌影响力	序号	品牌名称	品牌影响力
1	中国移动	80.37	20	中国旅游集团	57.84
2	中国电信	78.22	21	中国交建	57.08
3	SAMSUNG 三星	72.51	22	中国一重	56.84
4	中国联通	72.01	23	中国一汽	56.69
5	中国石油 CNPC	71.49	24	国投	55.88
6	华为 HUAWEI	70.62	25	阿里巴巴	55.82
7	腾讯 Tencent	69.32	26	松下电器	55.55
8	小米 MI	68.79	27	华润	55.54
9	建设银行 CCB	66.5	28	LG	55.43
10	国家能源集团	64.93	29	东风汽车	55.33
11	Mac	64.12	30	中国黄金	53.86
12	HYUNDAI 现代	63.06	31	中国民生银行	51.76
13	百度 Baidu	63	32	中国建材	51.08
14	中国石化 Sinopec	62.84	33	中国电建	50.08
15	苏宁易购 SUNING	62.7	34	美团	49.97
16	中国建筑 CSCEC	62.24	35	中国航空	49.8
17	工商银行 ICBC	59.79	36	中国银行	49.03
18	BYD 比亚迪	58.21	37	招商银行	48.99
19	南方航空	57.92	38	中国电子	48.96

① 资料来源：2019 中国品牌影响力百强榜正式出炉 2019 中国品牌百强榜名单一览：https://www.maigoo.com/news/538725.html.

续表

序号	品牌名称	品牌影响力	序号	品牌名称	品牌影响力
39	中国农业银行	48.73	70	碧桂园	40.2
40	浦发银行	48.58	71	太平洋保险	39.63
41	中国华电	48.18	72	新兴际华	39.57
42	中国节能	48.01	73	中兴	39.44
43	中国华能	47.99	74	网易	39.42
44	佳能	47.85	75	中盐集团	39.17
45	中铝集团	47.54	76	中国化学工程	38.7
46	美的	47.54	77	中集集团	38.23
47	国家电网	47.53	78	国药集团	37.78
48	中国平安	47.25	79	中国铁建	37.62
49	吉利	47.07	80	华润置地	37.49
50	伊利	45.78	81	京东	37.49
51	中国太平	45.75	82	国机集团	36.94
52	南方电网	45.19	83	TCL	36.81
53	恒大集团	44.14	84	中林集团	36.57
54	国家电投	44.04	85	蒙牛	36.49
55	交通银行	43.75	86	中国东方航空	36.44
56	北汽集团	43.32	87	中国中铁	36.36
57	中国能建	43.2	88	台积电	35.6
58	万科	43.2	89	中国电科	35.22
59	丰田	42.7	90	中国海油	35.16
60	茅台	42.47	91	中国人寿	34.38
61	中国人民保险	42.41	92	上汽集团	34.34
62	招商局	42.03	93	索尼	33.92
63	台达	41.83	94	字节跳动	33.91
64	浦项	41.6	95	中国航发	33.85
65	五粮液	41.44	96	迪奥	33.62
66	北控集团	41.37	97	大众	33.62
67	宝马	41.24	98	华夏银行	33.36
68	格力	41.18	99	温氏	32.93
69	海尔	41.16	100	雪花啤酒	32.56

第六章　品牌影响力提升

第一节　品牌影响力提升体系构建

一、品牌影响力体系

构成品牌及其影响力重点有以下几方面：首先是准确的品牌市场定位。经营某一品牌，自身准确的定位，才能准确把控方向，知道自己要拓宽的通路，运用独特的经营策略，实现自己追求的目标，最终实现自己的价值。其次是创新的品牌营销模式。最后是挖掘品牌的文化底蕴。有这样一种说法，品牌是一种文化，细数国内外驰名品牌，它们都蕴藏着自己的价值观、对生活的追求和态度等，不同的品牌都有着不一样的魅力和表达，让人有不同的认识，吸引不同层次和价值观的人群。一个品牌，只有让消费者感到自己追求和认知等与之契合，消费者才有选择这个品牌的理由。这就是一个品牌最终的追求。

二、品牌与消费者的关系

很多研究者在研究品牌对消费者影响的时候，集中在研究消费者对品牌的感知、消费者对品牌的情感等方面，从这个方向去研究品牌是如何影响消费者的购买行为的。

（一）品牌与消费者感知

品牌与消费者感知的研究主要集中在消费者心中，品牌所体现出来的产品质量怎么样、品牌是否令人放心、物值是否匹配等，这些信息是评价购买决策的重要依据。消费者对产品质量的感知是指，在考察一个品牌的时候，消费者从整体上对这个品牌的产品做出价值判断，主要从其优越性等方面给出的综合性的说明，当然，这是从消费者角度做出的，会带有明显的主观色彩，在一个产品的品牌中，品牌名称是这个品牌的外在线索，这种外在线索往往可以成为消费者直接判断品牌质量的标准。当然，不仅如此，品牌还可以运用向消费者展示其独特的个性，或者是品牌具有文化的价值等手段，为消费者提供对企业、对产品品牌有利的外部线索，有一些产品是经验类的，或者是信任类的，对于这类产品而言，品牌就显得十分重要了，它往往是消费者判断的重要依据，据此判断产品的质量，对于奢侈品而言，品牌的作用更是举足轻重，它可以直接对消费者的看法形成重要影响，看到这个品牌，消费者就会联想起产品的质量，或者产品带给人的诸如荣誉感、舒适度等。例如，在 2006 年 11 月，法国进行了一项调查，从结果看，仅仅从名称看，消费者的认识就是不一样的，Dior 与 Louis Vuitton、Yves Saint Laurent 等品牌比较，Dior 给人的感觉是富贵奢华。一个产品的品牌会令消费者产生联想，这种联想往往是产品质量、消费者情感等因素交织在一起的结果。特别对于那些表面看起来不能给消费者提供很多信息的产品，品牌更会发挥其弥补的作用，让消费者不仅感知产品，也感知到产品背后的文化等因素，并积极地影响消费者的购买决策。消费者在进行购买决策时，还会考虑到风险的因素。这里所指的风险一方面是指消费者所担忧的不可把握的不良后果，另一方面指的是产品价值是否与其价格相一致的担忧。具体地说，感知风险包含一些基本的要素，即来自社交方面的风险、从身体角度的风险、产品本身的功能方面的风险。作为产品的品牌，如果说起有一定的影响，那么它的影响就表现在这些方面。要有效地让消费者的风险担忧降到最低，就要采取必要的措施，诸如在品牌名称上下功夫，从交代产品来源等信息上下功夫，等等。同时，我们还可以自信地说，一旦形成了真正让人信服的品牌，其本身就可以消除消费者的风险担忧，从这个意义上，我们甚至可以说品牌就是最好的帮助消费者消除风险担忧的手段。有的研究者利用经济学的理论探寻品牌影响消费者对是否物值对等，甚至物超所值的考虑，他们认为，品牌让消费者的购买决策简化了，如果消费者认同这个品牌，甚至会直入主题，把想法变成购买的行动。在购买产品的时候，消费者由于有了对品牌的信任，这样就节约了思考、权衡、比较的时间与精力。

（二）品牌与消费者情感

品牌以其富有吸引力且独具特色的名称、鲜明又特立独行的个性品格、与产品密切相连的文化内涵乃至让人印象深刻的形象等，都会令消费者从感性上产生一种好感，并且通过这种好感最终影响消费者的购买决策行为。正是因为品牌所具有的象征性，使它具有了令消费者产生良好的情绪反应的功能。如果品牌的象征性与消费者产生了共鸣，那么，良好的情感上的反应就会产生。除此之外，我们知道，能够持久地、真正地发生影响的是文化，所以品牌文化对消费者的影响是十分重要的，同时它也是标志消费者层次的一个指标，有些企业由于其有悠久历史的文化底蕴，这样，品牌文化的形成就有了根基，还能令消费者产生信服的心理。如"金六福"品牌名称本身就有文化的内涵，让消费者感到了一种祝福，产生了美妙的想象，使消费者首先感性地接受了它，这样才有可能产生购买行为。诸如此类的品牌或者以文化取胜或者以品牌名称吸引人的眼球，令消费者产生归属感。品牌会让人有良好的情绪体验，诸如满意、信任等情感体验，这种情感体验会在很大程度上促进消费者形成购买决策。例如，在一些品牌产品"MADE IN"字样，会让人把产品与国家联系起来，进而产生爱国情感，消费者在爱国热情的激励下，会毫不犹豫地购买该产品。

三、品牌与企业的关系

一直以来，研究关注最多的是对还没有上市的企业与已经成功上市的企业之间的绩效表现进行比较研究，研究的重点在于品牌的价值与绩效关系，其目的在于弄清产品的品牌与该企业的绩效究竟有多大的关联性。对于未上市的企业来说，研究的重点是这类企业的市场规模，而对于上市的企业而言，研究的重点则是企业的股票市场状况以及企业的利润情况等。

（一）品牌与市场规模

品牌与市场规模有着密切的关联，不同品牌会相应地带来不同的市场规模，成功的品牌会给企业带来丰厚的利润，让企业迅速在市场打开局面，当然，价格与促销手段等因素也会发挥一定的作用，而且是前提性的作用。事实上，品牌的最大好处也是企业主们最看重的好处是品牌对市场份额的积极影响，这种积极影响主要体现为对消费者的吸引力。同时，如果在市场需求不变的情况下，越是成功的有吸引力的品牌越会有力地击败对手，迅速占领市场，在这个过程中实现利润最大化。例如，在中国国内，日化企业中的宝洁公司，其打造的海飞丝、飘柔、潘婷以及沙宣等品牌，由于促销手段高明、品牌塑造得力从而占据了洗发水的大部分市场。

（二）品牌与品牌的盈利能力

一些研究者在研究品牌影响力时，对品牌影响力与利润的关系很重视，他们往往采用比较与分析的方法，对若干个企业从品牌塑造，以及品牌所带来的利润等方面展开了对比研究。在有关品牌识别与企业利润的关系、品牌信誉与企业利润的关系的研究中，得出品牌与企业的盈利能力存在正相关的结论。对成功的企业、一般的企业进行调查分析，把所有的相关指标进行了统计与分析，在这个过程中主要对企业的主营业务利润情况、资产利润情况、净资产的收益情况、主营业务的收入增长情况等指标进行了对比分析，通过对比分析，我们可以清晰地看到品牌企业在获取利润的能力上要远远高于一般的企业。

（三）品牌与金融市场

品牌是一种象征，一种信号，这种信号具有一定的价值，会对上市企业的资产负债率等指标产生重要的影响。不仅如此，企业的品牌还会对企业股票市场产生决定性的影响。世界著名的品牌评估机构 Interbrand 经过认真的调查研究认为，如果一个企业在品牌建设方面取得了成功，那么，在与其他企业的竞争中就有了很大的优势，如果用股票价格做衡量尺度的话，那么这样的企业其股票价格比其他企业至少要高出 4% ~ 8%；而且，这样的企业其股票价格下跌的可能性也很小。在德国，有一家专门提供咨询服务的 BBDO 公司，这里的专家们研究分析了 23 个样本公司，通过对它们的 30DAX 指数在证券市场的业绩进行品牌化能力比较，得出了这样的结论：同样是面对"9·11"事件的影响，具有良好品牌效应的企业恢复速度远远要比没有品牌或者虽然有自己的品牌但并非成功品牌的企业快很多。

如果从实践层面深入思考，我们就会发现品牌影响力不会局限于理论研究所限定的狭小范围，其内涵也十分丰富，从这样的角度看，品牌影响力一方面是对企业绩效有影响的影响力，它还是一种表现力，这种影响力与表现力是具有一定的指向性的，其指向那些与品牌密切相关的人或企业，例如，品牌所要面对或争取的消费者、品牌所要面对的来自竞争对手的企业等。正因为诸如此类的问题，才使得品牌影响力的提升研究显得十分必要与有意义。

四、品牌影响力提升体系

俗话说一流的企业做品牌，二流的企业做市场，三流的企业做产品。企业间的市场竞争已经从之前较为单纯的规模竞争、产品竞争或价格竞争转变为企业整体综合实力的竞争。激烈竞争的背后是品牌影响力的竞争，没有打造自己的"品牌"，企业的商品就缺乏竞争力，没有强势的品牌竞争力，企业的产品在市场上的竞争力就不如竞争对手，其产品在市场上就卖不到比较高的价格，因此产品的附加值就比较低，企业就被动地陷入低水平竞争的怪圈，进入一个恶性循环。因此，企业品牌竞争力的强弱高低就直接决定了企业与企业之间利润空间的大小，也直接决定着产品的成功与失败。只有拥有过硬的品牌才能立足于世界经济之林，才有机会在激烈的全球化的市场竞争中取得主动权。品牌已经成为企业在商战中能够得以胜出所凭借的一把利剑。品牌竞争力已经成为企业生存和壮大的基础与前提，对企业的未来经营与发展至关重要。

在品牌竞争异常激烈的今天，没有品牌或者没有一个强势品牌的企业就意味着未来没有更多的生存空间。创造一个强势品牌对于每个企业来讲都意义深远，是企业获得核心竞争优势的基础，也是在当前高度全球化的市场经济竞争中是否能够迅速崛起并强盛起来的关键。拥有巨大潜力的中国市场已经成为国内外众多企业共同争夺的主战场，企业不论实力强弱、不论规模大小、不论资历深浅，注定都必须要在同样的竞争环境下求生存、谋发展。因此，企业要想在这场残酷的竞争中脱颖而出，就必须将注意力集中在创造具有核心竞争优势的"强势品牌"上。

著名的美国广告研究专家来瑞·赖特早在20世纪80年代就根据他对市场发展的研究创新性地提出一个观点，他认为未来营销之战将是品牌之战，是为获得品牌主导地位而进行的竞争，品牌将在不远的将来被企业管理者和投资人视为企业最有价值的资产。他认为拥有市场比拥有企业更重要，而拥有市场的必由之路就是拥有一个能够牢牢占据市场主导地位的优秀品牌。由此可见，品牌及品牌战略已经真正成为现代企业构筑市场竞争力的关键。品牌意味着客户群，品牌代表着企业的竞争力，品牌是一个企业存在与发展的灵魂，没有品牌的企业是没有生命力和延续性的。

品牌影响力提升体系是一个非常复杂的系统，本书主要从三个方面展开研究，即基于远景层面的品牌影响力提升、基于产品层面的品牌影响力提升和基于消费者层面的品牌影响力提升。

案例 6 - 1：GUCCI——从已然到未然①

古驰（Gucci）是意大利殿堂级时尚品牌。古驰集团（Gucci Group）是全球的奢侈品集团，总部位于意大利佛罗伦萨，经营高级男女时装、香水、包包皮具、鞋履、手表、家居饰品、宠物用品等昂贵的奢侈品。古驰品牌作为古驰集团享有盛名的时装品牌，以高档、豪华、性感而闻名于世，古驰的"双 G"logo，以"身份与财富之象征"的品牌形象，成为富有的上流社会的消费宠

① 资料来源：张雅斐. 视觉营销中的命题式当代艺术创作分析——以 GUCCI "No longer/Not yet"艺术展为例 [J]. 大众文艺，2017（7）：274 – 275.

儿。古驰集团 1999 年被 Kering 集团收购。

意大利皮具手工艺人古驰欧·古驰（Guccio Gucci）先生于 1921 年创立古驰品牌。1938 年 Gucci 先生于意大利佛罗伦萨 Via Condotti 开设首间古驰专门店，开始其时装霸业。一如大部分国际品牌，古驰的崛起也要感谢明星效应。20 世纪 60 年代的好莱坞明星多次被拍摄到用古驰的手袋，间接为古驰作了宣传。当中捧场者包括好莱坞影星奥黛丽·赫本及当时的美国第一夫人杰奎琳·肯尼迪（Jackie Kennedy）。由于杰奎琳·肯尼迪经常采用古驰手袋，此款古驰手袋更被冠以 "Jackie" 的名字。

在 2015 年 Gucci 于上海举办的那场 "已然/未然" 展览前，几乎没有一场时装艺术展览能在中国制造如此现象级的轰动效应。

低至 30 元的亲民票价，眼花缭乱的印花壁纸，适合自拍的展览房间将这个一度低迷的意大利奢侈品牌突然推向更广阔的公众目光下。策展人创作总监亚力山卓·米开理（Alessandro Michele）与英国《爱》（LOVE）杂志创办人卡蒂（Katie Grand）在这场展览中提出了 "何为当代" 的哲学问题，将前卫的形而上议题与抓人眼球的视觉呈现结合，同时赢得了业界和消费者的追捧。

一方面，业界对米开里将品牌内涵提升至哲学高度的做法一致褒奖。另一方面，这次展览一时之间成为年轻人的交流话题，在社交媒体上制造了强大的影响力。不同需求的观众在这场展览各取所需，结果是让米开里改造后的新 Gucci 开始深入人心。

回顾这场展览举办的时机，"已然/未然" 可以被视为 Gucci 日后快速攀升的转折点。这场在米开理上任后第 10 个月举办的展览，在一个恰当的时间点，为创作总监的全新个人美学体系的成熟与传播加上了一个强大助推器。

在此之后，Gucci 将艺术展览植入其全新品牌文化中，也成为奢侈品牌中 "会办展览" 的奢侈品牌。更加巧合的是，办展览似乎总能帮助 Gucci 撬动下一篇章，为品牌带来新的转折点。

2017 年，Gucci 与《策划者》（A Magazine Curated By）杂志合作在中国香港、北京和台北三地举办了 "策展米开理" 展览，分别展出 Petra Colins、Co-co Capitán 和 Gia Coppola 三位女性艺术家的作品。在 Gucci 邀请艺术家围绕新款腕表进行创作的 TFWGucci 项目等一系列数字创意项目在社交媒体上引发年轻消费者前所未有的参与度时，这场 "策展米开理" 三城展览又在恰当的时机将较为分散和不稳定的线上流量引向一个实体焦点。

如今回顾 "策展米开理"，这场三城展览标志着 Gucci 与艺术关联的进一步巩固。在拥抱艺术这条路上，Gucci 并不是先驱者。但是 Gucci 却在品牌文化与艺术的融合上对传统的品牌经营方式进行了重新定义。

2018 年，由艺术家 Maurizio Cattelan 策展的 "艺术家此在"（The Artist is

Present）展览在上海余德耀美术馆开幕。展览的名称借鉴自 2010 年阿布拉真维奇（Marina Abramovic）在纽约现代艺术博物馆名噪一时的个展"The Artist is Present"。

Gucci 在官方声明中明确且坦然地表示，从一开始，"艺术家此在"就是对挪用的应用。展览囊括了超过 30 位中外艺术家，包括为此次展览现场定制的展品，和展览前已经创作完成的作品，都在对当代神圣的艺术原则包括原创性、创作意图、表达方式提出疑问。在这个所有一切都能被重复生产的时代，并没有任何东西能真正保有原创的光环；这也意味着我们急需更新对"复制品"的陈旧概念，换一种新的视角来看，"复制"其实是当代社会不可或缺的工具。

原创性被高估了，可以预见这一大胆论断将对不少普通观众形成一次强烈的意识冲击，甚至可能会引起部分观众的质疑，但也恰恰证实了在办展览这件事上，Gucci 并不以推销自己作为主要目的，而是将公共性作为重要考量来俘获受众。从对"何为当代"的讨论到对复制与原创的思考，米开理既拥有诊断时代脉搏的能力，也拥有公开讨论争议的底气。

如今，办展览与办时装秀相似，是营销手段的一种，也都是与年轻人沟通的媒介。对消费者而言，比起贸然购买一只 2000 美元的 Gucci 手袋，艺术展览能帮助他们先尝试接触品牌文化。Gucci 展览中所呈现的艺术内核与商业性的平衡，就好像米开理设计的历史灵感与千禧一代喜好的平衡一样，都呈现出矛盾的二元性，而矛盾恰恰是年轻消费者喜欢的特质。

有分析指出，在变化越来越快的奢侈品行业，随着社交媒体的影响，消费者的喜好需求难以琢磨，品牌需要通过不断推出独特新颖的设计或具备噱头的营销活动来吸引消费者的注意力。贝恩公司合伙人表示，奢侈品牌应该自己为自己负责，在消费者愈发精明的当下，更大胆和前瞻性的品牌将赢得更多的潜在人群。毋庸置疑，被视为 Gucci 商业大脑的马克尔·比扎里（Marco Bizzarri）有着更大的野心。

尽管开云集团与 LVMH 在体量上仍有差距，但是 Gucci 连续多季度近 50% 的高位数增长足以令 LVMH 老板（Bernard Arnault）都感到警惕。2018 年上半年，开云集团继续保持高速增长，总销售额同比上涨 26.8% 至 64.32 亿欧元，其中，Gucci 销售额大涨 44.1% 至 38.53 亿欧元，超过上年同期的 43%，有分析指出，在高基数上还能够保持高增长，证明消费者对 Gucci 的热度还在延续。

对于艺术性与商业性、历史与当代双重探索也成为 Gucci 的核心竞争力之一。有分析认为，没有比艺术品和奢侈品一对伙伴更密切相通的。它们两者都没有固有用途但价格极高，都强调审美的重要性。它们都依赖于世界富有人群的财富来赚取高水平的利润，同时依赖于中产阶级扩大其规模。如今，当代艺术和奢侈品新的精英主义的生活方式被统一到了一起。

艺术的奢侈品属性推动了艺术市场的发展，而当代艺术则有助于确保奢侈品品牌具有新鲜感，保持其产品与当下的相关性。对奢侈品和艺术而言，品牌化都非常重要，而目前，深谙这一道理的 Gucci 已走在了前面。

在这个意义上，Gucci 深入人心的复古情结实际上是对当代特质更精准地把握。艺术的讨论成为品牌认识"当下"的一种途径，这种已经步入后现代主义的"当下"具体体现为，原创让位于复制，线性发展让位于碎片化，客体让位于语境。不过种种哲学探讨转化为商业语言，依然是简单的道理，即把握住了消费者不断变化的需求和时代脉搏。

对于消费者来说，市场上的奢侈品可供选择的有很多，客户喜欢从一个品牌跳跃到另外一个品牌，去尝试不同的产品。Gucci 始终站在消费者的角度，通过各种渠道帮助他们来了解自己的产品，加入消费者之中，与他们进行有效的互动，反馈以满意的答复。通过参与互动，能够控制品牌美誉度的传播方向，从而提高消费者的高参与度和高美誉度，另一方面也可以增加消费者的忠诚度。消费者满意度高了后，通过口碑传播就会为品牌加分。

第二节　品牌影响力提升的三个层面

从产品到商品是一次惊险的跳跃，因为它实现了产品的价值。同样，从商品到品牌也是一次跳跃，因为它实现了产品的附加值。品牌所承载的更多的是一部分人对品牌背后所代表的产品或者服务的认可，是企业与用户的消费行为之间相互磨合衍生出的产物。基于此，品牌影响力提升体系应基于企业、产品和消费者三者的视角出发，建立系统、合理、完善的品牌影响力提升方案。

一、基于企业层面的品牌影响力提升

（一）实施科学的战略规划

品牌是企业的一种无形资产。实施高效的品牌战略，可以帮助消费者熟识企业的产品和服务，有利于打响自身品牌的影响力，提高企业知名度，吸引投资者和消费者的关注。实施品牌战略对企业具有现实性的意义，无论是自身的发展，还是在市场竞争中生存，品牌战略都必不可少，面对市场的复杂性，企业以品牌参与市场，积极寻求发展的机遇。

1. 科学定位，树立长远的品牌战略规划

在市场环境大背景下，企业应根据市场的复杂性，结合自己产品的特性，在市场中对品牌准确定位。科学的品牌定位能为企业在竞争中占据优势，实施长远的发展战略，企业必须把品牌定位作为指导思想，进行长远的品牌战略规划。品牌发展过程中，充分利用品牌优势，吸引消费者，根据顾客的不同需求对品牌的策略进行及时的调整，把品牌的产品和服务深入消费者消费观念中，在消费观念中占据位置，或者根据不同消费者的消费需求，形成品牌产品差异化，找到市场上的目标消费者。而品牌定位的出发点是消费者的真正需求。首先，企业在进行品牌定位过程中，一定要明确自己的定位主张，要加强品牌的定位研究，使企业品牌与其他企业形成鲜明的差异，或者突出品牌的个性。其次，企业在进行准确定位时，还要对企业的发展进行长期的品牌战略规划。品牌战略就是企业长期努力和规划的结果，企业应当根据自身的实际情况，制定出一套符合自身发展的科学战略规划，规划出企业的战略蓝图。在此基础上分析自身的条件，能力是否达到，是否准备充分，才能进行有效的品牌战略实施和推广工作。

2. 建立完善的品牌管理机制，重视品牌维护

企业要树立起品牌管理意识，完善企业的管理制度，建立专门的品牌管理部门，实现制度化管理，建立完善的企业管理体系，优化人员结构，培养企业员工的职业素养。好的品牌是管理的结果，企业的日常合理科学的管理能够保证产品的质量和服务的质量，为品牌战略的发展打下坚实的基础。品牌战略的实施是繁杂而又长远的过程，品牌是企业进入市场参与竞争的重要武器，企业在创建品牌和发展品牌的过程中，一定要加强对品牌的维护和管理，不断完善组织结构，持续性开展品牌市场调查和监测反应，在品牌建设中发现的不足和挑战，及时采取有效应对策略，用最有效的方式去应对可能损害到品牌的事件和威胁，一方面防止品牌贬值的风险，另一方面要使品牌享有美誉度与忠诚度。

3. 提高企业的创新性，加大对产品的科技研究

"科技是第一生产力"，科技推动了时代的发展和社会的进步，科研创新为经济发展带来了巨大的活力，品牌战略的发展也离不开科学技术的支持。对企业而言，最重要的是产品的质量，只有生产出符合市场需求和使消费者满意的产品，才能提升企业的经济利益，形成竞争优势。企业只有在生产技术不断创新和发展中，才能推出更多新颖和高质量的产品，制造出满足消费者更高的消费欲望的产品。品牌是建立在消费者信赖基础上，它是一种无形的资产，也是企业最有价值的资产，在现代市场经济环境下，品牌这种无形资产的价值越来越显得重要，超过了企业的有形资产，因此企业在进行科研创新时，一定要注重对品牌的保护和再创新。

4. 有效整合企业品牌发展的内部环境

第一，资金链不足的企业，整合企业内部资源，进行合理规划。改革经营体制，企业经营权和所有权分离，合理利用资金，将最有效的资源用在重要的环节上，提升竞争力，优化内部资源，为企业的品牌经营提供战略保障。第二，标准化制度化管理，积极调整组织结构。在市场中准确地找到自己的位置，开设符合自身的销售渠道，以及合理的销售方式。第三，及时调整发展战略，建设好企业文化。根据市场的不断变化，及时调整发展战略，及时掌握市场的动向和采集市场信息，生产出高质量的产品，提高消费者对企业品牌的认可度和忠诚度。对企业员工进行素质培养，让企业员工更多地参与品牌建设，使企业文化达到高度的认同。第四，政府积极转变职能，为企业提供良好的政策环境。

5. 充分利用外部环境发展品牌战略

第一，处于大数据时代的环境下，企业要充分认识到信息时代的作用，充分利用计算机科技和互联网加强自身的品牌战略推广，根据自身所具有的灵活性大的特征，抓住信息时代消费者需求多样化、差异化的特性。准确定位市场，找到目标客户，打造品牌优势，提高品牌的知名度。第二，在与大型企业的竞争中，中小企业处于劣势地位，积极地调整发展战略，在市场环境中寻找共同利益的伙伴，通过联合获取更多的利益。在互联网的时代下，推出新的品牌概念，拓展品牌的价值空间，达到共赢的目的。第三，国家在经济转型的新时期，为支持企业的发展，颁布了大量的支持性政策，企业应当积极利用外部环境来塑造品牌，实施长远的品牌战略规划。

（二）实现品牌知名度

品牌不但是一个名称、符号、设计或标志，更能使一个产品增加功能利益以外的附加价值。而品牌对消费者而言亦是重要的外部线索之一，消费者除了透过产品实体功能类型评价产品之外，亦会透过象征性功能来作为衡量的依据。所以，品牌是消费者决策的线索。而品牌知名度为影响消费者对品牌看法的因素之一，在消费者购买过程中，是一个极为重要的影响因素。

实现品牌知名度就要让顾客认出品牌，想起品牌。这包括两方面的任务：一是取得品牌身份，二是将品牌与某类产品联系起来。成功建立品牌知名度并且保持知名度，要遵从几个指导原则。第一，品牌要做到与众不同，令人难忘。要让产品众所周知，就要想方设法使产品取得关注。因此，最好的方法就要做到独具一格、与众不同。企业要运用独特的营销策略，与其他品牌的传播手段形成差异。第二，使用品牌口号或广告词押韵，这可以极大地改变宣传效果。在品牌口号中蕴含直观有效的产品特征，使消费者更易于联想到品牌。押韵广告词是创造知名度的有效手段，朗朗上口的广告词易于让顾客产生深刻的记忆。第三，注重标志宣传，标志属于视觉形象，比单词或宣传短语更容易识别，更容易回想。除广告外，标志还可以通过各种创造性方法达到宣传目的。第四，巧妙运用公共宣传方法。广告宣传非常适用于提升品牌知名度。在广告宣传中，广告信息和广告受众可以准确定位，从而满足品牌的需要。然而，公共宣传也可以起到一定的作用，公共宣传不仅成本远远低于媒体广告，而且效果更加出众。围绕产品，制造与品牌相关的、有新闻价值的事件或问题。第五，进行活动赞助，活动赞助的目的在于制造或维持知名度。很早以前，啤酒品牌就发现了宣传推广的价值，因此，百威、米勒等品牌常与数以百计的体育赛事联系在一起。第六，要让品牌更加引人注目，可以把品牌名称扩展到其他产品上，从多项推广活动中获得利益。第七，产品提示或品牌提示往往可以在知名度宣传活动中起到辅助作用。其中，包装是一种直接有效的品牌提示。包装是消费者直接面临的刺激因素，决定着消费者是否对产品有兴趣。在某些情况下，提示还可以用来提醒人们在广告宣传中的品牌联想。第八，通过反复宣传让顾客产生品牌回想。品牌回想是困难的，既需要顾客深入了解，也需要商家反复宣传。让顾客回想品牌比让顾客认出品牌更加困难。企业要做的就是让品牌与产品的联系更加紧密，让产品名称更加醒目，反复宣传必不可少。

（三）提升品牌认知度

品牌认知度是企业无形资产中的重要组成部分，它是衡量消费者对品牌内涵及价值的认识和理解度的标准。品牌认知度较高，则消费者对于企业的产品、文化认可度较高，对品牌内涵的理解程度较深。在各类产品市场，消费者都倾向于购买比较熟悉的产品，企业从做产品到做品牌的过渡转型中，品牌认知度的影响尤为重要，它是企业是否具有较强市场竞争力的重要一环。消费者在进行产品的选择过程中有如开车行路，没有品牌作为路标的指引，消费者将无法判断正确的途径来满足自己的需求，较高的品牌认知度起到了更好的指引作用。良好的品牌认知度背后不仅代表着其产品特性，更代表着品牌的信誉和口碑，在即有消费群体的情况下，还拥有着庞大的潜在客户，这也说明，品牌认知度不仅创造了现有盈利，更能使企业在未来有较好的预期。提升品牌认知度，要从以下几个方面着手：

1. 清晰品牌定位，建立市场区隔

在当前激烈的市场竞争环境下，一个核心价值模糊或缺乏个性，没有清晰的定位或细分市场的品牌是难以培育其忠实的消费群体的，也不能给品牌带来增值和销售奇迹。因此，清晰品牌定位，明确市场细分是提升品牌认知的关键。

２．保持良好的品牌形象

在保证品牌质量的前提下，只有塑造良好的品牌形象，内外兼修，才能形成强势品牌。品牌形象的塑造从以下四个方面进行：第一，提高企业综合实力，扩大产品线的覆盖面，不断开发适合顾客需要的新产品。第二，要搞好渠道建设，为品牌商品的对外分销构筑良好的畅通渠道。第三，是要注意品牌产品的设计，以及包装设计，结合生动直观的品牌视觉形象来吸引消费者，发挥产品即营销的作用。第四，要发挥网络和媒体的作用，创新宣传模式，扩大品牌的社会影响力，应充分重视和利用新闻、网络、新媒体、公共关系上的"软性"广告。

３．树立消费者至上理念

树立消费者利益至上的服务理念，并努力向消费者传达这种价值观。重视消费者使用品牌产品时的精神感受。把品牌影响方式由传统的以企业为主的单向营销方式变为更加注重消费者与品牌互动为主的营销方式。主动与消费者接触，重视与消费者之间的联系与沟通，让消费者有更多参与、实践和行动的机会，给予消费者大量而积极的感官体验、情感体验、思考体验、行动体验和关联体验等，以提升消费者在心理和精神上的极大满足。

（四）建设品牌美誉度

品牌美誉度在消费者品牌决策的过程中，有着举足轻重的作用。品牌美誉度是消费者对某一品牌的喜爱和认可程度，是消费者通过自身的消费经验以及综合其他不同品牌信息对品牌价值的认同，这种认同是消费者在心理上的感知，并不是简单依靠广告宣传影响消费者的品牌决策。企业为了吸引消费者，会通过不同的方式来影响消费者的品牌决策。其中品牌美誉度的建设是有效方式之一，其直接影响消费者对某个企业或者品牌的认知。所以企业在市场竞争中应重视企业品牌美誉度的建设，增加企业的竞争力。建设品牌美誉度，必须正确地把握好消费者的心理。

１．提高品牌知名度

品牌的知名度和美誉度是考量品牌价值的两项重要指标。品牌知名度是消费者对品牌的认知程度，品牌美誉度是消费者对品牌的评价，前者是后者的基础，消费者只有对品牌具有一定的认知，才会对品牌的优劣做出评价。因此，建设品牌美誉度，首先要提高品牌知名度。

２．扩展品牌价值

品牌的美誉度同样与品牌的价值相关，而这种价值包括无形价值和有形价值，消费者进行购买时也会根据品牌的价值决定品牌的选择。对企业而言，品牌运营就是一个发现价值、创造价值、传递价值、提升价值的过程。发现价值就是确定能够最大限度地吸引顾客的独特的品牌价值和核心定位。创造价值就是将品牌核心价值与定位充分赋予产品、服务和经营行为。传递价值就是通过全方位的品牌传播，让客户最真切、最深刻地感知、体验品牌核心价值主张。提升价值就是持续不断地围绕品牌核心价值进行优化，加深产品、服务、形象等带来的综合体验。所以品牌美誉度的建设需要扩展品牌的价值，尽量做到物美价廉。

3. 提升品牌形象

品牌形象是品牌美誉度的直接表现，品牌形象会影响消费者的直观体验。品牌形象是品牌在消费者大脑中的认知，当该品牌的产品或者服务产品质量好、价格实惠、产品功能全面时其产品形象更好；当该品牌的企业具有较高的社会责任感、有较好的企业形象，其企业形象更好；当使用该品牌的消费者其社会地位更高、社会形象更好，其消费者形象更好。良好的品牌形象会第一时间吸引消费的购买欲望，所以品牌美誉度建设要以良好的品牌形象作为基础。

4. 开展体验营销

当顾客寻找和购买品牌时，他们表现出来的不仅仅是对产品功能性的需求，更重要的是各种来自与品牌有关的特殊刺激，例如品牌自身特有的颜色、形状、字体、文化背景等设计元素，以及品牌口号、品牌代言人和品牌个性等。这些品牌相关的刺激物作为品牌识别、设计、包装和营销传播的一部分，在市场中被推广和购买。这些品牌相关刺激物构成了最主要的、带有主观性和内在性的消费者回应的来源，我们把这些称作为"品牌体验"。品牌体验是主观的、内在的、消费者对品牌的反应（包括感觉、情感和认知）以及由品牌相关刺激（包括品牌设计和识别、包装、沟通等）所引发的行为反应。消费者是品牌优劣的最终评判者，所以，品牌美誉度的建设需要企业与消费者建立密切的联系，增加消费者对产品的实体体验，并根据消费者的体验感受优化产品。消费者通过亲身体验，感受产品的卖点，这些信息会通过体验者传播给其他大众，实现品牌美誉度的提升。

（五）掌握品牌舆情监测

在互联网与社交媒体时代，面对某些新闻事件或者丑闻常常会出现网络群体极化现象，群体极化现象往往导致网络动员行为的发生，"网络动员往往是集体愿望或社会矛盾的集中体现，是社会舆情最为直接、激烈的表现形式之一"，从而形成现实中的危机事件。因此，这一时代的舆情主要体现为网络舆情，网络舆情通常是指网民和网络媒体利用互联网对社会热点焦点问题所表现出的有一定影响力和倾向性的意见或言论。其形成的载体包括网络新闻、新闻跟帖、论坛帖文、微信、微博、即时通信工具、电子邮件、搜索引擎、手机媒体等。从网络舆情的现实表现来看，主要表现为舆情危机事件，因而，网络舆情管理主要是通过一系列相关联的活动将来自互联网的原始舆情数据转化成对组织决策、运行控制、品牌维护、问题分析、新产品或新服务开发所需要的信息。在如今消费社会与品牌消费混合式时代，消费者倾向于品牌消费，这种消费行为是一把"双刃剑"，消费者一方面信仰品牌，另一方面也在意品牌的公信力，一旦品牌失去公信力，就会对品牌形成致命打击。"信任是不对等的——易失而难得。"在市场的现实竞争中越是品牌企业，越担心会遇到信任危机，因为非品牌商品本身就不具备对消费者的公信力，消费者在购买非品牌商品时注重考量的不是其品牌公信力方面的承诺，而是其消费能力承受范围下的实用价值。品牌一旦出现某一方面的问题，会很快形成蔓延式传播，形成集群效应。

　　品牌舆情监测系统具体从以下几个方面进行舆情监测分析：第一，品牌管理者事前设计好监测范围、监测重点，并按照一定的类别如站点、消费者群体、地域、特殊时间段等，然后利用舆情监测软件对品牌自身网站、行业网站以及其他网站网页、论坛、两微一端等进行 24 小时监控，自动快速搜集相关数据信息，及时发现与品牌相关的舆情信息，特别是负面信息及重大舆情，采取上述数据处理方式，得出舆情报告供管理者制定对策使用；第二，在舆情监测中利用软件设计的功能，自动寻找到舆情的关键点，归纳消费者对品牌的舆情重点并做到跟踪舆情热点或舆情异常，从而随时把控舆情走向，及时发现危机舆情苗头；第三，通过监测软件的数据分析功能，舆情分析师快速做到对网络舆情事件的统一分析，全面得出危机舆情的生成路径、传播范围及提供信息的传播链，并分析不利舆情对品牌已经造成的伤害度等，从而使品牌管理者快速准确掌握危机舆情全部态势；第四，大数据时代对数据处理的关键之一就是需要将分析结果可视化，可视化主要通过曲线图、折线图、柱状图、散点图等形式呈现，使品牌管理者从可视化符号中全面掌握舆情发展状态。可视化与舆情报告一般结合在一起，为管理者掌握品牌发展态势或快速处理品牌危机提供决策依据。

案例 6 - 2：极简主义——无印良品[①]

　　1980 年，世界经济增长陷入低迷，日本也经历了严重的能源危机。当时的消费者不仅要求商品有好的品质，也希望价格从优。在这种情况下，"无品牌"概念（源自英文：no brand goods）在日本诞生了。当年，木内正夫创办

---

　　① 资料来源：鲍华琳. 无印良品极简主义设计的文化阐释［D］. 聊城：聊城大学，2014：5 - 7.

了"无印良品"公司，向市场推出了第一批无品牌产品。这些产品包装简洁，降低了成本，所使用的口号是"物有所值"。

与其说无印良品是一个品牌，不如说它是一种生活的哲学。它不强调所谓的流行，也不赞同受欢迎的品牌应该抬高身价，而是以较为平实的价格还原了商品价值的真实意义，并在似有若无的设计中，将产品升华至文化层面。它恪守以人为本、环保至上、虚无的设计理念，坚持绿色生态型和极简主义的设计风格。在选材上，采用保护消费者健康的原料，在色彩上，恪守黑白蓝褐等颜色，在装饰上，要求无花纹，在样式上，力求极简，在产品的内外包装上，统一简化并很难找到其品牌标识。无印良品平实好用，还原"心灵、生命、生活"的本真。如今，无印良品的产品种类几乎涵盖了日常生活的方方面面，"家"的概念也应运而生。无印良品从不将自己的消费群体用年龄、地域、收入等硬性指标来划分，而是以较虚无的生活理念来定义目标群体，这些群体年龄跨越较大，生活状态各异，但他们在生活观、传播观和消费观等方面却有着共同的特点。

无印良品在简化制造流程方面的尽心尽力导致了有着独特美学的产品的出现，这些产品与那些传统的、过度生产的商品形成鲜明对比。无印良品的理想是通过各系列产品外观设计、材料选择等方面的高度一致性和独特性，使其产品富有启发性，让消费者一接触到其中一款产品，就会接触到一种生活的新意识。很多无印良品的目标消费者对自己的生活认知得很清楚，非常注重生活的本质，厌烦市场上颜色绚丽造型夸张的产品，喜欢外观简洁，功能实用，质量可靠的产品。无印良品的产品并不通过外形做个性宣言，而是利用特定的削减和省略来暴露物体的核心实质，通过对最佳形状和最佳材料的探索，滤出设计师的自我，达到高层次的设计，这也就是无印良品的"无设计"理念，这才是设计的实质。

无印良品的极简主义造型可以让它的产品在形式上跟其他品牌的产品形成一定的差异性，能够形成品牌个性，而对于讨厌繁复装饰喜欢简单实用的消费者来说，无印良品的产品不仅能够满足功能需求，还能在外观上带来愉悦感和精神上的满足，能够让这类消费者对无印良品更加喜爱，更加依赖。

无印良品之所以能够被大家熟知和认可，是因为其通过取得目标消费群体的高认知度，由目标消费群体将其对无印良品的各个方面的认知传播给大众消费者，从而让大众消费者对其产生一定的认知度。而无印良品是在充分了解和分析目标消费者生活形态的前提下，针对目标消费群体生活中的需求和观念，来制定相应的设计策略，并能够引导消费者的生活向其所倡导的方向发展。

案例6-3：吉利并购沃尔沃①

吉利集团是一家专注于汽车生产制造的民族品牌企业，同时拥有着诸多荣誉："世界500强企业""中国汽车行业十强企业"、首批国家"创新型企业"和首批"国家汽车整车出口基地企业"等。其创始人在创业之初曾于多个行业中进行探索尝试，最终建立了以汽车产业为主，实业投资、教育、房地产投资、经营进出口业务等为辅的多元化集团公司。经过不断努力，吉利汽车已成为中国自主品牌中的领军企业。2009年年末，吉利汽车以18亿美元对沃尔沃汽车进行了全资收购并取得了巨大成功，在随后的几年中，吉利汽车实现了从奔跑到飞跃的蜕变。

在并购前，吉利品牌作为民营企业中的普通一员，以成本优势战略为主导，以价格策略为主要营销手段，这使得其对于汽车本身的使用性能方面明显不足，具备了国产车的车身重、油耗高、故障率高的特点。这也使得其国内市场品牌认知度较低，而在国外市场，吉利并没有明显的优势及亮点，加之销量平平，市场品牌认知度亟待提升，而品牌认知度较低是企业综合实力难以提升的关键因素。

面对困境，吉利进行了积极的探索，要摆脱这种"内忧外患"的格局，仅仅通过自主创新是不够的。所以吉利汽车将目光放在通过战略并购实现品牌价值提升与品牌形象的转变上，从而实现品牌认知度的提升，增强企业核心竞争力。沃尔沃为吉利提供了这样一个绝佳的机会。

吉利汽车在国内中低端市场占据重要地位，但要想在技术上做出重大突破和走向国际市场则面临着很大的障碍。2008年的经济危机使得沃尔沃汽车的收益连续走低，由盈利变为亏损，此时的沃尔沃对于福特来说变成了巨大的包袱，福特急于将沃尔沃出手，而吉利汽车看准了这次破冰的机会。2009年是吉利转折性的一年，李书福的福特总部之行为并购奠定了基础，在并购开展前期，国内在政策上也给予了吉利汽车巨大的支持，吉利已经组建了一个拥有200名全球顶尖人才及组织机构的专业化收购团队，其中包括德勤财务顾问、洛希尔团队、著名投资银行、福尔德律师事务所、中国及瑞典多家著名律师事务所、法律顾问、公关顾问及各方精英人才，这也是并购得以有效进行的强力保障，比如就收购价格来看，福特给出了60亿美元的底价，而经过调查发现，福特给出的沃尔沃未来几年扭亏为盈的预测中，对沃尔沃的研发等投资部分进

① 资料来源：张蒙晰. 国际化战略背景下跨国并购绩效研究 [D]. 武汉：湖北经济学院，2019：12-53.

行大幅削减，经洛希尔团队的建议，最终吉利提出了 18 亿美元的报价。经过几轮竞标，2009 年 9 月福特汽车宣布吉利成为沃尔沃的首选竞购方，通过激烈的谈判；2009 年 12 月 23 日，吉利福特就沃尔沃的并购案中的各项条款终于达成一致。

对于吉利来说，在并购了沃尔沃之后，也正是利用了消费者对于产品产生的联想行为为吉利的后续发展进行战略布局，从可统计的网络关注度来看，2011 年 1 月至 2016 年 1 月的网络大数据统计结果显示，吉利汽车相关关键词搜索指数从 2011 年的周平均 4000 左右逐年上升，在 2013 年经历短暂的回落后继续保持大幅度上升趋势，在 2015 年 6 月达到了最高的周平均 8000 以上，而在 2011 年前的关注度是远没有如此表现的，这说明吉利汽车的品牌认知度在实施战略并购后是得到了很大提升。而为了排除吉利集团在此期间，产生过影响力较大的商业行为或出现过较大的负面新闻等因素，对主要搜索关键词进行了相关调查，调查发现搜索量占比最高的关键词由高到低排列依次为：帝豪、远景、吉利汽车报价及图片、吉利新帝豪、吉利汽车价格表、吉利汽车怎么样、吉利新款 SUV 等几个方面。这也证明了在吉利对沃尔沃汽车进行并购后，吉利被更多消费者所熟悉，提高了消费者想要了解并购买吉利汽车的愿望，消费者对于吉利品牌汽车保持了较高的关注度。而在汽车产业中，吉利在消费者心目中的地位也在大幅攀升，同样从百度指数品牌表现的大数据分析中，我们可以看到，在 2011～2015 年，吉利汽车在全球汽车行业的百度搜索指数逐年上升，由 30 名以外上升至 20 名左右，更是在 2016 年和 2017 年连续两年取得汽车行业品牌榜年度搜索指数前十的好成绩，这也反映出了吉利汽车无论是在国内市场中的地位，还是在消费者心目中的形象都得到了很大的提升，这也是吉利汽车品牌认知度得到较大提升的直接表现。

二、基于产品层面的品牌影响力提升

（一）提升产品质量

产品质量是品牌的基础，是品牌生存和发展的"生命线"。市场上商品多了，消费者就要选择价低质高的品牌产品，消费者没有选择的产品，最终将被无情地淘汰。消费者在做购买决策时，产品质量是其中要被考虑的重要因素之一，通过提高企业产品质量，消费者对产品的认可度和购买倾向增加，从而企业的市场占有率、价格和利润有了一定的上涨空间，企业也因此有了一定的竞争优势。利用品质来拓展市场，争取品牌，提高经济效益是所有企业为适应日趋激烈的市场竞争而采取的一种有效手段，创造品牌离不开产品的质量。

消费者对产品的感知质量对产品的感知价值有正向影响作用，进而正向影响消费者对产品的购买意愿。在购买决策进行中，消费者在进行初步的筛选和判断时，通常会根据产品的物理属性进行评价标准，在不同的竞争商品中比较。然而，随着科技的发展，产品的复杂化和专业化程度进一步提高，信息不对称的存在更使得消费者无法获取和理解评价质量的所有技术指针，随之消费者不得不根据已有信息根据自己的主观性判断产品质量的好坏。除此以外，消费者在形象性需求上的增加，产品的基本功能性属性已无法成为消费者购买决策驱动力。消费者仅能通过笼统或抽象的主观印象决定其对产品的偏好。当消费者面对所购买的商品的功能和质量没有充分的信息、充足的时间去比较其优劣性时，不得不借助一定的线索去主观评估其质量。实现产品质量有几个关键点：

1. 提高科技水平，提升员工从业热情

抓好提高科技水平和提升员工从业热情的这两个基础，这两个基础是提高产品质量的根源。纵观当今世界经济发展概况，我们能明显看到科学技术水平发达的国家很容易生产出质量可靠的产品，而落后的欠发达国家鲜有报道生产出口碑良好的高质量产品，这也就不难得出提高产品感知质量的根本途径是提高科技水平这样的结论，任何忽视这个基础而夸夸其谈的手段，都难以成功。除了科技水平这一客观因素外，员工的主观能动性也非常重要，如何激发他们的热情，如何调动他们的积极性也关乎产品的质量，甚至可以说员工的积极性是基础中的基础。只有充分调动员工的积极性，培养他们的责任心，他们也就会更好地学习接受科技，并能在工作中得以发挥，使科技转化为高质量的产品。所以企业各层机构都应该竭尽全力为提高科技水平和调动员工积极性服务，抓住根本才能解决好问题。

2. 建立严格的质量管理体系

质量管理体系是指在质量方面指挥和控制组织的管理体系。组织为了建立质量方针和质量目标，并实现目标，经过质量策划将管理职责、资源管理、产品实现、测量、分析和改进等几个相互关联或相互作用的一组过程有机地组成一个整体，构成质量管理体系。组织质量管理通过有效质量管理体系运作来实现。

企业开展全面质量管理，必须满足"三全一多样"的基本要求。第一，全过程的质量管理，要把质量形成全过程的各个环节或有关因素控制起来，形成一个综合性的质量管理体系，做到预防为主、防检结合，重在提高。第二，全员的质量管理，任何一个环节，任何一个人的工作质量都会不同程度地直接或间接地影响产品质量或者服务质量。在企业内形成每一个人对产品质量都有责任的质量环境。必须做好全员的质量教育和培训，对企业各部门、各岗位的质量责任进行明确。第三，全企业的质量管理，将质量管理分散到企业的各个部门，各管理层次共同参与。第四，多方法的质量管理，为了实现质量目标，必须灵活掌握使用多种方法，包括科学的管理方法、数理统计的方法、现代电子技术等。

3. 重视技术人员的发展

企业应该把技术人员的待遇问题、发展空间问题当作重点要解决的问题，对他们进行技术培训，安排他们参加学术交流，使他们总能掌握行业的前沿动态，从而开发新技术，创造新市场。同时企业还要给予员工物质和精神上的奖励，使他们感到自己的工作被认可，这样也能够调动他们的积极性，从而愿意接受学习新的科学技术，进一步将科技转化为高质量产品。改善待遇与增加奖励这样的刺激固然重要，合理的绩效考核也必不可少，通过考核能够增强员工的学习意识，对比之中找差距，让他们真正的付出得到相应的回报，自身的价值充分体现，最终提高工作热情。

4. 塑造清晰的产品和服务形象

大多数消费者购买产品时最关注的还是产品本身质量的优劣以及服务态度的好坏。产品质量越高、服务越优质，消费者对其认可程度越高、评价越好，对其越信任，这也是企业不断发展的动力源泉。随着科学技术的发展，许多知名企业的产品质量已经得到消费者的认可，在产品品质得到保证以后，企业需要加大力度在"优"上做文章。企业要想在激烈的市场竞争中不被淘汰，就应该不断学习、借鉴国外一流企业的成功经验，加大研发力度，争取自给自足，以过硬的产品质量提高竞争实力求得企业生存空间，用不断的技术创新提高市场竞争力。

（二）打造差异性

品牌差异化是在其特性或个性方面所显示出来的差异性，品牌差异性主要表现为以下三种基本类型：

"产品差异"是指品牌在其自身特性或个性方面的差异，如质量、性能、规格、包装、设计、式样等。这些差异显示品牌在一定条件下区别于其他品牌的工作性能、耐用性、可靠性等特征。产品差异化要素中，质量差异是产品差异化的核心，产品差异化源于企业的技术水平和技术创新能力，可以说技术是产品差异化的源泉，质量是产品差异化的核心。这已经被许多企业的发展经历所证明。比如我们大家都非常熟悉的宝洁公司。国内现有六个宝洁公司的洗发水品牌。由于宝洁公司巧妙地运用了产品差异化，设计了六个品牌各自的个性化定位，从而实现了在洗发水行业骄人的战绩。

"服务差异"是指企业围绕有形产品的销售和使用而提供的有特色的服

务，如咨询、配送、退换、安装、维修等。产品支持服务的观念越来越受到重视，品牌的服务差异化主要来自四个方面：时间的迅速性，即企业对顾客反应的灵敏度和行动的快速性；技术的准确性，这里的"技术"是指企业提供服务支持的措施、策略和方法等，技术的准确性就是要求企业在提供支持服务时所采用的措施与方法适当、可靠、适应，能够彻底解决问题；服务的完善性，包括售前调研宣传，售中咨询，售后维修、保修、送货等；人员的亲和力，这里的"亲和力"是指主动、热情和周到。在海尔成功的背后，我们可以看到服务差异化，就是在服务上建立自己的优势。

品牌形象是指存在于人们心里的关于品牌的各要素的图像及概念的集合体，主要是品牌知识、品牌文化及人们对品牌的主要态度。"品牌形象差异"是指通过塑造与竞争对手不同的品牌形象来取得竞争优势。品牌形象有助于顾客处理和提取信息，生成购买动机，产生积极态度和情感。品牌形象另一方面表达了品牌的"顾客感知价值"。一种品牌如果能够深度促进顾客联想，说明其具有较高的顾客感知价值。所以，品牌形象差异化在影响顾客购买心理、态度、情感以及生成购买动机等方面，都能够深度制造品牌差异优势。另外，由于现实的消费市场存在着信息不对称现象，品牌形象差异化可以最大限度地降低"信息不对称"程度，赢得消费者的信赖，最终增强品牌的竞争力。很多的国际品牌正是充分地利用了品牌形象差异化而消除了消费者方面的信息缺失，比如一提到"耐克"，大家就会想到它的不同于其他运动鞋的各种信息，如它的优良品质，它的独特款式等。

很大程度上，品牌产品差异源自品牌技术、产品质量带来的差异，服务差异源自服务质量带来的差异，而服务质量就是品牌质量的一种，实际上服务差异也就源自品牌质量带来的差异，而品牌形象差异源自品牌文化带来的差异，因此，品牌差异主要源自品牌技术、质量以及品牌文化等带来的差异。打造差异性，可从品牌战略、品牌传播和品牌运营几个方面着手：

1. 制定差异化战略

要明确差异化品牌的位置，首先要对竞争品牌的产品和消费者需求进行调查分析，同时要清楚地认识自身产品，并提炼出自身的核心优势。其中，对竞争对手的产品和消费者需求的分析是基础性的工作，据此才能结合提炼出的品牌核心优势来确定差异化品牌定位。品牌识别要素主要有品牌名称和品牌标识两部分，是企业直接输送品牌信息给顾客，从而实现和顾客交流沟通的桥梁。因此，品牌在全球市场中的成功塑造，离不开设计差异化品牌识别要素。

用不用品牌、用哪种品牌，为企业实施品牌差异化战略所应解决的主要矛盾。因此，需要构建品牌架构来表现企业的品牌战略。品牌构建一般划成单一品牌及多品牌组合两类形式。对于快销品等产品生命周期较短的行业，目标市

场细分程度较高，适合采用多品牌组合的品牌架构，对于产品生命周期较长的
行业，则实行单一品牌的品牌架构。值得注意的是，即使采用多品牌组合作为
品牌架构的企业，其品牌架构重心仍然是公司主品牌，并且多以公司名称作为
主品牌，树立全球统一的品牌形象，避免了业务多、子品牌分散，争夺资源，
最终造成主品牌弱、子品牌强的局面。

2. 注重差异化传播

品牌传播是联系品牌和顾客的媒介，因此品牌传播在品牌建设的进程中不
容忽视。品牌传播的方式五花八门，没有一种方式是万能的，因此企业要根据
实际，权衡全球化和本土化，利用多种方式开展整合传播。一般来说，品牌传
播方式可以分为：直接营销、广告、公共关系推广、事件活动传播和新媒体平
台传播。企业做品牌传播的决策时，应该选择符合自己特色的并且有差异的传
播方式，以达到预期的宣传效果。企业需注意当地的特征，采用多种宣传方式
组合。同时，还要注意负面信息的影响。因此品牌传播的监控和反馈也格外重
要。但凡察觉负面的传播，要及时地实施弥补方案并尽可能地防止扩散，同时
探究起因，更正改过以杜绝类似的情况产生。

3. 建立差异化运营

质量是品牌形象的保证，回顾成功品牌的发展史，无不以质量为本。优质
产品有助于企业建立品牌的优良形象，形成较高的内在价值。而产品拥有多方
面的特征，企业想要获得品牌国际化的成功，产品差异化策略必不可少。一般
地说，产品特性能够分为三个层次。第一层次是核心成分，包括产品平台、设
计特征和功能特征等；第二层次是包装成分，包括商标、包装式样和价格等要
素；第三层次是支持服务成分，包括维修保养和价格服务等。产品的质量就是
这些要素共同作用的结果，也是其整体质量。所以说所有这些要素的差异化组
合对品牌差异化竞争战略的成功有重要的影响。企业不能只重视核心要素的质
量，还要重视第二、第三层次的质量优势，要做到一视同仁。

价格是影响品牌树立的重要因素之一，通常意义上，高价容易让消费者联
想到高质，而低价则相反。因此，如何定价也是企业的品牌走向国际必须解决
的一大难题。成功定价策略包括如下几项：价值定价法、低价但科技含量高、
渗透定价但不低于价值、产品线定价。可见，单纯的高价或者低价策略并不可
取，即使是想要以低价赢得市场也不能盲目参与价格战，以低于价值的价格出
售产品。对于快销品等产品生命周期较短的行业，目标市场细分程度较高，适
合低价但质高的定价策略，对于生命周期较长的行业，如耐用品，则不适宜采
取过低价，需要树立高质高价的品牌形象。

生产、分销、物流这三个环节的优势是世界品牌成功的重要原因。企业践
行品牌国际竞争的差异化战略，就务必重视渠道建设。一般来讲，强势品牌获

取渠道的途径有以下几点：出口、品牌并购和品牌联盟。每种渠道策略都有其优缺点，因此企业可以通过速度、投资、控制力三个指标来衡量做出取舍，最终企业如何在这三个策略中做出选择，往往还要根据企业的目标、资源情况是否与渠道策略的成本、收益相适应。

案例6-4：全球小家电巨头——博朗①

创建于1921年的德国博朗，在此后至今的百年时间里，博朗以殿堂级设计、持久不变的品质与不断创新的技术，为消费者带来艺术外观与科技完美结合的一个又一个经典产品。成为德意志设计典范。"设计改变生活""Less BUT better"等设计宗旨一直都是博朗灵魂所在，旗下多款产品荣获设计界中的奥斯卡——"红点设计大奖"。尤其在男性剃须领域，博朗剃须刀一直致力于科技创新，并以革命性智能声波科技、全自动清洁充电中心、三级剃须系统等创新技术赢得全球消费者青睐。

1955年，博朗天才年青设计师Dieter Rams提出著名的设计篇"Less but better"，他提倡道德、耐久的设计，演变成今天博朗的核心价值观：功能、质量和审美。因此在博朗，卓越设计必须是革新工艺和简约设计的完美结合。这种Dieter Rams所说的"简约的力量"，不仅启发和引导博朗的历届设计师创造出各种备受赞誉的好产品，也影响了整个世界。

博朗一直坚持革新技术、高品质原料和简约设计的完美结合。长达60年来常居欧洲"最受男士欢迎剃须刀"的宝座。可以说是男人心目中德意志完美品质的典型代表。在市场上博朗无论从产品的定价、覆盖的城市、销售渠道和网点的选择以及消费者服务，始终以高端小家电的品牌形象而被众多消费者追捧。

在激烈的市场竞争中，当某一产品的技术不断成熟，其竞争的核心就是成本与价格。在这种情况下要重新获得竞争优势，就必须通过技术创新，实施产品差异化。产品技术差异化是品牌实施产品差异化的最主要途径，产品差异化则是技术创新进入市场的最终形式。技术创新可以推进品牌技术进步、提升品牌核心竞争力。通过技术创新，新产品在原来的产品或同质品的基础上，其功能、品质、外观等方面发生了变化和提升。技术创新是品牌实施产品差异化的主要途径和手段。技术创新为品牌创造了区别于和优越于其他竞争者的产品，

① 资料来源：王继来. 博朗品牌中国市场差异化营销战略研究［D］. 杭州：浙江理工大学，2014：39-56.

从而产生了对品牌具有意义的产品变异。从而也使品牌在一定程度上避免了惨烈的价格竞争，而与竞争对手在非价格竞争层面上展开争夺。

博朗品牌针对目标消费群进行定位，研究消费者多样化的需求，通过技术创新，研发出在产品功能上差异于竞争对手，并适合目标消费者需求的产品。比如电动剃须刀其传统的产品功能是剃须，几乎是每个男士日常必需品。当博朗品牌针对肌肤过敏的人群推出全球首款采用冰感技术的剃须刀，可瞬间带走剃须过程中产生的过多热量，显著减少剃须不适，剃须干净、舒爽、无皮肤刺激的独特功能而受到消费者追捧。这就是产品功能差异化。公司着眼于消费者购买产品时所追求的需求利益，以求更完美地满足消费者需求。对同行竞争对手来讲，产品功能差异化不仅满足了消费者需求，还提升了市场占有率，增强了企业的竞争力。

案例 6–5：哈雷·戴维森破解危机之道①

哈雷戴维森摩托公司作为全球著名的重型摩托车生产厂商，哈雷摩托车金属的质感、完美的线条以及震耳欲聋的轰鸣声令全世界机车迷为之振奋、为之疯狂。

20世纪60年代，日本制造业快速崛起，成为摩托车工业发展的重心。日本本田、雅马哈、铃木以及川崎四大厂商争相竞争，在产品特性以及制造成本上投入相当大的精力，然而日本国内制造企业间既是相互竞争的，又是相互促进的，这为后来占领世界摩托车市场奠定了坚实的基础。在日本这四大企业中，本田被誉为"王中王"，率先进入美国市场的就是本田公司，随后雅马哈、铃木以及川崎也相继进入美国市场。然而本田为了能够顺利进入美国市场，在进军美国之前，专门针对美国摩托车市场进行了相关调查，并获得了有效的市场信息。在产品销售方面，本田摩托车采用高质量、轻重量以及低价格抢占美国市场份额。最终，本田率先推出了一种小型轻便摩托车，它的售价仅是当时市场中大部分摩托车价格的1/5。然而美国制造企业由于长期固化的思想，并没有加以重视做出反应，并且哈雷公司认为自己在大型摩托车市场仍然占据主导地位。本田在接下来的几年中充分利用科学有效的产品营销策略，取得了实质性的成功。面对竞争对手如此强劲的表现，以及公司一直处于巨额亏损状态，濒临破产之际哈雷不得不寻找财团的支持。1969年，哈雷戴维森与

① 资料来源：刘瑾. 哈雷戴维森摩托公司破产危机化解之路 [D]. 乌鲁木齐：新疆财经大学，2018：10–29.

美国机械铸造公司（AMF）合并，在 AMF 的管理下，由于资金等问题，哈雷的产品依然没有创新产品，产品品质也达不到新的行业标准，公司经营依然举步维艰。

哈雷之所以能扭转颓势并取得后继成功，应主要归功于它所创立的哈雷车友会（HOG），HOG 是全球唯一一家得到品牌商赞助成立的俱乐部组织，它持续满足着超过 150 万车主们分享激情和展示自豪的渴望。从一开始，哈雷公司在理念上就设定，HOG 不仅是促销产品，更是一种生命存在的方式。一群因为有相同的生活方式并且热爱哈雷骑行的人，因为对哈雷品牌精神的崇尚而凝聚在一起，共同参加每年一度的庆祝活动，如哈雷大奖赛、骑行计划平台、哈雷故事会等。哈雷的时尚和收藏品每年会发布两次，包括产品和随身用具，从皮靴、T 恤、头套、腰带、皮夹克到手套，等等。哈雷公司的高管曾经说过，这些产品有助于满足许多人的愿望，这将使哈雷体验从一项运动扩展到一种完全的生活方式。HOG 也建立了哈雷咖啡厅作为机车人聚集的基地。哈雷通过这些方式，凝聚品牌，这也是所有品牌在营销策划中所要做的。对于 150 万哈雷车主们来说，买到的不仅仅是一辆摩托车，还成了 HOG 中的一员，这个集体由超越社会和经济阶层的性格特质与共有的价值体系而联系在一起，哈雷向人们承诺了古老的西部式自由，还有通向无拘无束的未来道路，它大大迎合了每个人内心深处的放荡不羁与叛逆，从而与世界上最多样化的顾客群体成功地建立了牢固的情感纽带，哈雷以拥有这样的忠实客户群而骄傲。

世界级名牌企业，其成功的秘诀就是为了打造品牌独特的内涵与价值，企业高度重视管理模式。失败的企业管理一般会破坏企业在消费者心目中的形象地位，使消费者对企业失去信心，降低对企业产品的购买欲和忠诚度，以此就会导致企业的相关产品销量下降，产品市场占有率降低，市场份额流失，营业收入及利润减少。在此期间，大量的非常规性生产经营费用也会带来企业成本持续攀升。在营业收入下降、成本支出增加的重压下，会导致企业资金迅速恶化，给企业的发展带来严重的障碍。为了避免这些不利情况的发生，企业必须重视管理，促进企业的可持续发展。哈雷公司从 1981 年开始重视企业存在的管理漏洞，为生产出高质量的产品，开始着手升级制造系统，到了 1983 年，公司在提高质量、生产率和员工关系方面取得了长足的进步，为开拓市场奠定了坚实的基础。

面对种种危机带来的表现，哈雷公司在 1981 年完成回购摩托车业务后，迅速针对外部竞争环境与企业内部存在的管理问题，采取了相应的应对举措，并在接下来的五年时间中进行了科学有效的实施，实施取得的效果极其显著，最终使得哈雷公司转危为安。

三、基于消费者层面的品牌影响力提升

（一）形成品牌偏好度

虽然企业通过其营销计划和其他行为为品牌提供了刺激，但最终品牌是留在消费者脑海中的映象。品牌是一个可感知的存在，根植于现实中，但是映射着个人的习性。通常消费者在购买前就已经有一个既定的偏好，仅有一小部分的消费者表现出临时性冲动购买。一般情况下，无论消费者购买什么产品最终均会受品牌偏好的影响。品牌偏好被定义为对某个品牌的一种态度。品牌偏好反映的是在消费者的考虑中，与其他品牌相比消费者更喜欢某一特定品牌的程度。消费者经历了品牌认知和品牌态度这两个阶段后，品牌偏好得以建立。品牌认知为消费者根据一定的目标，与其他选择比较，对产品或服务的总体印象或优越差别的感知状况。态度是后天形成的偏好，以长期有利或不利的方式对一个目标或一类目标做出反应。

在品牌偏好形成的过程中，有必要关注两个重要的影响因素，即广告和促销。国际商会认为广告与宣传报道不同，广告针对的是市场上的产品、服务或基于商业的概念，以非亲身的方式进行多次描述，同时由广告主付费给资讯传达者。美国广告协会认为，广告是一种旨在传播资讯、改变人们对产品认知态度的大众传播工具，其最终目的是促使消费者产生购买行为，进而使广告主获得利益。美国行销协会认为广告是一种非个人的传播活动，由确定的广告主通过大众传播媒介将其产品、服务或观点向特定的受众进行传播。广告具有告知、说服、提醒三种功能。广告是对观点、货品和服务的非个人推广和呈现的任何付费形式，它需要支付价格。在整合行销传播模型的组件中，广告比其他营销传播组件有着更明确的位置，因为消费者通过广告了解新产品。此外，广告使消费者和组织之间的障碍最小化。广告是最明显的营销传播活动之一。一般情况下，研究人员认为广告能成功地建立基于顾客的品牌权益，对这一资产有持续和累积效应。然而，广告效应取决于投入量和传播信息的类型。广告主制定一项能测量的目标，设计达到此目标的最佳策略，并与产品或服务的其他营销手段相结合，然后去执行所计划的这些活动。综合以上看法，可以将广告定义为一种针对特定对象及需付费的非个人传播活动，其通过各种传播媒介进行传播。它是产品生产者与消费者彼此之间的沟通桥梁，是一种说服性的传播行为。

促销通常被看作鼓励尝试产品或服务的临时性激励。促销包含一系列不同的且通常是短期激励的工具，这些工具用来诱使消费者或买家更快更多地购

买。促销工具包括优惠券、奖励、免费样品、折扣、广告宣传品等。无论是货币性还是非货币性销售促销，其都为消费者提供了一系列的功利性和享乐性利益。前者是指诸如方便购物、节省时间、精力和成本的利益，后者则包括价值表达、探索、娱乐、内在刺激甚至是自尊。货币性促销在本质上是基于激励和交易的，为消费者提供即时的奖励和功利性利益。反之，非货币促销提供更强的享乐性利益，但功利性利益较弱。享乐性利益体现在消费者购物交易的情感方面，其创造一种价值表达利益。非货币性促销在促销策略中正变得越来越重要。免费样品、竞赛、赠品、优惠券和价格激励这些销售促销技巧是通过提供额外激励来达致直接销售。通常这些销售促销技巧被称为价值增值技巧，因为它们为品牌提供直接、有形的价值增值。促销也是一个影响品牌权益的重要营销工具。消费者导向的促销指的是直接给予公司客户或潜在客户激励以加速消费者的决策流程。由于销售促销能产生更强和更全面的反应，促销在销售停滞期常被用来作为增加销售的一个短期工具，为了在产品和品牌方面做得更好，管理者在使用促销手段时需要有一个长期的目标，因为消费者将这些促销活动理解为低质量。管理者不是提供促销，而应投资于建立品牌权益。促销影响消费者购买决策的各方面，如品牌选择、购买时间、购买数量及品牌转换。

企业在构建品牌偏好时，应注意以下几点：第一，加强营销调研。企业资源、能力有限，要敢于放弃一些消费者，通过调研了解消费者需求，精准定位目标人群，针对自己的目标人群需求特点构建鲜明品牌个性，从而赢得竞争优势。同时，企业通过调研了解竞争对手的营销策略，做到知己知彼，寻找营销时机，在竞争中有的放矢，以期事半功倍。第二，企业品牌形象的构建既要满足消费者认知及其价值需求，又要具有区别于竞争对手的特色和优势。企业一定要在认识和把握消费者认知和价值需求的基础上准确定位品牌形象，针对消费者价值诉求的核心寻找优于竞争对手的特色，进行品牌关系塑造，这样才能最大限度地提高效率，提升效果。第三，创新品牌传播策略。企业要制定合理高效的媒体组合策略，避免企业资源的浪费，在品牌传播策略上善于关联强者光环，善于运用新型媒体和新型传播方式，通过丰富而深刻的品牌体验以及高质量的品牌关系吸引和赢得消费者。第四，企业要注意营销风险控制。切不可为追求更高的市场份额和销售数量而盲目扩大顾客群体，切不可过分注重轰动效应带来的高知名度，过分依赖电视广告和轰动效应造势，在品牌知名度急剧飙升的同时要注意产品品质、分销渠道和售后服务的跟进。

（二）提升品牌满意度

品牌满意度能在激烈的市场争夺中赢得消费者青睐，能够增加品牌的市场竞争力。品牌满意度能够有助于品牌忠诚的形成并且能够带动消费者的再次消费，并且品牌满意度能为企业带来更为可观的利润和市场回报。在纵向的发展中，主要形成了认知和情感两个方面的定义。

基于强调情感的角度，品牌满意度是在购买的过程中消费者情感上的反应。强调这种反应是短暂性的，只在消费过程中才出现，是在对产品或品牌的认知出现之后所衍生出的情感，比如买一瓶饮料，发现口味不错，就会觉得物有所值从而出现开心满足的情绪。

基于强调认知的角度，品牌满意是一个认知的过程，那就是在消费者购买或者体验服务之前，自身对所要接受的产品、服务在心里有一个大致的预期，这个预期与体验产品和服务之后实际所带来的价值进行对比，从而产生满意度。当买之前的预期高于买之后，消费者就觉得不满意；当购前的预期低于购后，则体验到满意的情绪，再上升到品牌，对品牌的满意度也会相应增加。

品牌满意度是消费者先基于以往经验对产品或服务的投入与消费应带来的价值进行评估，接着与产品所带来的实际价值进行比较所得落差带来的心理状态。

品牌满意度的形成机制主要有以下三种观点：第一，期望差异模式。这一模式由奥利弗（Oliver，1981）提出，也是目前普遍接受的一种观点，理论认为消费者在对品牌进行消费或者互动之前，根据自身的投入或支出对其进行了相应的评估，并建立了标准，而在消费之后产品、服务为自身带来的实际价值是否高于先前的评估是产生品牌满意的先决条件。消费者倾向于将消费前的预估与消费后的实际效应进行对比，当消费前的预估高于消费后时，消费者呈现出不满意的状态；反之，则为满意的状态。第二，归因理论。里奇斯（Richins，1985）假设消费者是理性的，那么就可以用归因理论解释品牌的满意度。归因理论分为内外归因、稳定性和可控性。内外归因指品牌、产品所带来的结果是品牌自身带来的还是其他原因所致，由品牌自身带来的称为内归因，外部因素造成的为外归因；稳定性指的是该品牌所带来的结果以后是否能够持续，能否稳定再现类似情况；可控性指的是品牌对某种结果能否控制。并且有研究表明，品牌满意度的产生来源更多来自内外归因，并且内归因的影响力要更大。第三，公平理论。由奥利弗和斯旺（Oliver & Swan，1989）提出。根据该理论，消费者的满意度取决于与他人的比较，比较的是投入和所得回报之间的比率。当他人的投入回报比率高于自己时，消费者认为自己的消费是值得的，获得满意感；而当他人的投入回报率比自己低时，则认为自己消费是不成功的，体验到不公平从而导致不满意，满意程度和消费者对交易过程中的公平程度的认识息息相关。

从销售过程来看，提升消费者品牌满意度，可从售前、售中和售后进行层层分解：

1. 售前有效推广

顾客满意度要求企业的所有经营活动都围绕着以满足顾客的需求为出发点，将顾客的需求作为企业开发产品的根本。因此，公司要通过各种渠道、各种方式了解顾客的全方位需求，分析他们的购买动机、购买行为，只有这样公司才能科学地按照顾客的需求走向，进行产品的开发定位，从而生产出真正令顾客满意的产品。简单来说就是要对产品进行不断摸索，精益求精。而产品质量是保障顾客满意度的基础，顾客是永远不会去使用那些低劣品质、遭人嫌弃的产品的。

纵观众多知名品牌的发展历程表明，顾客对于品牌的忠诚度，在一定程度上也可以称之为对于其产品质量的忠诚。一个品牌一如既往地为社会为大众提供高质量、顾客满意的产品，顾客会因此对自己使用的产品放心，继而永远追随品牌，与品牌一起成长。同时该品牌也不断开发生产符合顾客需求的产品，用以满足顾客的需求甚至超越顾客的期望从而巩固并提升顾客的满意度。

2. 售中提升服务

尝试在公司标准化服务的基础上提供个性化的服务，以便适应每位顾客的特殊要求，由此带给顾客意想不到的惊喜，令顾客印象深刻从而成为品牌长期的忠实客人。此外建立投诉处理系统，对顾客投诉做出快速响应。真正做到将顾客的意见和建议及时反馈到有关部门，随之不断改善产品和服务质量。面对来自顾客的负面情绪时，这其实是敦促自身加固与顾客之间联系的良机。千万不要自欺欺人地置之不理，通过积极地应对各种意见和质疑，成功化解矛盾。

研究发现组织对员工所提供的内部服务质量直接决定了员工的满意度，进而影响员工为顾客所提供的外部服务的质量，最终影响顾客满意度，影响企业的盈利能力。当企业员工认为服务结果与他们息息相关时，通常在日常工作中会更有积极性。在顾客服务中，所谓的内涵是指企业殚精竭虑，想顾客之所想，忧顾客之所忧。他们不需要背诵公司的规定，只需要抓住机遇，以最快的速度解决顾客所面临的问题。要创造一种氛围，让所有的一线员工都感到自己的存在和使命感，肩负起自己的责任，促使以积极的方式，恰当回应顾客服务的要求。

3. 售后运营维护体系

将顾客满意度理念转变为切实可行的经营方式，应当量化地对顾客满意程度进行综合评定，充分体现内容的合理性和方法的科学性，精准把握顾客的"脉搏"才能客观发现品牌与顾客需求间的差距，从而改善品牌的经营决策。然而，顾客对于产品或服务的评价会在新的竞争品牌、竞争产品出现和自身需求改变时发生变化。因此评定必须定期且持续进行，才能深入了解顾客不同阶段的需求，并同以往结果进行对比，从中寻到问题点，这是一个不断往复的过程。企业可在每年定期进行评定，只有这样，才能真正使品牌通过满意度评定了解到自身优势和劣势，深入挖掘顾客的潜在需求，掌握市场的发展趋势，使企业的策略与其吻合。

为了使顾客满意，应当更清楚地了解顾客的需求和期望，然而要做到这一点，应当将顾客的资料进行有效管理，建立全面庞大的顾客数据库。通过整理、加工、分析，将系统化的顾客资料建成档案后保存。从而为招募新顾客、维护老顾客、进行各种促销活动奠定扎实基础，使其更有针对性、有效性。

（三）培养品牌忠诚度

科普兰（Copeland，1923）在研究中首次提出"品牌忠诚"概念，他认为品牌忠诚度是持续性行为，即消费者不会因为营销情境以及营销方式改变而发生品牌转换的行为。研究者在定义品牌忠诚度时，将其分为三类进行，即行为观点论、态度观点论、行为态度结合论。

行为观点论研究者在定义品牌忠诚度时，从消费者行为方面阐述观点，也就是未来持续关注同一品牌或者未来持续反复购买同一品牌的行为。消费者购买产品时会有三种行为：一是愿意支付更多给予同一品牌；二是会对该产品进行良好的口碑传播；三是购买产品的行为会与目标品牌保持一致关系。态度观点论是研究者对品牌忠诚度的另一个研究方向，品牌忠诚是消费者在持续一段时间内表现出来非随机购买行为，这种行为的心理决定因素有消费者决策、消费者评价。消费者高频数的购买行为，即品牌忠诚度是伴随高态度取向的。行为与情感态度论在定义品牌忠诚度时以态度与行为结合进行定义。品牌忠诚度是对产品的购买意图，这种意图有两种表现形式：一是消费者对同一品牌形成的偏好；一直在持续一段时间中重复购买该产品的频数。行为论观点强调的是不间断购买同一品牌产品的次数，态度论观点强调的是购买意愿，从动机的角度来体现忠诚。而结合论观点弥补了二者的缺陷，从两个方面来定义品牌忠诚。行为忠诚在一定程度上表现的是消费者过去对特定品牌产品的购买行为，态度忠诚体现的是消费者未来消费行为的可能性，因此结合论在一定程度上能够从过去和未来行为上更加完整地体现消费者的品牌忠诚。

努力增加顾客对品牌的好感和满意度，培养顾客群同时也要注重对现有顾客忠诚度的提高，才是企业在激烈的市场竞争环境中克敌制胜、长期盈利的关键。培养消费者品牌忠诚度，可从几个方面做出努力：

1. 重视产品质量安全

首先，重视质量安全，提高顾客满意度。企业应该严格给质量把好关，质量不过关的企业不要想着在其他销售或者价格方面耍花招，这是根本行不通的，产品的质量和性能才是产品的核心内容，才是作用于顾客满意度的最为重要的因素，在质量过关的基础上有计划地实施一些拉近消费者距离的措施才是企业最明智的选择。

2. 加大媒体宣传力度

顾客忠诚不是一蹴而就的，它的产生需要一个过程。企业绝对不能放松对品牌产品的宣传，即使企业在现有的市场已经占据了大量的市场份额。企业通过加大宣传力度，合理借助大众媒介强化本企业产品在消费者心目中的形象，这也是情感营销的一部分，以此来表达对消费者的重视和感激之情，使消费者从情感上对该产品产生共鸣，更加信任该产品，并坚定重复购买该产品的信心。合理利用大众媒体进行的宣传可以有效提高顾客的归属感和顾客信任度，有时候运用得好，会大幅度提高顾客的整体品牌忠诚度，给企业带来巨额的收益。

3. 提高转换成本

保持顾客忠诚，通过对客户进行关系管理可以提高转换成本，使企业与顾客成为利益共同体，这种友好亲密的关系不仅仅对企业的长远发展是有利的，对顾客也是有益无害的，这是一个双赢的措施。密切友好的客户关系可以更好地维持并提高顾客的品牌忠诚度。已有研究证实转换成本是影响顾客品牌忠诚的一个重要因素，企业可以通过给会员提供折扣，介绍朋友过来购买有优惠，给会员不定期地发放新品试用等方式提高转换成本，与现有顾客之间建立起亲密的联系，顾客在持续光顾购买品牌产品时会感到舒适开心，这些活动是维系双方友好关系的纽带。消费者在考虑换成其他产品时会感受到转换成本的存在，他将失去之前一直光顾某品牌所积累下来的利益，并且其他品牌不一定有这么好的产品和服务，因此顾客忠诚度也会因为企业的用心经营而提高。

4. 提高品牌知名度和美誉度

提高品牌知名度和美誉度是企业长远发展的重要武器。企业可以通过参加一些公益活动，积极参与捐献慈善基金等公共活动来提高本企业在社会上的知名度和美誉度。较高的品牌知名度和美誉度能得到原有的消费者心理上的认可，并且也能带来潜在的顾客。良好的品牌形象还可以有效减少购买风险，激发消费者的购买欲望。良好的企业形象给人以亲切感，更容易被顾客所接受，也更能产生顾客信任，引发顾客忠诚。为了维持品牌的美誉度，企业还要持续不断地研发和推出新的产品，不断进步，这也是企业具有责任感的表现，消费者会对企业下一步推出好的产品保持着期待感。另外，当顾客对产品有任何不满或者意见时，应及时反馈，退换货服务也要快捷，出现问题要迅速改正，持续进步才能重新获得顾客的信任和满意。

（四）拓展品牌占有率

一个品牌做得是否成功主要取决于这个品牌在整个市场上的占有率，这二者之间是呈相对的正比关系，市场占有率就是我们大家通常所说的市场份额。我们可以把市场利润比成一块巨大的蛋糕，分得蛋糕多的企业所占的市场份额就大。所以品牌影响力提升的一大目的就是使该商品在市场上的占有率增大。市场占有率不仅反映了公司产品的市场销售情况，还反映出一个企业的市场营销活动的实际效果和企业的品牌形象。因此，提高市场占有率对于企业的市场竞争地位有着至关重要的作用。一个企业的产品拥有越高的市场占有率，则说明该产品的市场需求量就越大；而产品的生产数量越多，平均每件产品的成本就会越低。这是因为产品生产数量的增加使每件产品所分摊的固定成本减少，从而产生了良好的规模效益。销售利润率的增加是市场占有率提升最直接的反映。在产品价格不变的情况下，销售数量增加自然会带来等量的利润提升空间，利润增加使公司能够投入更多的资金，来改进生产技术，提高产品质量或加大产品宣传力度，进一步提升产品的市场占有率，以此实现利润的长期增长。企业的品牌形象实际上也属于企业资产的一部分，市场占有率越高，就越能够推动企业品牌为更多的消费者所接受。拓展品牌占有率，可从几个方面做出努力：

1. 加强营销策略

企业的营销水平必须要与其市场占有率相一致。要提升企业的营销水平，就必须加强以下几个方面的工作：第一，加强企业的营销队伍建设工作，培养高素质客户经理，增加销售人员的诚信度，真诚对待顾客，搜集客户的相关信息，充分了解客户的需求，为客户提供更贴心的高质量服务，来赢得客户的信任和忠诚度；当与客户发生冲突时，要尊重客户，尽可能地帮助客户解决问题；还要提高营销队伍的专业营销知识水平，只有专业的服务才能取得客户的信赖。第二，通过组建行业协会或建立加盟连锁，来扩大企业规模、增强企业影响力，整改企业的管理制度，充分发挥市场机制的作用。第三，对企业产品和服务的弱项进行改进，以此来挖掘企业的市场竞争力；在企业产品的优势上要继续保持，进而形成企业的品牌特点。

2. 打造优质品牌

打造值得消费者信赖的优质品牌，能够有效地拉动产品市场占有率。当一个品牌能够使自己的市场占有率领先于其他同类产品时，就会得到顾客越来越多的认知度，这就是著名的"品牌马太效应"。目前，我国的品牌结构还不够合理，因此，要加强优质品牌的建设，梳理整合企业的品牌。在整合品牌的过程中，要重点培育和发展畅销品牌、高利润品牌，形成企业的主打品牌，并以此拉动一般品牌；注重品牌的市场推广、宣传，吸引消费者关注企业品牌。同时，针对不同的消费人群，推出不同的产品，为消费者提供更加人性化、个性化的服务，加强消费者对适合自己品牌的信赖度、忠诚度。对于高档产品选择优先向市场投放；而对于低档产品，则要控制其市场投放量，进而加强企业高档品牌建设，使企业品牌给消费者留下"优质产品"的印象。

3. 提高顾客满意度

顾客满意度理论是以顾客预期差异理论和认知心理学为理论基础的。当顾客对某产品形成良好的顾客满意度时，就会增加重复购买该产品的概率，同时为该产品增加潜在客户，进而形成良好的品牌效应。但值得注意的是，顾客满意度对市场占有率的影响不仅存在正面影响，也存在一定的负面影响，原因是在保证高质量产品和服务的同时，还要保证产品价格能被大部分顾客所接受。因此，要想通过提高顾客满意度来提升市场占有率，就必须强化顾客满意度对产品市场占有率的正面作用。

影响顾客对产品的预期价值感知的因素主要有顾客忠诚度、品牌效应和价格。首先，要提高市场占有率就要提高顾客忠诚度。其次，要提高顾客对产品的价值预期认知，就要在市场产品服务、质量水平相差不大的情况下，尽量作出价格让步。但是，顾客对产品的价格预期是以企业品牌作为主要参考依据，而品牌形象好的企业在产品价格上又相对较高。因此，提升公司产品的市场占有率不能仅仅依靠打价格战，更要注重产品和服务的质量，进而提升企业的品牌形象和顾客满意度，从而增大顾客接受高价格、高质量产品的可能性。

4. 加强网络销售建设

网络的普及，使越来越多的消费者开始倾向于网上购物。企业要想发展，就必须与时俱进，从消费者的角度出发，积极建设网络销售市场，来拓展产品的市场领域。在建设网络销售平台时，不能采用实体店的销售方式来赢得顾客的青睐，应该加强网络购物环境和安全建设，同时还要保证产品的质量。在便捷的网络环境中，为顾客提供满意的产品和服务。另外，在网络销售的实际运作过程中，要加强企业的专业水平，提升网络服务质量，通过高效率的物流服务，来实现产品的及时配送；加强网站合作意识，在各大购物网站通过口碑和访问量销售产品，有利于增加新顾客，提高网络销售的专业水平。

案例 6 – 6：走在潮流的最前线——匡威（Converse）①

1908 年马奎斯（Marquis Mills Converse）在美国马萨诸塞州以自己的姓氏 Converse 创立了"匡威橡胶鞋公司"（Converse Rubber Shoe Company），匡威品牌由此诞生。匡威是世界顶级运动品牌之一，也是方兴未艾的全球运动时尚最早的倡导者和最成功的实践者。匡威在 1917 年正式推出了 ALL Star 帆布鞋，以其狂放不羁的设计，风靡全球一炮而红。1923 年以具有运动天赋和口才的篮球明星 Chvck Taylor 的亲笔签名成为著名商标。

经过 100 余年的发展与开拓，匡威现在已经成为全球最知名的帆布鞋品牌代名词，其中的 All Star 系列更是成为全世界家喻户晓的帆布鞋代名词，被誉为帆布鞋中的"劳斯莱斯"，同美国历史悠久的品牌如麦当劳快餐、可口可乐饮料、福特汽车、Levi's 牛仔裤一样，成为美国文化精神的象征。旗下的产品也从初创时期的单一鞋类发展为帆布鞋、休闲服装与配饰三大类齐头并进发展。

匡威的广告语一直都不是固定的号召式标语，而是一直在变化的。20 世纪 50 年代匡威帆布鞋的广告语为"It's Converse for Comfort"；匡威曾为韦德量身打造一双 WAD1.3，其广告语是"摔倒了，第八次还要站起来"；最惯用的则是"匡威走在潮流的最前线"。正是因为匡威是一个时刻引领年轻时尚潮品的处于前言的品牌，所以不可能有一个固定的标语式广告词来规范匡威整体产品——毕竟，时尚潮品如果固定下来了，就是一种禁锢，所以固定的广告语宣传对于匡威一直以来倡导的内涵文化是一种损害而非益处。

匡威的广告创意表现形态有很多种，不同于耐克、阿迪达斯等品牌大多通过电视媒体进行营销宣传的做法，匡威大多是做平面广告和一些活动创意宣传广告。其广告创意的核心是独立、个性、自我，宣扬反叛、坚毅而充满青春与活力。

匡威引领了市场潮流，也影响着消费群体的价值观。匡威通过对品牌长达百年的塑造，使其产生了巨大的品牌溢价，提升了无形价值，同时也促进了业务的增长，积累了大批忠实的顾客，高筑竞争壁垒，树立了在帆布鞋界的霸主地位。

2003 年，匡威被耐克收购，那时，外界纷纷猜测耐克收购匡威的行为是一次战略失误。然而，大众不知道的是，耐克的大动作在后面。

① 资料来源：东知布甲. 匡威运动鞋品牌平面广告设计创意与风格［D］. 兰州：西北师范大学，2015：1 – 10.

第二年，耐克获得了匡威多年积累下来的球员和渠道资源，同时也为匡威签下了一些年轻球员作为代言人，而当其发展成熟成为球星之后就输送到耐克旗下。

在复古风潮的兴起时期，耐克带领着匡威重新进行产品定位。2019 年运动装零售巨头耐克发布第三财季业绩报告显示，耐克实现销售额 96.11 亿美元，同比增长 6.6%；净利润 11 亿美元，毛利率 45.1%。中国市场全年营收 15.88 亿美元（约合 106 亿元），同比增长 24%。

同时匡威的年收入最高达到 20 亿美元，比刚被耐克收购时的 2.05 亿美元营收翻了近 10 倍。

在消费者所见的一切视觉、影像、声音、先锋和经典瞬间都是匡威 100 年来的传奇成就，而这个品牌正在变得更加强大。消费者可以从产品上感觉到，这个品牌有经典和时尚的味道，匡威品牌是逐渐透过一种永恒不灭的原创力和叛逆精神，作为一种自我实现，创意灵感的释放必将改变世界。匡威将品牌定位在年轻的消费群体，形成了一股年轻时尚的势力，让这个百年品牌打开了新世界的品牌忠诚度和知名度。

第三节 品牌影响力的内外延伸

一、品牌影响力的外向延伸

品牌影响力是促进品牌提升的重要指标，企业通过宣传等方式提升品牌知名度，依据产品特性获得消费者的信任与口碑，可扩大品牌影响力并占有更高的市场份额，帮助品牌方获得更高的利润。反而言之，品牌影响力的提升则由企业实力和市场环境所决定。事实上，企业和市场是一种反哺关系，企业从市场上获得利益的同时也要履行社会责任。因此，品牌影响力向外延伸也就是企业履行社会责任的能力。

（一）企业社会责任

1. 企业社会责任概念

企业社会责任的起源最早可追溯到 19 世纪中后期的英国工业革命时期，工业革命后，英国新兴的工厂制度受到了批评，特别是在妇女和儿童的就业问题上，同样的问题也发生在美国，两国的改革者认为，新兴工厂制度的盛行是许多社会问题的根源，如劳动动乱和雇用童工等，在此背景下，社会责任得到关注。在早期有关企业社会责任的文章中，社会责任（Social Responsibility，SR）一词的使用频率较高，随着工业革命后，现代企业的地位得到重视，企业社会责任（Company Social Responsibility，CSR）的说法得到大众认可，成为主流表达。

有关 CSR 的理论众多，各个领域、各个学科的人有着不同的看法和理论依据，而且到目前为止，尚没有一种理论被大家所公认，或占据主导地位。由于 CSR 理论本身的发展历程较短，一般都是在原已存在的其他理论的基础上发展起来的，或者借用其他领域的有关理论作为依据。企业为什么要承担社会责任？这是所有 CSR 理论必须回答的基本问题。面对众多的 CSR 理论，如果以 CSR 的主体（企业）为核心，考察理论关于企业承担社会责任的原因是来自企业的内在驱动力还是外部驱动力，可以将这些 CSR 理论分为三类：

第一，外生说，即认为企业承担社会责任是由企业外部力量迫使企业不得已而为之，尽管从企业本身来讲并没有内在的驱动力和要求。外生说虽然也承认企业承担社会责任有时是有利于企业本身的，但更多的是强调付出，并且付出往往大于收益。

第二，内生说，即认为 CSR 是企业与生俱来的东西，企业本身就有承担社会责任的内在驱动力和力量源泉。只要企业存在，企业就必须承担社会责任，而且承担社会责任是有利于企业本身的生存与发展的。内生说与外生说对企业承担社会责任的驱动力的来源的解释刚好相反。

第三，内外兼具说，即既认为企业承担社会责任是企业与生俱来的事情，同时也认为 CSR 是外部的相对人对企业约束的结果，两者不可分离。内外兼具说认为企业承担社会责任首先有利于企业自身，同时也有利于相对人。

美国经济发展委员会（Committee for Economic Development，CED）对 CSR 作了相关定义，由于众多商界人士和学者都在此组织中，故他们的观点更能反映从业者对企业和社会之间的关系，以及企业的社会责任的看法，他们认为：企业的职责是被公众认可的，其基本目的就是建设性地服务于社会的需要并满足社会的需要。被广泛使用很长时间的是卡洛尔（Carroll，1991）对企业社会责任的阐述。他指出，顾客群体要求企业需要积极承担起 4 个类别的责任：经济责任、法律责任、伦理责任和慈善责任。作为社会的一部分，企业还必须考虑到不同利益相关者的权益。从而需要企业不仅对股东负责，还要重视环境、客户、员工和社区，也就是说，在追求商业效益的过程中，企业也应该关注社会和环境并做出应有的行为。

每种理论都有各自的优势，并且存在相互融合的趋势，总体来看，各种理论在解决问题时都存在局限。这些理论把考察 CSR 行为的立足点局限在了股东这一角度。而基于企业利益相关者理论的 CSR 理论提出企业是利益相关者集体共有的，企业目标是利益相关者利益最大化。企业到底应该坚持股东利益最大化还是相关者利益最大化成为 CSR 问题的焦点。即使是作为相对比较完备的基于利益相关者理论的 CSR 理论，其在计量问题上没有明确的答案，在边界问题和动态变化问题上也有待进一步完善。

从 CSR 发展的趋势可以看出，在不同时代以及不同文化背景下，企业社会责任有不同的内涵，正如一句话说，"企业社会责任具有一定的含义，但对每个人来说，并不代表相同的意思"。同时，未来的社会环境和社会期望是不断发展变化的，CSR 的概念也许将得到不断的修正，从而有助于构建一个更系统的、更具可操作性的 CSR 理论框架，为 CSR 的发展提供更有利的理论支持。

2. 企业社会责任维度

最常使用的传统划分方式有三种："三重底线"归类方式、从上到下"金字塔"划分和"利益相关者"归类方法。首先，从"三重底线"模式来看，有学者在特殊的行业情境下，对"三重底线"的归类形式是从"管理责任、经营发展、社会大众、环境保护"四个方面上构建起较为健全的社会责任评价指标体系。其中比较全面和权威的还是全球报告倡议组织（GRI）在《可持续发展报告指南》中建立的有关公布企业社会责任投入情况的制度标准和机制。根据 2013 年补充修正的报告指南，在公布对企业社会责任投入活动的具体标准中涵盖了经济发展、生态保护和社会效益三大块。经营责任具体包括 4 个二级要素，9 个三级要素；生态环保方面包括 12 个二级要素，34 个三级要素；社会发展方面包括 4 个子类别：劳动工作、人权、社会和产品责任，总计 48 项具体指标。

社会责任还可以按照"金字塔"进行分类，构建评价体系，进而开始对那些企业社会责任进行评价。主要有四大类：经营发展、道德伦理、法律法规以及自愿承担。还有相关学者从经济、法律、道德和自由裁量四个责任维度出发，评估了社会上 144 家企业的社会责任情况，每个维度中都有四项或者五项社会责任管理和实践阐述。

从利益相关的角度来看，探究企业社会责任应该从内部和外部相关者两大方面进行综合评估。具体而言，外部利益相关者包括贷款银行、顾客、原厂商、销售商、政府和社区；在内部包括其持股股东、高层管理者和职工。但是依照企业社会责任整体测评指标体系，可以将利益相关者分为核心、蛰伏、边缘这三种大类，同时对持股股东、职工、管理者、行业合作伙伴、顾客、投资方、当局政府、社区、特殊利益群体等九个不同的利益相关者的对应责任给予明确细化。

上述三种方法是比较传统的，近年来学术界在 CSR 评价方面出现很多新方法，比较有代表性的是 KLD 社会责任评价法。此项 KLD 评估方法结合了与社会责任相关的八个方面，并在每个指标层面下设置两个次要指标，也就是优势项和劣势项。除此之外，KLD 评价法还制定了超越筛选和搜索形式多样的目标组合，同时对其开展分析并加以论证，进而让自由流通市场的资本化指数创造出积极的经营环境，改善公司管理模式，为企业提供参考和警示从而更好地履行其自身的社会责任。

（二）企业承担社会责任的措施

1. 提高企业履行社会责任的意识

企业是社会组织中的重要组成部分，也是履行社会责任的主体。调查发现，我国企业履行社会责任时多依靠外界的支持，如新闻媒体、政府、社会组织以及企业的消费群体等，这种情况下，企业是在外部力量促使下履行的社会责任，难以显现企业作为履行社会责任主体的自觉性和主动性，导致企业难以全面履行自己的社会责任。因此，企业想要切实履行自己的社会责任，就要提高自己履行社会责任的意识，充分发挥企业的主观能动性，从依靠外部力量履行责任到自主履行责任，使企业认识到履行社会责任不仅不会增加企业压力，而且可以助力企业的健康持续发展。

2. 政府应积极引导企业履行社会责任

政府作为国家职能部门，同时承担着引导企业和服务企业的职责，企业积极承担社会责任，需要政府的正确引导。首先，相关的政府部门要建立健全法规政策，在督促企业承担社会责任时做到有法可依。其次，政府要利用自身的特点，通过政策、税收等方式对积极履行社会责任的企业给予一定鼓励，利用政府的公信力帮助企业扩大知名度。最后，政府要对那些逃避或是拒绝承担社会责任的企业进行管制，如降低贷款额度、减少政策扶持。

3. 企业自身要加强企业文化建设

企业文化建设是企业发展过程中不可或缺的内容，企业文化是企业的灵魂，也是企业持续发展的内在动力，更是企业品牌形象的精髓。企业管理人员加强企业内部的文化建设，能够在行业范围内营造良好的承担社会责任的氛围，扩大企业承担社会责任的范围。

（三）企业社会责任的影响

1. 企业社会责任对产品的影响

众所周知，消费者对企业的认知首先来源于企业产品，所以，想要扩大品牌影响力就要提高企业的产品质量。消费者购买企业产品是为了满足自身的需求，影响消费者是否选择企业产品的因素众多，包括价格、口碑、习惯以及产品对人体的危害程度等。随着时代的发展，企业越来越注重消费者对产品的使用体验，并根据市场反馈不断推出具有社会责任的产品。然而，企业生产具有社会责任的产品时，增加了社会责任成本，为保证经济效益，企业只能提高产品价格，因此，为在同类产品中具有竞争优势，一般情况下，企业会利用品牌效应促使消费者了解企业文化，以及企业勇于承担社会责任的态度，树立良好的品牌形象，吸引消费者。

2. 企业社会责任对社会关系的影响

消费者的信赖与支持是企业生存发展的基础，消费者的流失，对企业而言是巨大的损失。在市场竞争日益激烈的环境下，企业想要提高自己的竞争力，就要积极履行社会责任，让更多消费者了解企业的经营理念，扩大企业的消费群体。因此，企业的人力资源直接影响着企业的竞争力和市场占有份额，企业积极承担社会责任，可以在社会中树立良好的企业形象，从而为企业吸引更多优秀人才。同时，企业的社会责任也会促使企业善待员工，保证员工的忠诚度，使员工更加努力地工作，促进企业发展。政府对企业的发展也有着重要影响，若企业积极承担社会责任，政府会对其产生好感，给予企业一些支持，减少对企业的限制。

3. 企业社会责任对行业环境的影响

企业在社会环境中发展，企业的发展也必然会影响社会环境。可见，企业与社会环境是相互影响、相互作用的，任何企业都不能脱离社会环境独立发展。目前，各行各业的竞争都处于白热化阶段，企业的竞争优势，不仅受企业内部因素影响，也与行业内的竞争环境有着紧密联系，随着人们消费理念的变化，许多消费者更倾向于选择品牌产品，因此，品牌影响力是企业在行业中脱颖而出的有效手段。

二、品牌影响力的内向延伸

品牌影响力向内延伸，可将其视作一种品牌资产。在品牌资产模型的基础上，品牌影响力未来的市场价值同样可视作品牌资产的一种。品牌资产这一概念自诞生起就是市场营销领域研究学者们的热门话题，并随着国际市场大规模品牌收购和兼并的不断出现，品牌资产相关研究愈演愈热。众多学者对品牌资产内涵与概念的定义的争论也从未停止，他们站在各自的角度上给品牌资产下的定义也就不同，还相应地提出自己的新理论、新见解。阿克尔和凯勒提出品牌所拥有的附加价值可以提高企业成本绩效和消费者忠诚度就是品牌资产。

（一）做好品牌资产的评估

1. 从财务金融角度

从财务金融角度出发的观点，发展于特定的经济价值基础并通过对企业的绩效评估和清算并购资本将品牌资产的价值具体为资本数值。

作为现在很多品牌资产评估机构对公司品牌资产进行评估时最常使用的方法，财务会计方法成了进行品牌资产评估时常用的方法之一。该评估品牌资产的方法包含了成本法、股票市值法和收益现值法。

（1）成本法。在成本法中，品牌创建过程中所用到的各种成本之和被看作品牌资产的价值，比如在举行展览营销会议的过程中商品的赠品所消耗的成本、商品推广设计过程中所消耗的创意、设计成本，宣传流程下商品的广告投入成本等。重置成本法和历史成本法是成本法的两个主要测算方法。在目前所有的技术资源和人力资源基础之上，建立起一个相同的品牌需要消耗的多种人力物力等资源之和就是重置成本法。历史成本法则是成本被认为品牌资产培养过程中所有成本的总和，也就是把品牌资产当作在开发品牌资产的整个流程中所有投入的全部起初成本。重置成本的计算在知晓某一品牌的使用寿命的基础上，利用前文（第五章第四节）的公式可以进行计算，此处不再重复。

（2）股票市值法。这种方法最早出现在西蒙和苏利文（Simon & Sullivan）的期刊文章中，企业目前的品牌资产价值被主要关注，这种方法的测算过程是参考该企业当前的股票市场价值。股价指标被当作这一企业的企业价值；获得无形的资产价值的主要途径是将这一企业的有形资产价值在企业价值中分离出来；最后根据无形资产的价值计算出该企业的品牌价值。其计算公式如下：

$$无形资产价值 = 企业全部资产价值 - 有形资产价值$$
$$品牌资产价值 = 无形资产价值 - 市场标识等无形资产价值$$

（3）收益现值法。和上述两种方法的不同之处在于，这种方法中品牌资产被定义为这一企业在未来的一个时间段里品牌为这一企业能够带来的收益的检测值，把未来一个时间段里预测的盈利值经过合理的折现率转变为现值是其基本原理，最后把各个未来时间段里营收的现值相加的计算结果就是利用收益现值法算得的这一企业的品牌资产价值。

2. 从市场角度

从财务会计的角度出发对品牌资产的价值进行评估有可能出现很多的疏漏，由于市场条件的变化从市场角度出发的品牌资产评估方法应运而生并在各学者的研究下思路不断地得到扩展，这种模型吸收了从财务会计角度出发的品牌资产评估模型的长处，全新的市场因子被加入财务要素的研究之中，这也使得从市场角度出发的品牌资产评估方法相比之下更加能够反映市场的实际需求，这种评估方式的出现可以说是品牌资产评估理论模型发展的一次长足进步。经过多次演变，改良后的从市场视角出发的品牌资产评估方法中，因适用性强被广泛应用的主要有英特品牌法和金融世界法两种。

（1）英特品牌法。经济全球化的发展深远地影响着品牌理论的发展，品牌理论对人们现实生活的影响越来越大，品牌也逐渐被企业管理者、决策者重点关注。品牌资产因为其本身和固定资产相同也具有相应的价值所以成了企业的一种重要资产，并且未来的收入折现被评估为其价值，这一观点也就是享誉世界的品牌资产评估公司——英国的英特品牌公司提出的，他们依照这种方法提出了品牌资产评估的相关理论方法——Interbrand 方法（详见第五章第一节）。

（2）金融世界法。这一种方法是《金融世界》期刊（Financial World）在对外发布每年的全球品牌资产评估报告时所使用的方法。这种品牌资产评估方法萌芽于英特品牌公司方法并在其基础上不断演变而来，与上个方法相比其最主要的不同点在于，金融世界法会详细参考各个地方专家的建议来确定品牌收益指标。操作这种方法对品牌资产进行评估的基本思路是：第一步是计算品牌收益，企业品牌收益等于以专家测算为基础的本行业平均利润减去与该品牌没有关联的利润，应用该种方法计算出的品牌收益值就是该品牌给企业带来的收益值；第二步是计算折现率，英特品牌法的七因子加权综合平均法是其计算的主要依据；第三步是将品牌收益乘以折现率等同于基于金融世界方法的平均资产。

3. 从消费者角度

凯勒第一个提出了对品牌资产的研究适合从消费者视角出发并开始思考建立相应的概念模型。在其著作中凯勒提出无论是在企业策划营销活动的时候还是在研究品牌资产的时候都应当将消费者行为考虑在内，应当在参考消费者行为的前提下实行有差异的营销推进方式，还要策划更为积极有效的营销策略。

（二）品牌资产的提升策略

1. 重视品牌知名度的提高

品牌知名度在基于消费者的产品品牌资产评估模型中占有重要地位，知名度代表着附加值。更高的知名度能够让企业的产品在市场竞争中具有更大的竞争力，从而赢得提价空间，即使是比同类商品的价格更高，消费者也更乐意购买知名度更高的产品。研究结果也表明，市场信息瞬息万变，消费者往往没有能力准确地判断品牌之间的差别，但消费者购买产品又是必要的时候，品牌知名度通常情况下就成了推动购买的首要动能。消费者只有在对该品牌有所了解知晓的情况下才能对该品牌产生联想。广告作为一种促销工具可以影响消费者心理，企业应加大广告的投入，策划独特的品牌宣传和推广活动，扩大品牌在国内外消费者心中的认知度和影响力。

2. 关注消费者对产品质量的敏感性

所有的强势品牌都必须建立在产品质量稳定可靠之上，没有过硬的产品质量，企业品牌不可能成长起来。因为糟糕的产品质量会给顾客带来糟糕的消费体验，使顾客对企业品牌失去信心，甚至产生厌恶，这种负面影响不但会影响使用过产品的顾客而且会借助自媒体进行信息传播影响其他还没有使用过企业产品的顾客。很多时候顾客之间的信息传递比企业向顾客传递的信息更容易被顾客接受和信任。所以稳定可靠的产品质量是驱动企业品牌资产建立的重要方面。顾客关注的不只是有形产品，顾客在购买和使用产品过程中服务所带来的消费体验同样对顾客的影响很大，尤其影响顾客对企业品牌的情感表现。所以企业在提供产品时不能只考虑有形产品部分，应该把产品服务也作为重要的一部分进行设计和控制，这样才能提供给顾客一个满意的产品，从而影响顾客心智中的品牌认知和品牌情感，进而产生有利于企业的品牌意识。

3. 关注渠道选择

渠道是顾客购买产品的途径，随着电子商务等商业模式的兴起，顾客购买产品已经不再局限于实体门店，所以企业在渠道建设时，一方面要选择店面形象、服务能力都符合品牌形象要求的渠道商；另一方面尽可能地使顾客方便购买产品。而且企业要跟上顾客购买习惯的变化，多种类型渠道同时开拓。所以企业要谨慎制定渠道商管理政策，合理设计渠道的长度和宽度，从而实现既保证渠道商的合理利润空间，给其足够的销售动力和提供优质服务的能力，又能有效地管理渠道商，使渠道商的行为符合企业要求，毕竟顾客绝大多数时候接触的是渠道商，而不是企业自身。

案例 6-7：世界上最快乐的地方——迪士尼①

全球闻名遐迩的迪士尼，取名自其创始人华特·迪士尼，是总部设在美国伯班克的大型跨国公司，主要业务包括娱乐节目制作、主题公园、玩具、图书、电子游戏和传媒网络。皮克斯动画工作室、惊奇漫画公司、20世纪福克斯、试金石电影公司、米拉麦克斯电影公司、博伟影视公司、好莱坞电影公司、ESPN体育、美国广播公司（ABC）都是其旗下的公司（品牌）。

基于消费者角度的品牌资产主要有五个方面。一是品牌知名度，即品牌被公

---

① 资料来源：张羽. 迪士尼公司的品牌管理研究 [D]. 哈尔滨：黑龙江大学，2015：25-26.

众知晓的程度。迪士尼的品牌知名度可以说已经到了"深入人心"的程度，全世界几乎无人不晓，它已经成了美国的象征，成了美国文化的一部分。在中国，迪士尼被评为中国驰名商标，可见它的知名度在跨过汪洋大海之后依然没有丝毫减弱。二是品牌品质认知，是"消费者对于品牌所标示的产品、服务的全面质量和优势的感性认知"。2013 年，迪士尼被雅虎评为年度最佳公司；2014 年，迪士尼和谷歌并列福布斯全球最受尊敬企业排行榜第一名；《财富》杂志发布了"2019 年全球最受赞赏公司排行榜"，在最受瞩目的 50 家《财富》全球最受赞赏的公司中，迪士尼排名第四。三是品牌联想，是消费者脑海中与某品牌相关的一切事情，是品牌特征在消费者心中的具体体现。品牌联想越丰富，品牌做得越成功。比如，一想起迪士尼这个品牌，有人会马上想到动画，有人会联想到在迪士尼乐园游玩的愉快经历，还有人立刻想到米老鼠、唐老鸭。迪士尼的品牌联想无疑是丰富多彩的。四是品牌忠诚度，是消费者偏爱特定产品并且购买产品时依赖这一品牌的倾向。迪士尼公司的品牌忠诚度在迪士尼乐园的重游率上有所体现，迪士尼主题公园的平均重游率达到了 60%～70%，而我国就算是运营得很好的华侨城主题公园也只有 30%～35%。迪士尼公司的品牌忠诚度可见一斑。五是其他专有资产，包括专利、专有技术、分销渠道等。

　　将以上五项抽象的指标整合量化的结果就是企业的品牌价值，品牌价值是衡量品牌资产多少的最直观的指标。迪士尼公司的品牌价值一直以来都位列榜单靠前位置，尤其是 2012 年以前，公司的品牌价值更是保持前十，是全球娱乐传媒行业唯一可以和苹果、谷歌、微软等高科技公司平起平坐跻身榜单前列的公司。英国品牌评估机构"品牌金融"发布了"2019 全球传媒品牌排行榜"。迪士尼被评为全球最具价值媒体品牌，品牌价值为 458 亿美元，增长 40%。作为高科技行业或是汽车制造业，抑或是像可口可乐、麦当劳等称霸全球的餐饮行业的公司，要想取得如此靠前的排名尚且不容易，迪士尼公司却靠着它稳扎稳打的品牌策略维护了自己作为娱乐传媒业龙头老大的地位，在全球最佳品牌排行榜上站稳了脚跟。

案例 6－8：可口可乐企业社会责任分析①

　　可口可乐公司（Coca-Cola Company）于 1892 年在美国成立，总部位于亚特兰大，以便与社会发展相互交融，激发创新灵感。这些精彩纷呈的历史时

---

　　① 资料来源：焦聪佳. 基于制度视角的企业社会责任行为的国际比较研究［D］. 天津：天津科技大学，2015：44－46.

刻，成就了这个全球品牌的百年传奇。可口可乐是全球最大的饮料公司，主要
产品有汽水、运动饮料、乳类饮品、果汁、茶和咖啡，产品市场覆盖率高。

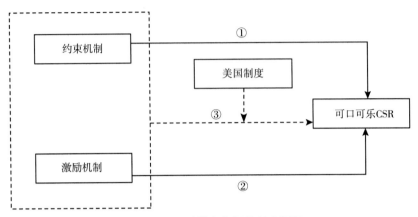

图1　可口可乐社会责任的制度框架

在完善的制度环境下，企业不履行 CSR 的成本较高，因此企业一般都主
动履行企业社会责任，政府通过税收和奖励等激励机制，促进企业履行社会责
任。美国较早研究和实践 CSR，被认为是 CSR 的发源地。美国在 20 世纪 70～
80 年代基本建立起完备的 CSR 法规，保障了企业履行企业责任的最低标准。
在此之前，可口可乐很少关注公共利益，缺乏 CSR 意识，不断受到舆论的攻
击，一系列丑闻事件严重影响了可口可乐的声誉。如 1958 年的"糖精恐慌"
事件；1960 年的"忽视员工权益的控告"事件；1971 年的一项调查声称，5%
的国家固体垃圾是可口可乐生产的饮料包装制造的。

20 世纪 70 年代后，美国 CSR 法规逐渐完善，不履行 CSR 的成本越来越
高，可口可乐逐渐意识到 CSR 的重要性，决定主动出击，解决公众关注的问
题。如寻找脱盐和净水方面具有领先技术的 Aqua – Chem 公司、买下天然水瓶
装厂、采用塑料棚下溶液培栽果蔬等。近年来，在美国 CSR 制度激励机制作
用下，可口可乐除了履行基本的 CSR，包括提供安全健康产品、保障员工权
益、发布可持续发展报告等，可口可乐主动寻求高层次的社会责任实践。美国
通过税收体制鼓励企业慈善捐赠事业，明确规定企业给予非营利性组织的捐款
可以用来抵扣减免其税收，可口可乐每年拿出营业收入的 1% 进行慈善捐赠。
此外，可口可乐积极参与学术界 CSR 研究和网络 CSR 调查，并分享其具体的
CSR 实践等。

可口可乐于 2006 年发布首份 CSR 报告，之后其每年都发布本年度企业社
会责任报告。报告中明确了可口可乐的企业社会责任的实践，提出对可口可乐
利益相关者的责任。可口可乐考虑各方利益相关者的责任，为员工提供各种培

训、重视强大持续的社区捐赠投入、每年发布以事实为依据的可持续发展报
告等。

表1　　　　　　　　　　可口可乐历年社会责任报告概况

年份	报告名称	报告主题	报告篇幅（页）	参照标准及原则	是否经过第三方审验
2006～2007	企业责任报告	今天的行动铸就未来的方向	44	G3	否
2007～2008	可持续发展报告	对世界产生积极影响的承诺	51	G3	是
2008～2009	可持续发展报告	对世界产生积极影响的承诺	45	G3	是
2009～2010	可持续发展报告	对世界产生积极影响的承诺	51	G3	是
2010～2011	可持续发展报告	信任的理由	82	G3.1	是
2011～2012	可持续发展报告	无	122	G3.1	是
2012～2013	可持续发展报告	无	91	G3.1	是
2013～2014	可持续发展报告	无	101	G3.1	是
2014～2016	可持续发展报告	我们在乎	143	G4	是

第四节　建立全球品牌

　　全球经济一体化作为当代世界经济发展的一个根本特征，其意义是显而
易见的。由于形成了全球市场，各国可以拥有更广阔的发展空间，可以突破
单个国家市场规模和资源禀赋等方面的限制。在全球范围内进行资源的优化
配置，从而也就能带来更高的利益。由于经济全球化是建立在信息革命的基
础上的，形成了全球信息和交易，因此，可以实现经济要素在全球范围的迅
速配置和流动。经济全球化的发展，既要求参与者实行市场经济体制，又要
求其开放市场。在一个全球市场体系里，经济运行的方式、惯例和规则将趋
于一致。就其发展来看，经济全球化是一个过程，今后它还会进一步扩大和
深入，而进一步的发展将对世界各国的经济发展产生深远影响。全球经济一
体化是世界经济发展的必然，是客观历史趋势。全球经济一体化将导致产品
全球化以及营销全球化。全球品牌是对全球化产品实施全球化品牌战略原则
的产物。

一、全球品牌概述

（一）全球品牌的含义

全球品牌是在世界的每个部分都根据同样的战略原则来营销的品牌，尤其是使用同样的定位和营销方式。第一，相同的定位。全球品牌在每个市场的定位方法是一样的。如果这种品牌在本土国家具有一种高价形象，它在全世界都会持与之类似的定位。例如喜力啤酒在全世界被定位为一种高价饮料；而墨西哥的科罗娜啤酒和德国的贝克啤酒在他们国家都是便宜的"工人"啤酒。万宝路是另一种世界品牌，它在全世界都被定位为一种都市品牌。万宝路人物标志着一种粗犷的独立、自由和空间，是为迎合人们对这些事物的普遍愿望而精心设计的形象。城市的居住者机敏地感觉到缺少自由和物理空间。对万宝路的忠诚可能是他们自身"男子汉"感的反映，或是一种自由与独立的标志。同样的，如果产品面向特殊用户来定位——例如，一定年龄阶段的市场——则它在各市场的定位也应该是一直一致的。因此，贝纳通（Benetton）将它的主要的贝纳通生产线定位于16～24岁的年轻人市场。第二，相同的营销方式。全球品牌在世界的每一个市场都以相同的方式来进行营销。至于可口可乐和百事可乐在一些地区都适当增加了它们的饮料甜度，是将营销的具体方式调整到符合当地消费者和竞争的要求，前提是坚持营销战略总原则。

全球品牌伴随着全球营销的诞生而出现，伴随着跨国公司的发展而壮大。20世纪90年代以来，全球品牌战略之风愈演愈烈。它产生的动力和背景是跨国经营与全球经济一体化。前者是19世纪中期明显开始出现的，而后者则是20世纪90年代的新话题。跨国经营作为一种经济现象早已存在。第二次世界大战后，特别是到了20世纪60年代后，跨国公司在世界范围内得以充分发展，许多公司从出口型演变成海外经营型。到了20世纪七八十年代，企业走向世界逐步形成潮流。

随着信息技术进步的日新月异，贸易自由和资本流动自由化突飞猛进，国际社会开始关注一个在国际关系各个领域酝酿和力量积累的新趋势，这就是全球经济一体化和品牌全球化。品牌全球化是全球化产品进行全球化营销发展的必然趋势，品牌全球化发展从另一个层面也显示了一国或地区经济发展的优势。

全球化品牌战略是指利用标准化的品牌战略来服务于相似的全球市场。全球化品牌战略发展动因主要体现在：一是随着世界范围内消费者在生活方式上的趋同以及全球年轻顾客群的快速成长，全球标准化产品所要求的人员促销和广告形式及内容在各个市场间越来越倾向于标准化；二是交通工具和传播媒介的变化，如卫星电视、互联网等全球性传媒工具的不断创新和普及程度的提高，使广告更容易到达全球受众，为全球化品牌的传播提供了充分的物质基础条件。总之，多种因素为跨国公司在全球市场推行标准化品牌创造了越来越成熟的条件，为其市场运作提供了一个广阔的舞台和广泛的基础，从而品牌全球化成为其热切追求的一个重要战略目标。

（二）全球品牌与国际品牌和全国品牌的区别

全球品牌与国际品牌的概念容易混淆。其实两者的确存在某些模糊的界限，区别在于两个方面。在营销组合的使用方面，全球品牌要比国际品牌的相同程度高。国际品牌的范围包括那些在某一地区内是标准化的品牌（但是在地区间存在差别），以及那些在这些品牌参与竞争的每个市场上都各不相同的品牌。其次在销售地分布方面，全球品牌范围要比国际品牌范围广泛。

全球品牌是反映品牌理想的一种最高境界。从品牌发展的进程来看，第一步要成为全国品牌，然后再逐步向国际品牌和全球品牌努力。全国品牌是指畅销本国的品牌，有大规模的、持续性的广告投入支持，市场占有率较高，消费者的熟悉度也较高，在大多数的通路上皆有销售。

一个描述品牌地位和价值的概念是强势品牌，它是指可以带来知名度、肯定产品品质、提供顾客忠诚度、具有无穷联想的品牌。可以这样说，强势品牌不一定已成为全球品牌，但全球品牌一般都是强势品牌。

二、建立全球品牌的程序

（一）市场调研

市场调研是指企业采用科学的方法，系统地收集、整理、分析有关国际市场各种基本情况及其影响因素的信息，为建立全球品牌决策提供重要的科学依据的过程。市场信息是企业实施品牌战略所必不可少的条件，也是建立全球品牌决策的基础。企业只有建立完善的信息系统，充分利用全球市场调研的手段和方法，获得充分的全球市场信息，在制定战略时才能扬长避短，在实施品牌战略时才能趋利避害。

首先，要掌握欲进入市场的宏观环境信息，这些信息包括该市场的经济环境、人口环境、政治与法律环境、地理环境、资源享赋、社会文化环境等。

其次，要掌握该市场微观环境的有关信息，其中消费者信息包括：目标市场消费者的偏好、兴趣、爱好和购买习惯、价值诉求、消费心理，以及消费者对产品品种、功能、服务等方面的需求信息。竞争者的信息包括：竞争者的品牌定位、品牌战略、传播手段、目标群体特征、市场占有率等。

总之，市场调研要力求及时、全面、准确、科学。

（二）品牌定位

建立全球品牌进行品牌定位就是指在市场上建立或塑造一个与目标市场有关的品牌形象的过程与结果。换言之，定位就是把品牌提供给消费者的过程。它唤起或强化顾客原来已存在的欲望和渴求，使他倾向于品牌的导引，在消费者心中确定一个无可替代的位置。这个位置一旦确立起来，就会使消费者在需要解决某一特定消费问题时，首先考虑某一品牌的产品。品牌定位是建立全球品牌战略实施过程中最重要的决策之一。面对国际市场不同文化背景、不同需求偏好、不同消费习惯的顾客选择和众多国际品牌的竞争压力，企业要使自己的品牌脱颖而出，就必须拥有具有独特个性、区别于竞争对手的品牌。因此，在市场中进行准确的品牌定位，对战略的实施具有十分重要的意义。

（三）品牌延伸

经过时间的推移，进入市场的品牌需要进行适当的品牌延伸，一方面是为了利用原有品牌的价值，另一方面也可以延长原有品牌在国际市场的寿命。全球品牌延伸，是指企业借助原有的已建立的品牌战略地位，将原有品牌资产使用于新进入国际市场的其他产品或服务（包括同类和异类的），以及运用于新的细分市场之中，以达到使用较少的品牌传播成本占领较大市场份额的目的。

一个品牌要顺利地延伸到新的产品类别，首先要让消费者深信品牌在逻辑上是合理的，也就是说原有的品牌资产能够转移到新的产品上。这种延伸广度和范围的能力，称为"品牌延伸力"。其次是新产品能够凭借品牌获得竞争优势，即品牌能够使新产品在整个产品类别中具有明显区隔的能力，也被称之为"品牌杠杆力"。由于不同企业所处的市场环境和品牌现状各不相同，而且企业的资源和品牌发展战略思路各有差异，这样企业就需要进行品牌延伸战略决策。

（四）进入方式决策

一般而言，品牌进入全球市场的方式主要有三大类：贸易进入方式、契约进入方式和投资进入方式。

贸易进入方式是指向目标国家出口商品而进入该市场，它是国际化经济的最基本形式。其做法有间接出口与直接出口之分。

第一，间接出口。间接出口是指通过本国或外国的进出口中间商代理本企业的产品出口任务，从而使品牌国际化。间接出口由于本企业与国外市场无直接联系，也不涉及国外业务活动，故不必专设机构和雇用专职人员经营出口，因而有投资少、风险小的优点。但企业无法获得跨国经营直接经验，因此不利于企业深入了解国际市场环境和与国外用户保持联系，无法控制产品进入国外市场的过程；另外，企业对国外市场的营销组合的要素缺乏控制能力。

第二，直接出口。直接出口是指企业凭借自己的营销力量，在国际市场上建立自己的营销网络，直接经营产品，从而达到品牌国际化的目的。直接出口又有两种形式：其一是设立出口部或国际业务部，向目标国家的中间商出口产品，由后者在目标市场上进行产品经销或代销。其二是在目标国家设立销售的分支机构或子公司就地推销。与间接出口相比，直接出口须支付更多的费用，要设立专门的贸易部门并网罗相关人才，但可以直接进入国外市场取得跨国经营经验，以便及时调整企业的经营策略和方法。

契约进入方式是本企业通过与目标国家的法人之间签订长期的、自始至终的、非投资性的无形资产转让合作合同而进入目标国家。由于资金有限或外国政府设置种种障碍，很多企业无法通过出口或海外建厂等途径进入国际市场。通过契约进入方式，企业无须在外国领土上进行大规模资金、技术投入也能在国际市场上分获一杯羹，品牌也能够在国际市场上得到迅速传播。契约进入方式有以下两种形式：

第一，授权经营。通过授权经营进入国际市场一般有两种形式，即对外授权和特许经营。对外授权是指企业在规定的期限内将自己的无形资产（专利、技术秘密、商标等）转让给国外法人，以换取特权和其他补偿，如授权费。所谓特许经营，就是特许权许让方向受许方转让技术、商标、统一的经营方式，让受许方在本企业的监督与帮助下利用本企业的形象和招牌经营本企业的特定业务。

第二，合作经营。合作经营是指在不同国籍的合作双方以合同的形式确定各自的权利与义务，对某一实体共同经营与管理。合作经营与合资经营不同，合作双方的责任、权益和义务，是各方协商决定的，不一定以投资的数额为依据。

投资进入方式是指通过直接投资进入目标国家，即企业将资本连带本企业的管理、技术、销售、财务以及其他技能转移到目标国家，建立受本企业控制的分公司或子公司。投资进入方式是品牌跨国经营的最高形式。与其他进入方式相比，投资进入方式的回报率高，但同时承担的风险也大。一般来说，投资进入方式主要有以下几种形式：

第一，独资经营。独资经营是本企业拥有被投资企业100%的股权，经营独管，利益独享，风险独担。

第二，合资经营。合资经营是企业在国外市场上与一家或几家企业共同投资经营一个企业，分享股权，利益共享，风险共担。

第三，并购。并购式进入则是通过对目标国现有企业进行参股或收购来进入目标国的。并购包括兼并和收购（或购买）两层含义。其一是兼并。根据《不列颠百科全书》的解释，企业兼并是指两家或两家以上独立的企业、公司合并组成一家企业，通常由一家占优势的公司吸收一家或更多的公司。在西方国家的公司法中，"企业兼并"又可分成两类，即创立兼并和吸收兼并。其二是收购。收购则强调买方企业向卖方企业的"购买"行为。按照其内容的不同，收购可以分作资产收购和股份收购两类。运用资本的力量，通过收购拓展品牌与单纯输出自创品牌相比，不仅减少了财力和精力的投入，更免受当地市场各种竞争力量的排挤。

第四，战略联盟。战略联盟的概念最早由美国 DEC 公司总裁简·霍普兰德和管理学家罗杰·奈格尔提出。简单地说，战略联盟是与外国合作伙伴或公司建立的联盟，这个公司可以充当本企业的供应商、批发商、贸易伙伴、当地代理商等。利用战略联盟方式，可以降低全球化品牌的成本和风险，加速品牌全球化的进程。

（五）品牌维护

品牌维护，是指企业针对外部环境的变化给品牌带来的影响，所进行的维护品牌形象，保持品牌市场地位的一系列活动的统称。品牌维护是品牌全球化战略顺利实施的有力保障。一个品牌的建立，往往需要耗费大量的资源，但是由于外部环境的不断变化、或企业经营过程中的失误，就可能使辛辛苦苦创建的品牌毁于一旦。所以，品牌创建者必须树立品牌维护的意识，采取各种策略来维护品牌的形象，保持品牌的市场地位，提高品牌的知名度和美誉度。品牌维护是实施品牌战略的一项重要工作，具体表现在以下几方面：第一，品牌维护有利于巩固品牌地位，有效地防止品牌老化。随着企业经营环境的变化和消费者需求的变化，品牌的内涵和表现形式也要不断变化发展，以适应社会经济发展的需要。品牌维护所采取的一系列维护品牌形象、保持品牌市场地位的活动，是克服品牌老化的唯一途径。第二，品牌维护有利于保持和增强品牌生命力，更好地满足消费者的需求。消费者是企业品牌经营者的上帝，以市场为中心，也就是以组合消费者需求为中心。消费者的"口味"是不断变化的，这就要求在同一品牌下要进行产品更新，品牌内容要随之作出相应的调整。几乎每一个知名品牌都在不断变化着，以满足消费者的口味与偏好。所以品牌维护使得企业要根据市场上消费者需求的变化情况，及时调整自己的品牌战略，以更好地满足消费者的需求。第三，品牌维护有利于抵抗竞争者的攻击。当前，被称为"黑色经济"的假冒伪劣商品几乎无处不在。而品牌作为品牌战略实施的基础，需要进行有效的保护，这就必须引入法制轨道，通过立法、司法和商标等法律手段来对品牌进行维护，以防止竞争者的恶意攻击。第四，品牌维护有利于预防和化解危机。随着消费者维权意识和公众舆论监督程度的不断高涨，品牌面临着越来越多的危机事件。企业的品牌运营活动是在变化着的市场环境中实现的。如果企业运营实践中运营策略的选择、管理制度的制定和实施等不能与外部环境相适应，那么，企业的品牌运营就可能陷入品牌危机。品牌维护要求品牌产品或服务的质量不断提升，有效地防范由内部原因而引起的品牌危机，同时根据市场的变化，加强品牌的核心价值，进行理性的品牌延伸和品牌扩张，从而有利于降低危机发生后的波及风险。所以品牌维护使得企业要根据市场上消费者需求的变化情况，及时调整自己的品牌战略。

三、建立全球品牌的意义

（一）有利于增强企业的国际竞争力

首先，实施全球化品牌战略，企业需要生产更多的产品用来满足本土市场和国际市场的需求，生产规模就要扩大，生产效率提高，带来生产和流通的规模经济，成本随着累计产量的增加而降低；同时，实施全球化品牌战略，在需求偏好相似的不同地区在包装、广告宣传、促销或其他营销沟通方面可以实施统一的活动，经营成本降低的潜力会更大，成本降低会为企业带来价格上的竞争优势。其次，企业需要不断的产品与技术创新来维持品牌的国际市场份额，只要企业拥有了核心技术，就能在国际市场上拥有核心竞争力，成为强势品牌。最后，企业能够迅速地汲取新的知识，不断吸收改进，从而提高企业的整体竞争力。

（二）有利于增强企业品牌的国际影响力

品牌走入全球市场，被全球市场的消费者所接受，并引导全球市场消费者的消费选择，寓意着向全世界的人宣布这种产品具有高品质和优质服务。同时品牌在全球市场畅销，也表明该品牌产品具有强大的技术研发与创新能力作后盾，从而加强消费者对该品牌的信任感。这种信息形成一种巨大的力量，将消费者的忠诚度与企业品牌紧紧地拧在一起。因此，企业全球化品牌战略的实施，也有利于在世界范围内树立品牌的良好形象，增强品牌的国际影响力。

（三）有利于企业吸引人才

实施全球化品牌战略，也是企业吸引人才、留住人才的重要举措。对于国际上有影响的品牌，其良好的声誉和形象不仅有利于吸引国际上优秀管理人才和一流的员工，而且能激发高昂的士气和雇员的忠诚。许多高级职业经理渴望为一流品牌效力，他们期望获得这样的感受：为最好的公司服务的经理一定是最好的经理。而优秀的人才又能推动企业更好更快地发展，如此良性循环，将大大增加企业的国际竞争力。

案例6−9：快时尚ZARA[①]

　　ZARA是西班牙的一个服装零售连锁品牌，在全球服装品牌中排名第三、西班牙服装品牌中排名第一。全球时尚青年大多喜爱这个品牌的服饰，它的设计新颖、时尚、流行、大方，堪比国际大牌，但是价格却比国际大牌便宜了很多。ZARA以紧跟潮流和符合大众口味的优异设计和低廉的价格吸引了很多消费者的眼光，它从来不做广告宣传，也不进行价格促销，只依靠门店橱窗陈列来宣传，透过多元化橱窗陈列设计抓住路过消费者的目光，吸引他们进入店内逛逛。ZARA一向以快速创新出名，它的产品周期很短，新品上市很快，产品数量不多，不同时间进入店里你总能看到不一样的新品，很多消费者经常去ZARA逛逛，只为了看看新品来感受一下现在最新的时尚潮流。2019年，ZARA以225.81亿美元的品牌价值在《2019年Brand Z全球最具价值品牌百强榜》中排名第61位。很多全球知名品牌的兴衰过程提醒了我们，一个知名品牌在全球的崛起往往在于它的品牌文化精神紧跟时代潮流，且能满足消费者最深层次的精神文化需求，两者之间高度契合。ZARA作为全球快时尚服饰的领导品牌，正在时尚服饰界以惊人的速度快速崛起，已经成了其他服饰品牌纷纷效仿的典范。

　　ZARA在产品策略上主要采用"款多量少"和"时尚度高"两个主要策略。所谓"款多量少"，就是每一个款式的衣服都不会大量生产，通过很多条独立的流水线来实现多款少量的产品生产。所谓的"时尚度高"，就是其几乎所有的主打款式均参考了国际名牌服装的当季流行元素。

　　ZARA的服装产品追求款式的多样而非单一款式生产很多的数量，其每年款式数量多达1.2万~2万种，是国内服装品牌的数倍，款式的多样不仅为消费者购买时提供了足够的选择空间，更可以及时填补某一款服装产品卖完形成的市场空缺。其在每个店里只有12件相同款的衣服，并且还是五个不同的尺

　　① 资料来源：刘元春，孙静冉．"快时尚"品牌ZARA的营销策略分析［J］．吉林化工学院学报，2016，33（12）：5−7．

码的总量，所以充分满足了大众追求限量产品的欲望，让消费者会觉得喜欢的款式不及时购买就没有了，使得消费者不得不快速做出决定。

时尚度高在 ZARA 的整个产品开发过程中均有体现。无论前期的创意阶段，还是产品系列规划直到最后的生产，均模仿各大奢侈品牌的款式和风格。由于时尚的特点本就是多变，所以 ZARA 要尽可能减少市场反应的时间，在最短的时间内把最新流行的元素反映到衣服款式中。由于其不想花太多时间和精力揣摩，模仿和借鉴成为其主要手段。

ZARA 的目标客户为有一定学历与收入的 25～35 岁的年轻人，这些群体虽具备一定消费能力且关注时尚，但收入不足以消费奢侈品牌，时尚度高且价格亲民的"快时尚"品牌正好可以满足他们的需求。因此，平价是 ZARA 追求的基本目标。

ZARA 曾经被人总结为"一流的品牌、二流的生产、三流的价格"。为实现平民的价格，其尽力降低各种产品成本。首先是提高库存周转速度，设计、生产再到上架仅要两周，远远低于传统服装企业约半年的先导时间，大大降低了库存成本和资金成本，宣传中也不会花大量的广告费，高效的供应链系统降低了原材料和运输成本。所以 ZARA 的定价较相同品质的其他品牌低很多，却能保持较高的利润。时尚的款式加平民的价格让消费者们能够频繁地光顾店面并多次购买，使 ZARA 的业绩实现了快速成长。

ZARA 凭借其高技术的垂直分销系统实现了从服装的设计、生产到销售的每个供应链部分的把控，成为全球唯一一家能在两周内完成设计到售卖的服装公司。为了能够提高公司的相应速度，其坚持用"直营"的方式运营和管理几乎所有的连锁店网络，同时花费大量的精力和资金组建自己的生产线和物流体系。ZARA 自己生产了很大一部分原材料和近一半的衣服，剩余部分由供应商完成。大部分的供应商位于欧洲并且分布十分集中，这样保证了整个体系的高效运行。ZARA 每个店面的门店经理可以通过公司系统快速了解服装的销售情况，然后根据实际销售向总公司订货。总公司通过互联网工具迅速汇总这些订货信息并传送给工厂，工厂以最快的速度生产。接着，生产出的服装被运送到总部的配送中心，其先进的光学分拣设备每小时可以分拣六万件衣服。这些归类的服装随后由物流人员打包并配送到各门店。如此高效的运作，大大降低了仓库的货物积压，提高了资金流转率和利润率。庞大的销售网及高效的分销系统都为其"快时尚"的营销策略提供了强有力的保障，使其能够很快成长为"快时尚"服装行业的领导者。

2005 年才第一次登上 Interbrand 发布的全球最佳品牌排行榜的 ZARA，2006 年排名已经仅次于 Adidas，品牌价值达 42.35 亿美元。

ZARA 的每一位门店经理都拥有一部特别定制的 PDA，通过这台联网的

PDA 他们可以直接向总部下订单，而总部可以直接掌握每一间门店的销售情况，同时门店店长也可以和总部产品经理及时沟通。这样 ZARA 可以做到设计、生产、交付在 15 天内完成。《哈佛商业评论》称：ZARA 建立了一个不同于传统行业的通信供应链，正是这个供应链帮助 ZARA 完成了它的 15 天神话。

在 ZARA，你总是能够找到新品，并且是限量供应的。这些商品大多数会被放在特殊的货架上面。这种暂时断货策略在很多人眼中太大胆了！但是想想所有限量供应商品在市场上受到的追捧吧，人们需要的不是产品而是"与众不同""独一无二"。而 ZARA 的暂时断货正满足了人们的这种心理，ZARA 由于这种颠覆性的做法慢慢变成了"独一无二"的代言人。

参 考 文 献

1. 戴维·阿克. 管理品牌资产 [M]. 吴进操, 常小虹, 译. 北京: 机械工业出版社, 2019: 1 - 33.

2. 戴维·阿克. 创建强势品牌 [M]. 吕一林, 译. 北京: 中国劳动社会保障出版社, 2004: 6 - 19.

3. 王新刚, 黄静. 品牌管理 [M]. 上海: 华东师范大学出版社, 2012: 3 - 13.

4. 荣振环. 品牌建设10步通达 [M]. 北京: 电子工业出版社, 2016: 2 - 38.

5. 贺爱忠. 西方品牌理论的新发展 [J]. 经济学动态, 2005 (11): 77 - 81.

6. 卢泰宏, 吴水龙, 朱辉煌, 何云. 品牌理论里程碑探析 [J]. 外国经济与管理, 2009, 31 (1): 32 - 42.

7. 王旭. 品牌发展新论及其意义 [J]. 云南财贸学院学报, 1999 (1): 3 - 5.

8. 胡晓云. "品牌" 定义新论 [J]. 品牌研究, 2016 (2): 26 - 32, 78.

9. 卢泰宏, 黄胜兵, 等. 论品牌资产的定义 [J]. 中山大学学报 (社会科学版), 2000, 40 (4).

10. 卢泰宏. 品牌资产评估的模型与方法 [J]. 中山大学学报 (社会科学版), 2002, 42 (3).

11. 胡晓云, 魏春丽. 2020中国茶叶企业产品品牌价值评估报告 [J]. 中国茶叶, 2020, 42 (6): 13 - 24.

12. 符国群. Interbrand 品牌评估法评介 [J]. 外国经济与管理, 1999 (11): 37 - 41.

13. 范秀成, 冷岩. 品牌价值评估的忠诚因子法 [J]. 科学管理研究, 2000 (5): 25.

14. 薄蕙远. 麦当劳的品牌塑造策略与服务质量保证 [J]. 现代商业, 2016 (20): 89 - 90.

15. 迈克尔·波特. 竞争战略 [M]. 北京: 华夏出版社, 2011.

16. 大卫·奥格威等．一个广告人的自白［M］．北京：经济管理出版社，2008.

17. 大卫·艾克．品牌资产管理［M］．吴进操，常小虹，译．北京：机械工业出版社，2012.

18. 菲利普·科特勒．营销管理［M］．梅清豪，译．上海：上海人民出版社，2003.